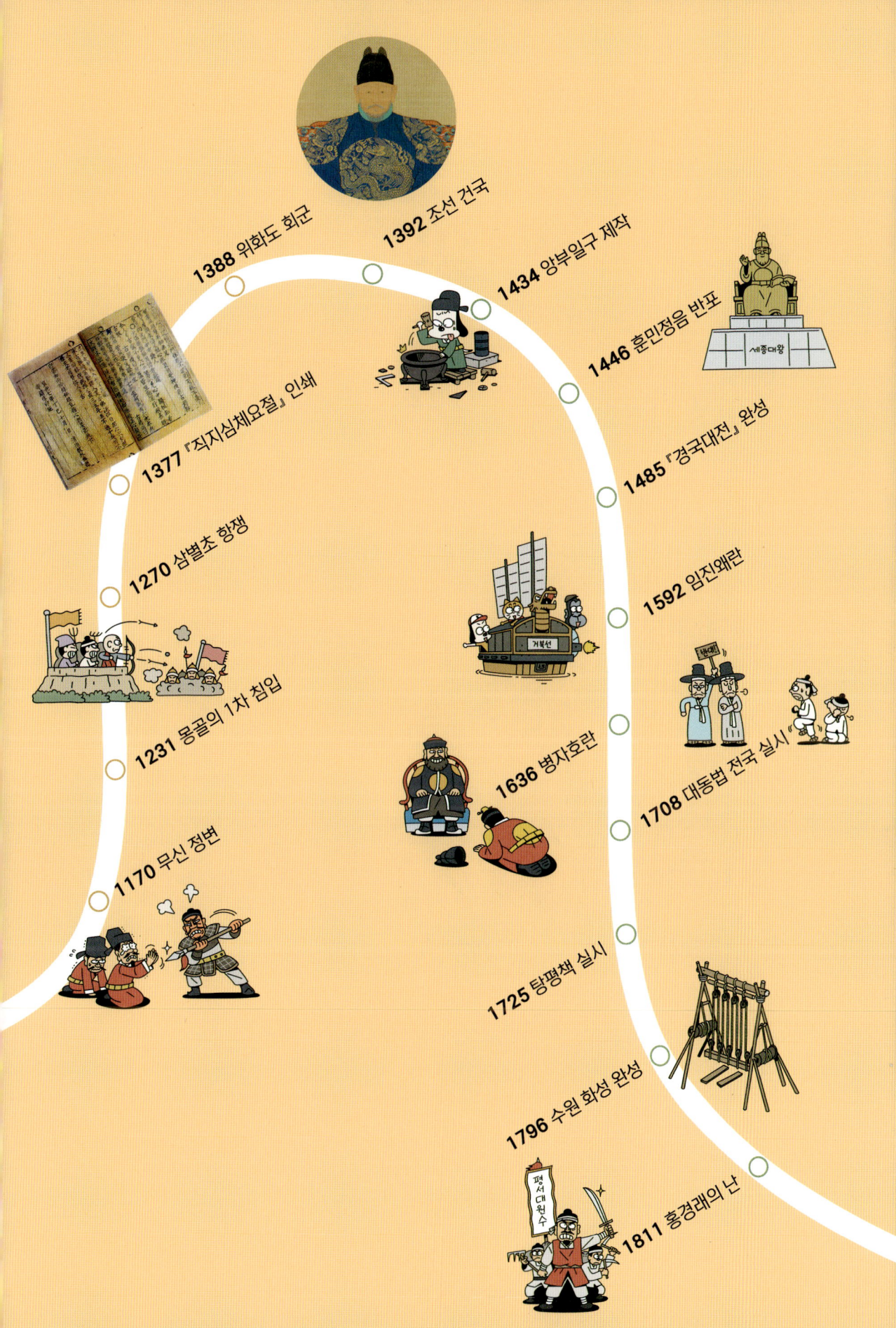

초등 한국사 사전

개념연결 초등 한국사 사전

배성호 · 문순창 글   김영화 그림

질문과 상상으로 떠나는
역사 여행에 초대합니다!

"조선 통신사는 새로 생긴 통신사 이름인가요?", "태조 왕건은 부인이 정말 29명이나 되었나요?"

한 해에 한두 명 정도는 수업 시간에 꼭 이런 질문을 합니다. 언뜻 엉뚱해 보이지만, 사실 정말 중요한 질문이랍니다. 생생하게 살아 숨 쉬는 역사와 마주하는 첫 출발점이기 때문이지요.

『개념연결 초등 한국사 사전』은 여러분 또래 친구들이 평소 궁금해하는 질문들을 바탕으로 만들어졌어요. 전국 방방곡곡에서 전해져 온 어린이 친구들의 질문을 전국초등사회교과모임 선생님들이 모았답니다. 질문에 대한 궁금증은 '30초 해결사'와 '그것이 알고 싶다'를 보면 시원하게 해결할 수 있어요. 호기심 가득한 각각의 질문에 대한 답들을 읽다 보면 역사가 어떻게 만들어져 왔는지 자연스럽게 알 수 있고, 생각을 키워 갈 수 있지요.

처음 이 책과 마주하면 두꺼워서 조금 놀랄 수도 있지만, 움츠러들 필요는 없답니다. 이 책은 궁금한 것이 생길 때마다 펼쳐 찾아보는 책이에요. 차례에 있는 질문을 살피다 보면, 궁금했지만 부모님이나 선생님에게도 묻지 못한 질문들을 발견할 수 있을 거예요. 처음부

터 공부하듯이 읽지 말고, 수업을 들었는데 이해가 되지 않았을 때 혹은 텔레비전을 보다가 궁금한 것이 생겼을 때 이 책을 펼쳐 보세요. 뒤에 실린 부록 '찾아보기'를 통해 궁금한 내용을 손쉽게 찾을 수 있답니다.

이 책을 읽다 보면 자연스럽게 초등 교과서에 나오는 한국사를 완벽하게 정리할 수 있게 돼요. 교과서 집필위원을 맡은 초등과 중등의 역사 전문 선생님 두 분이 그동안 교과서에서 무심코 봐 왔던 사진과 그림 자료의 의미를 알려 주고, 역사적 사건의 원인과 결과 등을 쉽고 알차게 정리해 주거든요.

이 책에는 보통 역사책들과는 또 다른 특징이 있답니다. 아주 먼 옛날부터가 아니라 오늘날 우리가 살아가는 현대 이야기부터 시작한다는 점이에요. 우리와 연결된 가까운 시대의 역사를 제대로 알면 '역사란 무엇이고, 왜 역사를 배워야 하는지' 알 수 있어요. 그러면 역사를 공부하는 재미를 느낄 수 있지요. 현대사를 살펴본 다음에는 신비한 포털을 타고 시간을 거슬러 올라 우리 민족이 처음 한반도에 살기 시작한 70만 년 전 구석기 시대로 갈 거예요! 고조선, 삼국, 통일신라와 발해, 고려, 조선 등을 거치는 흥미진진하면서도 알찬 역사 여행의 시작이지요. 시간 여행을 통해 여러분은 역사에 대한 개념과 맥락을 이해하게 되고, 한국사가 머릿속에 저절로 정리되는 경험을 하게 될 거랍니다.

책을 읽으면서 친구들과 '역사 토론'을 해 보는 것도 추천합니다. 정답이 정해져 있는 것이 아니므로 서로 다른 생각들을 지닌 역사적 인물들의 이야기와 토론을 통해서 여러분이라면 과연 어떤 선택을 할지 결정해 보세요. 또한 상상을 펼쳐서 '만약 고구려가 삼국을 통일했더라면 어떻게 되었을까'와 같은 생각을 함께 풀어 보는 '만약에 역사' 활동도 해 보세요. 다양한 역사적 가능성을 살피면서 생각을 키우고 세상 보는 눈을 틔워 갈 수 있답니다.

한국사 박사인 고선생님, 그리고 친구들과 함께 바나나 포털을 타고 신 나는 역사 여행을 떠나 보아요.

2022년 봄

배성호, 문순창

초등 한국사 사전 차례

머리말 • 4
사용 설명서 • 14
들어가며 – 역사 연구소의 비밀 • 17

대한민국, 미래로 나아가다
현대

사회 5-2	2단원 3장	광복을 맞았는데 왜 아쉬워하는 얼굴이에요? • 30
사회 5-2	2단원 3장	우리나라가 남북으로 갈라진 이유는 무엇인가요? • 32
역사 토론	우리나라는 왜 분단되었을까? • 34
사회 5-2	2단원 3장	6·25 전쟁에 정말 학생들도 나갔어요? • 36
사회 5-2	2단원 3장	대한민국 정부 수립 첫해를 왜 '대한민국 30년'으로 불렀나요? • 38
사회 5-2	2단원 3장	제헌절은 어떤 날이에요? • 40
사회 5-2	2단원 3장	6·25 전쟁은 어떤 상처를 남겼나요? • 42
사회 6-2	2단원 1장	판문점은 편의점 같은 곳인가요? • 44
사회 6-1	1단원 1장	이승만 대통령은 왜 물러났나요? • 46
사회 6-1	1단원 1장	우리나라에서 대통령을 가장 오래 한 사람은 누구인가요? • 48
사회 6-1	2단원 2장	한강의 기적은 한강에서 일어난 기적인가요? • 50
사회 6-1	2단원 2장	전태일은 왜 대통령에게 편지를 썼나요? • 52
역사 토론	'한강의 기적'은 어떻게 바라보아야 할까? • 54
사회 6-1	1단원 1장	1970년대에는 머리도 마음대로 기르지 못했다면서요? • 56
사회 6-1	1단원 1장	5·18 기록물은 왜 세계 기록유산이 되었나요? • 58
사회 6-1	1단원 1장	6월 민주 항쟁은 왜 일어났어요? • 60
사회 6-1	1단원 1장	대통령은 왜 두 번 할 수 없나요? • 62
사회 6-2	2단원 2장	수요일마다 시위를 하는 사람들이 있다면서요? • 64
사회 6-2	2단원 1장	햇볕 정책이 무엇인가요? • 66
사회 6-2	2단원 1장	분단 이후 남과 북의 지도자들은 언제 처음 만났어요? • 68
사회 6-1	1단원 1장	시민들이 왜 촛불을 들고 나왔나요? • 70

한민족의 역사가 시작되다
선사·삼국·통일 신라와 발해

사회 3-2	2단원 1장	구석기 시대와 신석기 시대는 어떻게 나누나요? • 76
사회 3-2	2단원 1장	이 큰 돌은 무엇에 쓰는 물건인가요? • 78
사회 3-2	2단원 1장	청동 거울은 얼굴이 안 비치는데 왜 거울이라고 해요? • 80
사회 5-2	1단원 1장	우리나라 최초의 법전은 무엇인가요? • 82
사회 5-2	1단원 1장	우리는 정말 곰의 후손이에요? • 84
사회 5-2	1단원 1장	사람이 알에서 태어날 수도 있나요? • 86
사회 5-2	1단원 1장	삼국에 가야는 왜 없어요? • 88
사회 5-2	1단원 1장	삼국과 왜(일본)의 불상이 닮았다고요? • 90
사회 5-2	1단원 1장	신라 사람들은 정말 뼈로 사람을 차별했나요? • 92
사회 5-2	1단원 1장	고분군, OO총, OO릉… 무덤의 이름이 왜 이렇게 여러 가지예요? • 94
사회 5-2	1단원 1장	삼국 시대에도 서울은 인기가 많았다면서요? • 96
사회 5-2	1단원 1장	광개토 대왕은 어떻게 영토를 넓혔을까요? • 98
사회 5-2	1단원 1장	진흥왕은 왜 산꼭대기에 비석을 세웠나요? • 100
사회 5-2	1단원 1장	화랑도는 꽃미남들의 무리인가요? • 102
사회 5-2	1단원 1장	고구려는 수나라와의 전쟁에서 어떻게 이길 수 있었을까요? • 104
사회 5-2	1단원 1장	첨성대에서 어떻게 별을 관측했을까요? • 106
사회 5-2	1단원 1장	중국의 연극에 왜 연개소문이 나오나요? • 108
사회 5-2	1단원 1장	'토끼와 거북' 이야기가 김춘추의 목숨을 살렸다면서요? • 110
사회 5-2	1단원 1장	문무왕의 무덤은 왜 바닷속에 있나요? • 112
사회 5-2	1단원 1장	'통일 신라'는 정말 삼국을 통일했다고 할 수 있나요? • 114
만약에 역사		고구려가 삼국을 통일했더라면? • 116
사회 5-2	1단원 1장	발해를 세운 대조영은 어느 나라 사람이에요? • 118
사회 5-2	1단원 1장	남북국 시대의 남국과 북국은 무슨 나라인가요? • 120
사회 5-2	1단원 1장	석굴암은 돌 이름인가요? • 122
사회 5-2	1단원 1장	장보고는 왜 청해진을 세웠어요? • 124

KOREA, 문화를 꽃피우다 **고려**

| 사회 5-2 | 1단원 2장 | 후삼국 시대는 삼국 시대와 무엇이 다른가요? • 128
| 사회 5-2 | 1단원 2장 | 태조 왕건은 아내가 정말 29명이었어요? • 130
| 사회 5-2 | 1단원 2장 | 태조 왕건은 정말 낙타를 굶겨 죽인 적이 있나요? • 132
| 사회 5-2 | 1단원 2장 | 광종은 왜 노비를 풀어 주었을까요? • 134
| 사회 5-2 | 1단원 2장 | 우리나라는 영어로 왜 코리아인가요? • 136
| 사회 5-2 | 1단원 2장 | 서희는 무슨 말을 했길래 거란군을 쫓아낼 수 있었나요? • 138
| 사회 5-2 | 1단원 2장 | 고려 시대에는 어떻게 관리가 될 수 있었나요? • 140
| 사회 5-2 | 1단원 2장 | 『삼국유사』와 『삼국사기』는 무엇이 다른가요? • 142
| 사회 5-2 | 1단원 2장 | 고려 사람들은 고려청자를 무슨 색이라고 불렀을까요? • 144
| 사회 5-2 | 1단원 2장 | 묘청은 왜 수도를 서경으로 옮기려고 했나요? • 146
| 만약에 역사 | **묘청의 말처럼 서경 천도와 금나라 정벌을 실행했더라면?** • 148
| 사회 5-2 | 1단원 2장 | 고려 시대 무신들은 왜 문신들을 없애려고 했나요? • 150
| 사회 5-2 | 1단원 2장 | 노비 만적은 왜 반란을 일으켰나요? • 152
| 사회 5-2 | 1단원 2장 | 일연 스님은 『삼국유사』에 왜 단군 신화를 기록했을까요? • 154
| 사회 5-2 | 1단원 2장 | 팔만대장경은 정말 8만 자나 되나요? • 156
| 사회 5-2 | 1단원 2장 | 고려는 어떻게 몽골과 30여 년이나 싸웠을까요? • 158
| 사회 5-2 | 1단원 2장 | 충선왕, 충목왕, 충렬왕, … 왜 고려 후기의 왕들은 '충' 자를 썼을까요? • 160
| 사회 5-2 | 1단원 2장 | 공민왕은 왜 반원 자주 정책을 펼쳤어요? • 162
| 사회 5-2 | 1단원 2장 | 금속 활자로 인쇄한 책 중 세계에서 가장 오래된 것이 무엇인가요? • 164
| 사회 5-2 | 1단원 2장 | 문익점은 왜 원나라에서 목화씨를 가져왔어요? • 166
| 사회 5-2 | 1단원 2장 | 이방원과 정몽주는 왜 시조를 주고받았나요? • 168
| 역사 토론 | 정몽주와 정도전, 여러분의 선택은? • 170

기록의 나라, 전통을 만들다

조선

| 사회 5-2 | 1단원 3장 | 조선은 왜 고조선과 이름이 비슷한가요? · 174
| 사회 5-2 | 1단원 3장 | 경복궁이나 광화문 같은 이름은 누가 지었어요? · 176
| 사회 5-2 | 1단원 3장 | 남대문은 알겠는데, 숭례문은 어디 있는 문이에요? · 178
| 사회 5-2 | 1단원 3장 | 조선의 신하들은 왜 맨날 똑같은 말을 하나요? · 180
| 사회 5-2 | 1단원 3장 | 세종 대왕은 성이 '세', 이름이 '종'인가요? · 182
| 사회 5-2 | 1단원 3장 | 왕이 되면 공부를 안 해도 되나요? · 184
| 사회 5-2 | 1단원 3장 | 태조 이성계의 무덤은 왜 억새로 덮여 있어요? · 186
| 사회 5-2 | 1단원 3장 | 세종 대왕은 왜 대왕이라고 부르나요? · 188
| 사회 5-2 | 1단원 3장 | 조선 시대에는 왜 백성들에게 그림책을 나누어 주었나요? · 190
| 사회 5-2 | 1단원 3장 | 노비 출신 장영실은 어떻게 관리가 될 수 있었나요? · 192
| 사회 5-2 | 1단원 3장 | 우리나라의 지도는 언제부터 이런 모양이었어요? · 194
| 사회 5-2 | 1단원 3장 | 왕도 볼 수 없는 책이 있었다면서요? · 196
| 사회 5-2 | 1단원 3장 | 양반이 아니어도 과거에 합격하면 관리가 될 수 있었나요? · 198
| 사회 5-2 | 1단원 3장 | 양반은 왜 양반이라고 불렸나요? · 200
| 사회 5-2 | 1단원 3장 | 5만 원의 주인공 신사임당은 무슨 일을 했나요? · 202
| 사회 5-2 | 1단원 3장 | 홍길동은 왜 아버지를 아버지라고 부르지 못했나요? · 204
| 사회 5-2 | 1단원 3장 | 우리나라 돈에 그려진 인물들은 어느 시대 사람인가요? · 206
| 사회 5-2 | 1단원 3장 | 붕당은 정당 이름 같은 건가요? · 208
| 사회 5-2 | 1단원 3장 | 조선의 뛰어난 시인 허난설헌은 왜 그렇게 슬퍼했나요? · 210
| 사회 5-2 | 1단원 3장 | 임진왜란을 일본과 중국에서는 다른 이름으로 부른다면서요? · 212
| 사회 5-2 | 1단원 3장 | 도요토미 히데요시는 왜 임진왜란을 일으켰나요? · 214
| 사회 5-2 | 1단원 3장 | 곽재우 장군은 왜 홍의 장군이라고 불렸어요? · 216
| 사회 5-2 | 1단원 3장 | 임진왜란으로 운명이 바뀐 사람이 있나요? · 218
| 사회 5-2 | 1단원 3장 | 이순신 장군이 가장 큰 승리를 거둔 전투는 무엇인가요? · 220
| 사회 5-2 | 1단원 3장 | 이순신 장군의 군대는 어떻게 계속 이길 수 있었나요? · 222
| 사회 5-2 | 1단원 3장 | 유성룡은 왜 『징비록』을 썼나요? · 224

| 사회 5-2 | 1단원 3장 | 임진왜란 이전에는 김치가 빨갛지 않았다고요? • 226
| 사회 5-2 | 1단원 3장 | 조선 통신사는 새로 생긴 통신사 이름인가요? • 228
| 사회 5-2 | 1단원 3장 | 광해군은 왜 중립 외교를 했을까요? • 230
| 역사 토론 | 광해군을 어떤 왕으로 평가해야 할까? • 232
| 사회 5-2 | 1단원 3장 | 병자호란 당시 김상헌과 최명길은 왜 다투었나요? • 234
| 사회 5-2 | 1단원 3장 | 청나라는 왜 조선에 삼전도비를 세웠나요? • 236
| 사회 5-2 | 2단원 1장 | 영조의 뜻이 담긴 음식이 있다고요? • 238
| 사회 5-2 | 2단원 1장 | 정조는 왜 수원에 화성을 세웠나요? • 240
| 만약에 역사 | 정조가 죽지 않고 개혁을 계속했더라면? • 242
| 사회 5-2 | 2단원 1장 | 『열하일기』는 누가 쓴 일기예요? • 244
| 사회 5-2 | 2단원 1장 | 서당에서는 무엇을 배우나요? • 246
| 사회 5-2 | 2단원 1장 | 서원과 향교는 무엇을 하는 곳이었어요? • 248
| 사회 5-2 | 2단원 1장 | 정약용은 어떻게 그렇게 많은 책을 썼어요? • 250
| 사회 5-2 | 2단원 1장 | 조선 사람들이 살았던 모습을 어떻게 알 수 있나요? • 252
| 사회 5-2 | 2단원 1장 | 왕보다 힘이 센 신하도 있었어요? • 254
| 사회 5-2 | 2단원 1장 | 자꾸 삼정이 문란해졌다고 하는데, 삼정이 뭐예요? • 256
| 사회 5-2 | 2단원 1장 | 홍경래는 왜 반란을 일으켰나요? • 258
| 사회 5-2 | 2단원 1장 | 임술년, 조선의 농민들은 왜 벌 떼처럼 일어났나요? • 260
| 사회 5-2 | 2단원 1장 | 조선 후기 역관들은 다 부자였다면서요? • 262
| 사회 5-2 | 2단원 1장 | 대동법이 실시되는 데 왜 100년이나 걸렸나요? • 264
| 사회 5-2 | 2단원 1장 | 조선 시대 가장 유명한 여성 CEO는 누구인가요? • 266
| 사회 5-2 | 2단원 1장 | 대동여지도는 한 장에 그려진 지도가 아니라면서요? • 268

새로운 세상과 만나다
개항기

| 사회 5-2 | 2단원 1장 | 흥선 대원군은 왕이 아니었나요? • 272
| 사회 5-2 | 2단원 1장 | 병인양요 때 프랑스가 훔쳐 간 보물은 무엇인가요? • 274
| 사회 5-2 | 2단원 1장 | 왜 절두산이라는 이름이 붙었나요? • 276
| 사회 5-2 | 2단원 1장 | 척화비에는 어떤 내용이 새겨져 있나요? • 278
| 사회 5-2 | 2단원 1장 | 강화도 조약은 왜 불평등 조약인가요? • 280
| 사회 5-2 | 2단원 1장 | 태극기는 언제 만들어졌나요? • 282
| 사회 5-2 | 2단원 1장 | 갑신정변은 왜 일어났나요? • 284
| 사회 5-2 | 2단원 1장 | 김구 선생은 어떻게 사형 직전 목숨을 구했나요? • 286
| 역사 토론 | 조선의 개항은 바람직한 일이었을까? • 288
| 사회 5-2 | 2단원 1장 | 동학 농민 운동은 왜 일어났어요? • 290
| 사회 5-2 | 2단원 2장 | 명성 황후는 왜 일본에 죽임을 당했나요? • 292
| 사회 5-2 | 2단원 2장 | 백성들은 왜 머리 자르는 것을 거부했어요? • 294
| 사회 5-2 | 2단원 2장 | 고종은 일본군을 피해 어디로 갔나요? • 296
| 사회 5-2 | 2단원 2장 | 고종은 왜 대한 제국을 선포했을까요? • 298
| 사회 5-2 | 2단원 2장 | 만민 공동회는 왜 열렸나요? • 300
| 사회 5-2 | 2단원 2장 | 왜 독도의 날이 10월 25일이에요? • 302
| 사회 5-2 | 2단원 2장 | 러시아와 일본의 싸움이 우리와 무슨 상관이에요? • 304
| 사회 5-2 | 2단원 2장 | 왜 을사조약이 아니라 을사늑약이라고 하나요? • 306
| 사회 5-2 | 2단원 2장 | 일제와 싸운 의병들은 어떤 사람들이었나요? • 308
| 사회 5-2 | 2단원 2장 | 나라가 진 빚을 왜 국민들이 대신 갚으려고 했나요? • 310
| 사회 5-2 | 2단원 2장 | 안중근 의사는 왜 이토 히로부미를 심판했을까요? • 312

조국의 독립을 꿈꾸다
일제 강점기

- **사회 5-2** 2단원 2장 이회영과 그 형제들은 왜 만주로 떠났나요? • 316
- **사회 5-2** 2단원 2장 독립운동가들은 직업이 모두 의사였나요? • 318
- **만약에 역사** 반민 특위가 친일파 청산에 성공했더라면? • 320
- **사회 5-2** 2단원 2장 3·1 운동은 3월 1일 하루 동안 일어난 사건인가요? • 322
- **사회 5-2** 2단원 2장 의열단은 무슨 일을 했나요? • 324
- **사회 5-2** 2단원 2장 독립군은 어떻게 청산리에서 일본군을 크게 이겼나요? • 326
- **사회 5-2** 2단원 2장 '대한민국'의 생일은 언제인가요? • 328
- **사회 5-2** 2단원 2장 쌀 생산은 늘었는데 왜 조선 사람들은 굶주렸을까요? • 330
- **사회 5-2** 2단원 2장 조선 사람들은 봉오동 전투에서 이긴 사실을 어떻게 알았어요? • 332
- **사회 5-2** 2단원 2장 일제 강점기에 한국인을 도운 일본인도 있었다면서요? • 334
- **사회 5-2** 2단원 2장 훈민정음을 한글이라고 부른 것은 언제부터인가요? • 336
- **사회 5-2** 2단원 2장 11월 3일이 왜 학생의 날인가요? • 338
- **사회 5-2** 2단원 2장 독립운동가들은 신간회라는 단체를 왜 만들었나요? • 340
- **사회 5-2** 2단원 2장 방정환 선생님은 왜 어린이날을 만들었어요? • 342
- **사회 5-2** 2단원 2장 윤봉길 의사는 중국인들에게도 존경받았다던데요? • 344
- **사회 5-2** 2단원 2장 일제는 왜 일본과 조선이 하나라고 말했어요? • 346
- **사회 5-2** 2단원 2장 정말 학생들에게 매일 충성 맹세를 외우게 했어요? • 348
- **사회 5-2** 2단원 2장 일제는 왜 사람들의 이름까지 바꾸라고 했나요? • 350
- **사회 5-2** 2단원 2장 시인 윤동주도 독립운동가인가요? • 352
- **사회 5-2** 2단원 2장 엄마, 아빠는 초등학교를 다니지 않았다면서요? • 354
- **사회 5-2** 2단원 2장 일제는 왜 사람들을 전쟁터와 공장으로 끌고 갔나요? • 356
- **사회 5-2** 2단원 2장 일본의 식민 지배 덕분에 우리나라가 발전했다고요? • 358
- **사회 5-2** 2단원 2장 강제로 일본군이 된 후에 탈출한 사람도 있었나요? • 360

찾아보기 • 362

개념연결 초등 한국사 사전 사용설명서

대표 질문

초등학생들이 한국사를 공부할 때 가장 궁금해하는 질문 151개를 모았어요. 암기 위주로 역사를 공부하면 사건과 사건 사이의 맥락을 놓치기 쉽지요. 그럴 때 『초등 한국사 사전』을 펼쳐 관련이 있는 질문을 찾아 읽어 보세요. 구체적인 질문과 답변을 통해 궁금증을 즉각적으로 해결할 수 있어요. 대표 질문 위에 있는 '핵심 연표'를 통해 역사적 사건의 전후 연결을 확인해 보세요. 역사를 좀더 깊이 있고 풍부하게 이해할 수 있답니다.

이 책은 해방 이후 현대사에서 시작해 다시 약 70만 년 전으로 시간 여행을 떠나는 구성으로 되어 있어요. 우리와 밀접하게 연결된 현대사를 먼저 알고나면 역사 공부가 훨씬 재미있어질 거예요.

30초 해결사

대표 질문에 대한 명쾌한 답이에요. 질문에 대한 답이 궁금하다면 '30초 해결사'만 읽어도 충분해요. '해시태그 키워드'에는 사건과 관련이 있는 주요 키워드를 모았어요. 부록 '찾아보기'에서 해시태그 키워드를 찾아 관련 페이지를 모두 모아 볼 수 있어요.

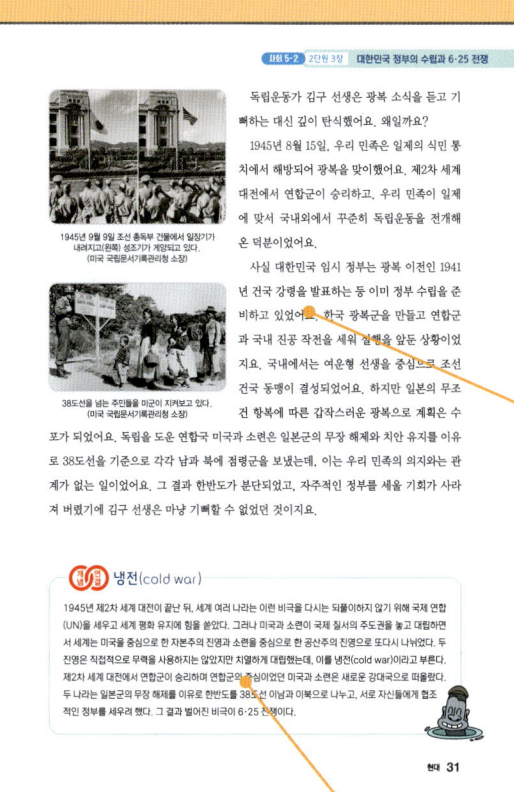

그것이 알고 싶다

'30초 해결사'를 읽고 해당 사건이 더 알고 싶어졌다면 '그것이 알고 싶다'를 읽어 보세요. 알면 더 재미있는 배경을 설명하고, 놓치기 쉬운 맥락을 짚어 줍니다. 교과서에서 배우는 내용은 물론, 풍부한 읽을거리를 담았어요.

연결 박스

해당 사건과 함께 읽어 보면 좋은 읽을거리예요. 세계사 또는 우리 역사 속 비슷한 사건, 같은 시대에 일어난 사건 등을 담았어요. 사고를 다양한 방향으로 확장하여 개념을 연결하고, 역사의 흐름을 이해하는 힘을 길러 줍니다.

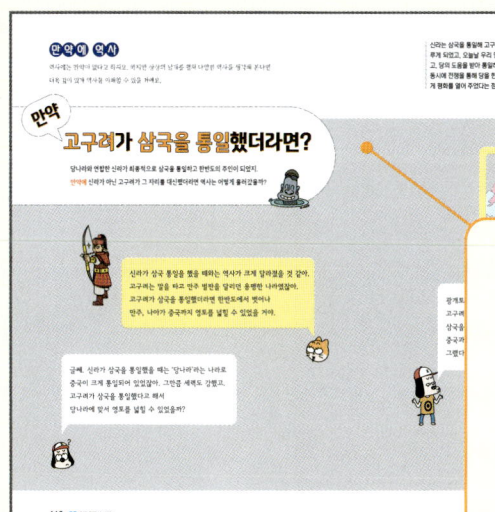

만약에 역사

역사는 이미 벌어진 사건이고 바꿀 수 없지만, 상상은 자유롭게 할 수 있지요. 우리가 알고 있는 역사가 만약 다르게 전개되었더라면 어떻게 되었을지 상상의 날개를 펼쳐 보는 코너예요. 톡톡 튀는 대화를 통해 역사가 왜 그렇게 전개되었을지, 다른 길은 없었을지 상상하며 논리를 만들어보세요.

역사 토론

역사 속 뜨거운 쟁점을 골라 토론하는 코너예요. 서로 다른 두 입장을 번갈아 읽으면서 각각의 근거를 찾고 상대를 설득할 논지를 궁리해 보세요. 역사를 입체적으로 이해하고, 논리적 사고력을 기를 수 있답니다.

찾아보기

부록 '찾아보기'에 우리 책에서 다룬 모든 사건의 핵심 키워드를 모았어요. 관심 있는 키워드가 있을 때 관련 페이지를 찾아 이동할 수 있어요.

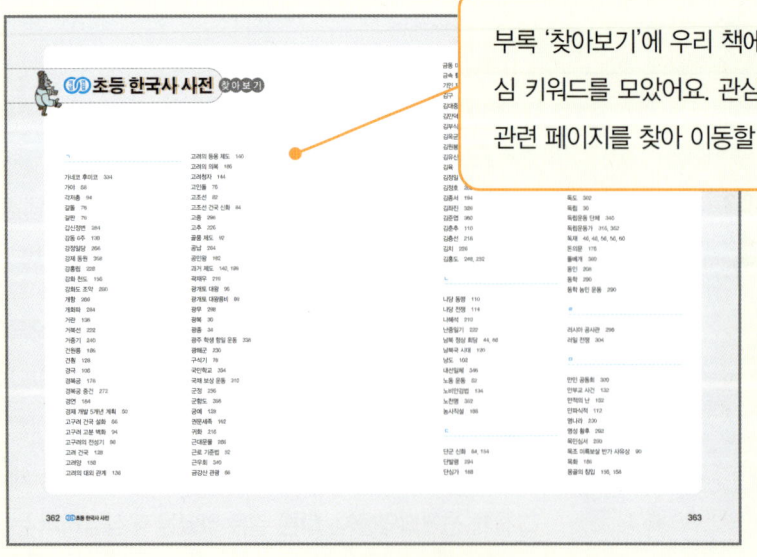

들어가며

역사 연구소의 비밀

서울 종로구 광화문 야경

대한민국, 미래로 나아가다

현대

분단, 전쟁, 가난, 독재를 딛고
평화, 경제 성장, 민주주의를 위해 노력한
오늘날 대한민국의
살아 있는 역사 속으로
함께 떠나 볼까!

- **1945** 8·15 광복
- **1948** 대한민국 정부 수립
- **1950** 6·25 전쟁(~1953)  
- **1960** 4·19 혁명
- **1980** 5·18 민주화 운동 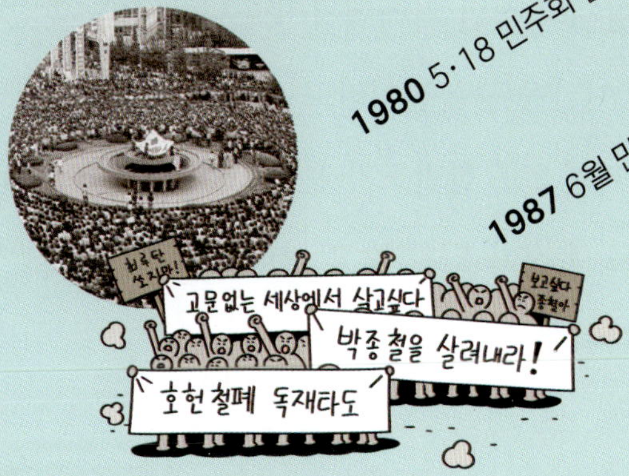
- **1987** 6월 민주 항쟁
- **1995** 지방 자치제 실시
- **2000** 남북 정상 회담 
- **2002** 한일 월드컵 대회 개최 
- **2016** 촛불 집회

8·15 광복, 소련군 평양 진주	38도선이 그어짐, 미군 서울 진주	모스크바 3국 외상 회의
1945. 8	1945. 9	1945. 12

광복을 맞았는데 왜 아쉬워하는 얼굴이에요?

30초 해결사

1945년 8월 15일, 우리나라는 일제의 식민 지배에서 벗어나 독립을 맞았어요. 다시 빛을 찾았다는 의미로 이날을 광복절이라고 해요. 하지만 마냥 기뻐할 수는 없었어요. 38도선을 기준으로 한반도가 분단되었기 때문이에요. 김구 선생은 광복이 우리 힘으로 온전히 되지 않고 미국과 소련에 의해 남북으로 갈린 것을 두고두고 아쉬워했어요.

- 1945년 8월 15일, 일본이 연합국(미국, 소련, 영국, 중국 등)에 무조건 항복하면서 우리나라도 독립하게 되었어요. 공식적인 용어로는 '광복'이지만, 당시에는 '해방'이라는 표현도 썼다고 해요.

#광복 #독립 #분단 #38도선 #김구

2단원 3장 대한민국 정부의 수립과 6·25 전쟁

1945년 9월 9일 조선 총독부 건물에서 일장기가 내려지고(왼쪽) 성조기가 게양되고 있다.
(미국 국립문서기록관리청 소장)

38도선을 넘는 주민들을 미군이 지켜보고 있다.
(미국 국립문서기록관리청 소장)

독립운동가 김구 선생은 광복 소식을 듣고 기뻐하는 대신 깊이 탄식했어요. 왜일까요?

1945년 8월 15일, 우리 민족은 일제의 식민 통치에서 해방되어 광복을 맞이했어요. 제2차 세계 대전에서 연합군이 승리하고, 우리 민족이 일제에 맞서 국내외에서 꾸준히 독립운동을 전개해 온 덕분이었어요.

사실 대한민국 임시 정부는 광복 이전인 1941년 건국 강령을 발표하는 등 이미 정부 수립을 준비하고 있었어요. 한국 광복군을 만들고 연합군과 국내 진공 작전을 세워 실행을 앞둔 상황이었지요. 국내에서는 여운형 선생을 중심으로 조선 건국 동맹이 결성되었어요. 하지만 일본의 무조건 항복에 따른 갑작스러운 광복으로 계획은 수포가 되었어요. 독립을 도운 연합국 미국과 소련은 일본군의 무장 해제와 치안 유지를 이유로 38도선을 기준으로 각각 남과 북에 점령군을 보냈는데, 이는 우리 민족의 의지와는 관계가 없는 일이었어요. 그 결과 한반도가 분단되었고, 자주적인 정부를 세울 기회가 사라져 버렸기에 김구 선생은 마냥 기뻐할 수 없었던 것이지요.

 냉전(cold war)

1945년 제2차 세계 대전이 끝난 뒤, 세계 여러 나라는 이런 비극을 다시는 되풀이하지 않기 위해 국제 연합(UN)을 세우고 세계 평화 유지에 힘을 쏟았다. 그러나 미국과 소련이 국제 질서의 주도권을 놓고 대립하면서 세계는 미국을 중심으로 한 자본주의 진영과 소련을 중심으로 한 공산주의 진영으로 또다시 나뉘었다. 두 진영은 직접적으로 무력을 사용하지는 않았지만 치열하게 대립했는데, 이를 냉전(cold war)이라고 부른다. 제2차 세계 대전에서 연합군이 승리하며 연합군의 중심이었던 미국과 소련은 새로운 강대국으로 떠올랐다. 두 나라는 일본군의 무장 해제를 이유로 한반도를 38도선 이남과 이북으로 나누고, 서로 자신들에게 협조적인 정부를 세우려 했다. 그 결과 벌어진 비극이 6·25 전쟁이다.

8·15 광복,	38도선이 그어짐,
소련군 평양 진주	미군 서울 진주
1945. 8	1945. 9

우리나라가 남북으로 갈라진 이유는 무엇인가요?

30초 해결사

38도선을 중심으로 북쪽에는 소련의 군대가, 남쪽에는 미국의 군대가 자리 잡으면서 한반도는 분단되었어요. 미국과 소련은 일본군을 몰아낸다는 이유로 우리나라에 들어왔지만, 실상은 한반도를 각각 자본주의와 공산주의 체제하에 두려는 의도가 있었어요.

- 38도선: 1945년, 위도 38도를 기준으로 남북으로 나눈 선이에요. 6·25 전쟁 이전에 그어졌어요.
- 휴전선: 1953년, 남한과 북한이 더 이상 전쟁을 치르지 않기로 약속하며 그은 선이에요.

#38도선 #분단 #6·25 전쟁

사회 5-2 2단원 3장 **대한민국 정부의 수립과 6·25 전쟁**

길 위에 그어진 38도선(미국 국립문서기록관리청 소장)

38도선으로 경계가 정해진 처음에는 사람들이 마음대로 드나들었다고 해.

하지만 나중에 대한민국(남한)과 조선민주주의인민공화국(북한)으로 나뉘면서 경계선이 되고 말았지.

"도대체 왜 늘 다니던 길에 선을 그어 두고 못 다니게 하는 거지?"
"일본이 물러났는데 왜 멀쩡한 땅에 38도선이라고 금을 그었는지 모르겠네."

제2차 세계 대전 당시, 일본의 항복을 앞둔 미국에게는 걱정거리가 있었어요. 일본이 항복하고 조선이 해방되면, 소련이 한반도 전체를 점령할지도 모를 일이었지요. 소련 또한 비슷한 생각을 하고 있었어요. 미국은 북위 38도선을 경계로 한반도를 반으로 나누고, 미군과 소련군이 절반씩 나누어 통치할 것을 제안했고 소련은 이에 동의했어요. 그렇게 우리나라에는 38도선이 그려지게 되었어요.

38도선은 처음에는 일본군의 무장 해제를 위해 미군과 소련군이 설정한 단순한 구분선이었어요. 하지만 미국과 소련의 대립이 점점 심해지면서, 결국 우리 국토를 동강 내는 선이 되고 말았지요. 38도선을 경계로 남한과 북한의 체제가 달라진 것이 결국 6·25 전쟁의 원인이 되었기 때문이에요.

개념연결 역사적인 기념물이 된 베를린 장벽

우리나라의 휴전선은 분단의 아픈 상징이다. 한때 베를린의 장벽 역시 그랬다. 제2차 세계 대전에서 독일이 패배하고 독일의 수도인 베를린을 연합국이 나누어 관리했는데, 이때 베를린도 우리나라처럼 동베를린과 서베를린으로 분단되었고 각각에 공산주의 체제와 자본주의 체제가 자리 잡게 되었다. 베를린 장벽을 사이에 두고 무장한 군인들이 대치했고, 가족과 고향을 찾아서 장벽을 넘다가 총격으로 목숨을 잃는 사람도 많았다. 1989년 독일이 통일되면서 베를린 장벽이 무너졌고, 이후 베를린 장벽은 세계적으로 유명한 기념물이 되었다. 우리나라 역시 통일이 된다면 휴전선의 철조망이 역사적인 기념물로 남을지 모른다.

현대 33

역사 토론

우리나라는 왜 분단되었을까?

분단은 미국과 소련의 대립 때문

미국과 소련의 대립으로 우리나라가 분단된 거야!

> 미국과 소련이 우리나라를 마음대로 38도선으로 나누어 각각 점령했잖아. 남쪽에서는 미국이, 북쪽에서는 소련이 신탁 통치를 하면서 우리나라 사람들은 자유롭게 나라를 세울 기회를 잃어버렸어. 일본의 식민지에서 벗어난 뒤, 다른 간섭 없이 우리나라 사람들이 스스로 나라를 만들었다면 이런 일은 없었을 거야.

1945년 8월 15일은 우리나라가 일본으로부터 독립한 뜻깊은 날이다. 목숨을 건 독립운동가들의 노력이 현실로 이루어진 것이다. '조선 건국 준비 위원회'가 독립된 새 나라의 출발을 준비했지만 일은 뜻대로 풀리지 않았다. 일본에게 항복을 받아 낸 미군과 소련군이 38도선을 경계로 한반도 남쪽과 북쪽에 각각 들어왔기 때문이다. 김구 선생을 비롯한 사람들이 이를 막기 위해 남북 협상을 여는 등 노력을 기울였지만, 분단을 막을 수는 없었다.

분단은 내부 분열 때문

내부에서 일어난 분열 때문에 분단된 거야!

> 외부의 탓만 할 수는 없어. 우리 내부에서도 좌익과 우익의 분열이 심각했잖아. 여러 차례 좌우 합작 운동을 했지만 제대로 성공한 것은 하나도 없었고. 미국과 소련의 개입이 없었더라도 평탄하게 통일 국가를 세우기는 쉽지 않았을 거야. 새 나라를 만든다는 목표 아래 똘똘 뭉쳐서 노력해야 했는데, 그러지 못한 거야.

6·25 전쟁	인천 상륙 작전	1·4 후퇴	정전 협정 체결
1950. 6	1950. 9	1951. 1	1953. 7

6·25 전쟁에 정말 학생들도 나갔어요?

30초 해결사

1950년, 6·25 전쟁이 일어나자 많은 사람이 군인으로 징집되어 전쟁터로 나갔어요. 어린 학생들도 예외는 아니었어요. 미성년자임에도 불구하고 전쟁터로 끌려가 희생된 학생들을 학도병이라고 불러요. 학도병들의 나이는 적게는 14세에서 많게는 17세까지 다양했지요.

• 6·25 전쟁 당시 일반 군인은 만 18세부터 징집되었어요.

#학도병 #6·25 전쟁 #이우근

1950년 8월 10일 목요일 쾌청

어머니, 저는 사람을 죽였습니다. … 아무리 적이지만 그들도 사람이라고 생각하니, 더욱이 같은 언어와 같은 피를 나눈 동족이라고 생각하니 가슴이 답답하고 무겁습니다. 어머니, 전쟁은 왜 해야 하나요? 저는 무서운 생각이 듭니다. … (적군이) 언제 덤벼들지도 모릅니다. 적병은 너무나 많습니다. 우리는 71명입니다. 이제 어떻게 될 것인가 생각하면 무섭습니다.

교복을 입고 총을 든 학도병들(학도의용군전승기념관 소장)

학도병으로 전쟁에 나섰던 이우근(서울 동성중학교 3학년) 학생이 부모님께 보냈던 편지의 일부예요. 안타깝게도 이 편지를 쓴 이우근 학생은 전투 중 목숨을 잃었고, 이우근 학생의 가족들은 유품으로 이 편지를 전달받았어요.

6·25 전쟁 당시 수많은 청소년이 학도병, 소년병, 학도 의용군 등의 이름으로 전쟁에 참여했어요. 공을 세우기도 했지만, 대부분은 목숨을 잃거나 큰 상처를 입었어요. 성인이 채 되기도 전에 많은 청소년이 희생되었지요. 학도병은 정식으로 징집된 군인이 아니었기 때문에 전쟁 이후 보상이 이루어지기까지도 한참의 시간이 걸렸어요.

소년병 금지를 제안한 '유엔 아동 권리 협약'

유엔 아동 권리 협약은 1989년 유엔이 채택한 어린이 권리 조약으로, 우리나라를 포함한 192개국이 이 협약을 지킬 것을 약속했다. 유엔 아동 권리 협약은 건강하게 자랄 권리, 교육받을 권리, 놀 권리 등 어린이가 마땅히 누려야 할 권리를 모두 담고 있으며 여러 나라에서 어린이의 처우를 개선하는 실질적인 기반이 되고 있다. 오늘날에도 아프리카의 일부 지역 등 내전이 지속되는 나라에는 강제로 소년병으로 징집되는 어린이들이 존재한다. 이 지역들에서도 유엔 아동 권리 협약이 실천될 수 있도록 꾸준한 관심이 필요하다.

*유엔 아동 권리 협약 제38조
15세 미만의 아동은 군대에 징집되어서는 안 되며, 분쟁 지역의 아동은 특별한 보호를 받아야 한다.

5·10 총선거	헌법 공포	대한민국 정부 수립	반민족 행위 처벌법 제정
1948. 5	1948. 7	1948. 8	1948

대한민국 정부 수립 첫해를 왜 '대한민국 30년'으로 불렀나요?

30초 해결사

1948년 대한민국 정부 수립 이후 첫 관보를 보면 발행 시기가 '대한민국 30년'으로 적혀 있어요. 대한민국 정부가 공식적으로 수립된 것은 1948년의 일이지만, 1919년 3·1 운동의 의지를 계승하고, 대한민국 임시 정부의 뜻을 이어받았음을 분명히 나타내기 위해서였지요.

• 관보: 정부가 법령이나 정부 시책 등을 알리기 위해서 발행하는 공식 문서를 말해요.

#대한민국 정부 수립 #대한민국 관보 #5·10 선거

대한민국 30년 9월 1일

대한민국 관보 제1호(국가기록원 소장)

대한민국 정부의 첫 관보는 1948년 9월 1일에 발행되었어요. 오른쪽 위에 표기된 날짜를 살펴보면 '대한민국 30년 9월 1일'이라고 되어 있어요.

광복 이후 유엔은 남북한 총선거를 통해 대한민국 정부를 세우기로 결정했어요. 하지만 소련과 북한은 이 결정을 받아들이지 않았고, 결국 남한에서만 총선거를 치르게 되었어요. 남한에서만 단독 선거를 하면 남한과 북한이 정말로 분단될 것이라고 걱정하는 목소리가 높았어요. 통일 정부를 염원했던 김구 선생 등은 남한만의 선거를 반대하고 남북 협상을 주장했지만 1948년 4월 평양에서 열린 남북 협상 회의에서 결국 아무런 성과를 거두지 못했지요.

마침내 1948년 5월 10일 남한에서 총선거가 실시되었어요. 이 선거를 통해 국회 의원을 뽑았고, 국회에서는 이승만을 대통령으로, 이시영을 부통령으로 뽑았어요. 1948년 8월 15일, 이승만 대통령은 대한민국 정부 수립을 공식적으로 국내외에 알렸어요. 대한민국은 1919년 대한민국 임시 정부의 의지를 이어 국민이 주인이 되는 나라인 민주 공화국 수립을 선언하며 출발했답니다.

개념연결 우리나라 최초의 선거 포스터, 5·10 총선거 포스터

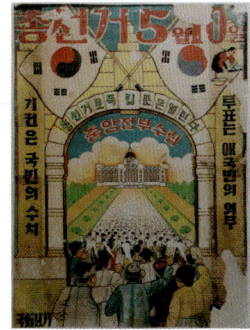

대한민국역사박물관 소장(배은동 촬영)

우리나라 최초로 실시된 선거 홍보 포스터를 살펴보자. 갓을 쓰고 선비 복장을 한 남성, 머리에 쪽을 진 여성, 양복을 입은 사람들이 한 손에 투표 용지를 들고 독립문을 향해 나아가고 있다. 그 위에는 '총선거로 독립문은 열린다'라고 쓰여 있다. 1948년 5월 10일의 총선거를 앞두고 선거에 참여하는 것이 국민의 의무이며 독립 국가를 세우는 길임을 강조하는 포스터다. 우리나라 최초로 열린 이 선거에는 21세 이상의 80퍼센트가 유권자로 등록했고, 등록 유권자 중 93퍼센트가 선거에 참여했다. 높은 투표율은 그만큼 새 나라에 대한 국민들의 기대가 높았다는 것을 보여 준다.

5·10 총선거
1948. 5

헌법 공포
1948. 7

제헌절은 어떤 날이에요?

 30초 해결사

제헌절은 우리나라 최초로 헌법을 만든 1948년 7월 17일을 기념하는 날이에요. 오른쪽 사진은 제헌 헌법이 실린 책자예요. 책 표지에 헌법 전문이 실려 있어요.

- 제헌: '만들 제制'에 '헌법 헌憲'이에요. 헌법을 만든다는 뜻이지요.
- 전문: '앞 전前'에 '문자 문文'이에요. 본문 앞에 실리는, 여는 글을 뜻해요.

#제헌절

대한민국역사박물관 소장(배성훈 촬영)

대한민국 제1대 국회(제헌 국회) 개원식

헌법은 국가의 기본이 되는 법칙이에요. 나라의 으뜸 법이라고 할 수 있지요. 헌법을 보면 그 나라의 정체성과, 그 나라가 지향하는 방향을 확인할 수 있어요.

우리나라는 1948년 5월 10일, 정부 수립을 위한 최초의 국회 의원 선거를 실시했어요. 이때 당선된 국회 의원들은 머리를 맞대고 어떻게 우리나라를 만들어 갈 것인지 의논했고, 그해 7월 17일 우리나라 최초의 헌법을 만들어 선포했어요. 우리나라의 헌법은 대한민국의 주인은 바로 국민이라고 밝히며 민주 공화국으로서의 정체성을 다지고 있어요. 이는 1919년 3·1 운동의 정신과 대한민국 임시 정부의 뜻을 잇는 것이기도 해요. 자유와 평등, 정의의 가치관을 지향하며, 국민의 기본권 보장과 권력 분립 등 민주주의 국가의 기본적인 뼈대를 갖추고 있지요. 우리에게도 익숙한 헌법 제1조를 다시 살펴볼까요?

제1조 ① 대한민국은 민주 공화국이다.
② 대한민국의 주권은 국민에게 있고, 모든 권력은 국민으로부터 나온다.

아홉 번 바뀐 우리나라의 헌법

우리나라 헌법은 제헌 헌법 이후 아홉 번에 걸쳐 개정되었다. 시대가 바뀔 때마다 이를 반영하며 거듭 수정되어 온 것이다. 이 과정에서 반영된 변화가 늘 바람직한 것만은 아니었다. 헌법에는 국가의 주인이 국민이라고 명시되어 있지만, 권력자의 압력에 의해 그들에게 유리하도록 개정되기도 했다. 이승만 대통령은 헌법을 개정해 더 오래 대통령직에 머무르려 했고, 박정희 대통령 역시 헌법을 개정해 독재 정치를 이어 가려 했다. 이에 저항한 국민들은 1987년 6월 민주 항쟁을 통해 잘못된 헌법을 새롭게 바꾸었고, 그 결과 현재의 헌법이 만들어졌다(1987년 제9차 개정).

6·25 전쟁	인천 상륙 작전	1·4 후퇴	정전 협정 체결
1950. 6	1950. 9	1951. 1	1953. 7

6·25 전쟁은 어떤 상처를 남겼나요?

30초 해결사

3년간 지속된 6·25 전쟁으로 군인들은 물론 수많은 민간인이 희생되었어요. 군사 작전으로 목숨을 잃기도 했지만, 상대 군의 무자비한 민간인 학살로 사망한 경우도 많았어요. 수백만 명이 목숨을 잃거나 다치면서 수많은 전쟁고아와 1,000만 명이나 되는 이산가족이 생겨났어요. 또 남북 양쪽 대부분의 건물과 산업 시설이 파괴되고, 많은 문화재가 불타거나 무너졌지요. 전쟁 동안에는 농사를 지을 수 없었기 때문에 국민들은 궁핍한 생활을 이어 나갔고, 전 국토가 황폐해졌어요.

#6·25 전쟁 #전쟁고아 #이산가족

사회 5-2 2단원 3장 대한민국 정부의 수립과 6·25 전쟁

1950년 6월 25일 북한군의 남침으로 시작된 6·25 전쟁은 동족상잔의 비극이자, 냉전 시대를 여는 엄청난 규모의 전쟁이었어요. 3년여 동안 전 국토가 전쟁터가 된 결과 엄청난 인적, 물적 피해가 발생했지요. 6·25 전쟁은 남과 북 모두에게 큰 상처를 입혔을 뿐만 아니라 전쟁을 통해서는 통일에 이를 수 없다는 교훈을 남겼어요.

전쟁이 남긴 고통과 슬픔은 당시 유행한 노래에서도 찾아볼 수 있어요.

6·25 전쟁 당시 흥남 부두에 몰린 피란민들의 모습(국방부 군사편찬연구소 소장)

굳세어라 금순아

눈보라가 휘날리는 바람찬 흥남 부두에
목을 놓아 불러 봤다 찾아를 봤다
금순아 어데로 가고 길을 잃고 헤매었더냐
피눈물을 흘리면서 1·4 이후 나 홀로 왔다.

이별의 부산 정거장

한 많은 피란살이 설움도 많아
그래도 잊지 못할 판잣집이여
경상도 사투리에 아가씨가 슬피 우네
이별의 부산 정거장

부산에 몰려든 피란민들이 머무르던 판잣집과 천막촌(미국 국립문서기록관리청 소장)

개념연결 전쟁 한복판에서 마주한 형제, 전쟁 기념관 '형제의 상'

서울 용산 전쟁 기념관에 가면 전쟁의 아픔을 되새기게 하는 조각상이 있다. 갈라진 조형물 위에서 꼭 끌어안고 있는 형제 조각상으로, 각각 남한군과 북한군의 복장을 하고 있다.
6·25 전쟁에서 국군이 된 형과 북한군이 된 동생이 전투 중 마주친 실화를 바탕으로 만들어졌기에 전쟁으로 인해 형제가 서로에게 총부리를 겨누는 참혹한 현실을 보여 준다. 영화 『태극기 휘날리며』를 통해 널리 알려진 이야기이기도 하다. 형제의 상을 보면서 다시는 이런 비극이 되풀이되지 않기를 소망해 보자.

1953	2018
정전 협정으로 판문점이 남북 공동 경비 구역으로 자리 잡음	4·27 판문점 선언

판문점은 편의점 같은 곳인가요?

30초 해결사

판문점은 문구점이나 편의점과 같은 가게가 아니라, 휴전선(비무장 지대) 안에 있는 공동 경비 구역의 이름이에요. 경기도 파주시 진서면 선적리에 위치해 있지요. 이곳은 6·25 전쟁 전에는 초가집 몇 채만 있는 작은 마을이었는데, 1951년부터 1953년에 걸쳐 휴전 회담이 열리면서 전 세계에 널리 알려졌어요.

- 판문점: 우리말 이름인 '널문 마을'을 한문으로 쓴 '판문板門'과 회담장 주변에 있던 상점을 뜻하는 '점店'이 합쳐진 이름이에요.

#판문점 #휴전 협정 #비무장 지대 #남북 정상 회담 #정주영

판문점은 남북의 분단을 상징하는 장소에서 평화 회담이 이루어지는 장소로 새롭게 주목받고 있어요. 1953년 처음 세워진 판문점에서 휴전 협정이 체결되었고, 그때부터 지금까지 한반도는 남북으로 갈라진 채 휴전 상태에 머물러 있어요. 판문점이 남북의 분단을 상징하는 이유예요.

이후 남한과 북한은 꾸준히 소통과 화해를 위해 접촉해 왔어요. 1971년 남북 적십자 회담 예비 접촉을 계기로 판문점 안에 남북 직통 전화가 개설되었고, 1998년에는 고故 정주영 현대그룹 명예 회장이 소 떼를 몰고 판문점을 통과해 북한으로 향했어요. 이 사건을 계기로 금강산 관광 길이 열리고, 남북 주민의 경제적 이익과 평화를 위한 경제 교류가 시작되었어요. 2018년에는 남한의 문재인 대통령과 북한의 김정은 국무위원장이 판문점에서 '판문점 선언'을 발표하며 평화를 선언하기도 했습니다. 또 2019년에는 남과 북, 그리고 미국의 정상이 판문점에 모여 회담을 열기도 했어요.

 판문점 안에는 3개의 건물이 있는데, T1, T2, T3라고 부른대. 왜 'T'가 붙는 걸까?

 'T'는 템퍼러리(Temporary), '임시'라는 뜻이지. 판문점에 건물을 세울 때는 분단과 정전이 70여 년 넘게 지속될 줄 아무도 몰랐던 거야.

판문점을 통과한 소 떼가 연 평화의 길

1998년, 당시 정주영 현대그룹 명예 회장은 소 떼 500마리를 이끌고 북한을 방문했다. 분단 이후 민간 차원의 합의를 통해 민간인이 판문점을 거쳐 방북한 것은 이때가 처음이었다. 소 떼와 함께 군사 분계선을 넘던 날, 정 회장은 떨리는 목소리로 소감문을 읽었다. "청운의 꿈을 안고 아버지 소를 판 돈 70원을 가지고 집을 나섰습니다. 이제 그때 그 소 1마리가 500마리의 소가 되어 지난 빚을 갚으러 꿈에도 그리던 산천을 찾아갑니다. 이번 방북이 단지 한 개인의 고향 방문을 넘어 남북이 같이 화해와 평화를 이루는 초석이 되기를 진심으로 기원합니다." 정 회장의 바람은 현실로 이루어졌다. 소 떼 방북 이후 바닷길을 이용한 금강산 관광이 시작되고 남북 정상 회담까지 이루어지면서 평화의 길이 열린 것이다. 당시 소 떼가 군사 분계선을 넘는 모습은 전 세계에 생중계되어 큰 화제를 불러일으켰다.

3·15 부정 선거	4·19 혁명	내각제 개헌	장면 내각 출발
1960. 3	1960. 4	1960. 6	1960. 8

이승만 대통령은 왜 물러났나요?

30초 해결사

우리나라 초대 대통령인 이승만은 임기를 연장하고 대통령에 다시 당선되기 위해 부정 선거를 벌였어요(3·15 부정 선거). 이승만 대통령의 독재에 시민들이 항의하자, 총을 쏘아 무고한 시민들을 죽이고 다치게 했어요. 분노한 시민들은 대규모 시위를 통해 이승만 대통령을 결국 자리에서 물러나게 하는 데 성공했어요. 1960년 4월 19일부터 대대적인 시위가 시작되었기 때문에 이 사건을 4·19 혁명이라고 불러요.

• 독재獨裁: 개인이나 단체가 모든 일을 제멋대로 처리한다는 뜻이에요.

#3·15 부정 선거   #4·19 혁명   #이승만

> 4·19 혁명 때 시위에 참가한 서울수송초등학교 학생들이야.
>
> 친구들과 가족들에게 총을 쏘지 말라고 외치고 있어. 어디서 저런 용기가 났을까?
>
> 4·19 혁명 때는 어린이를 포함해 다양한 사람들이 민주주의를 위해 싸웠단다.

"부모 형제와 친구들에게 총을 쏘지 마세요!"

시위 도중 친구를 잃은 초등학생들이 이렇게 외치자 함께 시위에 참가했던 시민들은 눈물을 흘렸어요. 도대체 무슨 일이 일어난 것일까요?

이승만 대통령은 장기 집권을 위해 헌법을 바꾸는 등 부정한 수단을 동원했고 세 번 연속 대통령에 당선되었어요. 1960년 3월 15일 정부통령 선거에서도 가짜 투표함을 만들어 사람들을 속이고, 특정 후보를 찍으라고 협박하는 등 부정 행위를 벌이자 국민들이 들고 일어났어요. 대구의 학생들이 주축이 되어 이끈 2·28 대구 학생 시위와 경상남도 마산(지금의 창원) 학생들이 이끈 3·15 마산 의거가 불씨가 되어 전국에서 3·15 부정 선거에 반대하는 시위가 벌어졌지요. 이 시위 도중 김주열 학생이 희생되었음이 알려지자 시민들의 분노는 더욱 거세졌어요. 1960년 4월 19일의 일이에요.

이승만 정부는 독재에 대항하는 시민들에게 총을 쏘아 응수했어요. 많은 사상자가 발생하는 상황에서도 시민들은 굴하지 않았어요. 초등학생을 비롯해 모든 시민이 거리에 나와 시위에 참여했고, 결국 이승만 대통령은 대통령 자리에서 물러났어요. 4·19 혁명은 시민들이 독재 권력을 무너뜨린 민주 혁명으로, 우리나라뿐만 아니라 전 세계 민주주의 역사에도 중요한 사건으로 남아 있어요.

영국 기자의 쓰레기통 이야기를 보기 좋게 뒤집다

"한국에서 민주주의를 바라는 것은 쓰레기통에서 장미꽃을 구하는 것과 같다."

1952년, 영국 『런던타임스』 소속 언론인 허그로프 기자는 이승만 정부 당시 한국에서 벌어지는 여러 정치적 혼란 상황과 부정 선거 현장을 이렇게 평했다. 그만큼 한국에서는 민주주의가 제구실을 하지 못하고 있었다. 허그로프가 위와 같이 말하고 8년 뒤인 1960년, 4·19 혁명으로 이승만 대통령의 독재가 끝났다. 오늘날 한국의 민주주의가 있기까지 많은 희생이 있었다.

5·16 군사 정변	박정희 대통령 당선	박정희, 유신 선포	긴급 조치 제9호 발포	부·마 민주화 운동, 10·26 사태
1961	1963	1972	1975	1979

우리나라에서 대통령을 가장 오래 한 사람은 누구인가요?

30초 해결사

우리나라에서 가장 오래 대통령을 한 사람은 박정희 대통령이에요. 1961년 5월 16일 군사 정변을 일으켜 정권을 장악한 이후 헌법을 몇 차례나 수정하면서 장기 집권을 이어 나갔어요. 독재에 반대하는 사람들은 무자비하게 탄압하면서 18년 동안 대통령직을 수행했지요.

- 군사 정변: 군인들이 불법으로 무력을 사용해 정권을 차지하는 것을 말해요.

#5·16 군사 정변   #박정희   #유신 헌법

"사회가 안정되면 우리는 양심적인 정치인들에게 언제든지 정권을 넘기고 우리들 본연의 임무로 복귀하겠습니다."

1961년 5월 16일, 박정희가 이끄는 군인 세력은 군사 정변을 일으켜 4·19 혁명 이후 수립된 장면 내각을 무너뜨리고 권력을 장악하는 데 성공했어요. 군인 세력은 나라가 안정되면 물러나겠다고 약속했지만 이 약속은 지켜지지 않았어요. 1963년 대통령에 당선된 박정희는 이후 세 차례에 걸쳐 대통령직을 수행했어요. 헌법상 두 번 이상 대통령이 되는 것이 불가능하자 헌법을 고쳐 가며 장기 독재를 이어 나갔지요. 여기에 더해 1972년에는 대통령에게 유리하도록 헌법을 다시 수정했는데, 이를 '유신 헌법'이라고 불러요. 유신 헌법의 내용에는 민주주의를 위반하는 사항이 무척 많았는데, 그중에는 평생 대통령을 할 수 있다는 항목이 포함되어 있었어요.

유신 헌법을 통해 박정희 대통령은 막강한 권력을 손에 넣었어요. 대통령 마음대로 국회를 해산할 수 있었고, 헌법을 무시하고 명령을 내릴 수 있었지요. 장기 독재와 유신 체제에 반대하는 사람들을 무자비하게 탄압하고 국민의 기본권을 제한하는 등의 상황이 지속되자 1979년 10월 부산과 마산 일대에서 대규모 시위가 일어났어요. 혼란이 심화되면서 박정희 정부 안에서도 내분이 일어났지요. 10월 26일 박정희 대통령과 차지철 경호실장은 김재규 중앙정보부장의 총에 맞아 목숨을 잃었어요. 이 사건으로 마침내 유신 체제가 막을 내렸어요.

박종규 소령
(이후 대통령 경호실장)

차지철 대위
(이후 대통령 경호실장)

박정희 소장
(이후 제5~9대 대통령)

군사 정권이 만든 부끄러운 아르헨티나 월드컵

1978년 아르헨티나 월드컵은 부끄러운 역사로 남았다. 1976년 군사 쿠데타를 일으킨 아르헨티나 군사 정권은 민주주의를 바라는 수많은 시민을 비밀 수용소에 가두고 목숨을 빼앗았다. 그리고 국민들의 관심을 월드컵으로 돌려 이 사건을 묻고자 했다. 군사 정권은 아르헨티나 팀이 대회에서 우승할 수 있도록 압력을 넣었고, 아르헨티나 팀은 결국 편파 판정을 통해 우승을 거두었다. 화합과 평화를 상징하는 월드컵 대회를 독재 정권 유지 수단으로 사용한 것이다. 당시 많은 선수가 대회에 참여하지 않는 등 적극적으로 반대 의사를 표했다.

| 경제 개발 5개년 계획 실시 1962 | 경부 고속 국도 개통 1970 | 수출 100억 달러 달성 1977 |

한강의 기적은 한강에서 일어난 기적인가요?

저분들이 '한강의 기적'의 주역이래!

왜? 한강에서 무슨 일을 하셨는데?

30초 해결사

오늘날 우리나라는 민주주의와 경제 성장을 빠른 속도로 이룬 나라로 평가받고 있어요. 특히 6·25 전쟁으로 국토 대부분이 황폐화되고, 산업 시설이 파괴된 상황에서 믿기지 않는 속도로 경제 성장을 이루어 냈기 때문에 더 많은 주목을 받았지요. 기적처럼 일구어 낸 발전이라고 해서 '한강의 기적'이라고도 불려요.

- 경제 개발 5개년 계획: 박정희 정부가 우리나라의 경제를 발전시키기 위해 1962년부터 1986년까지 5년 단위로 추진한 국가 주도의 경제 계획을 말해요.

#한강의 기적   #경제 개발 5개년 계획   #한류

1977년 6월 미국에서 발행된 시사 주간지의 표지란다. '한국인이 몰려온다'라고 쓰여 있네.

6·25 전쟁 이후 우리나라는 폐허가 되었어요. 박정희 정부는 1962년부터 경제 개발 5개년 계획을 실시하고 농업 중심 경제를 수출 중심 경제로 바꾸며 급격한 산업 성장을 이끌었어요. 그 결과 1977년, 수출액 100억 달러라는 결과를 얻었지요. 수출액 10억 달러를 달성한 지 불과 7년 만에 이룬 성과였어요. 이런 급속한 성장에 가장 큰 역할을 한 것은 열악한 환경에서도 땀 흘려 일한 노동자들이었어요. 많은 노동자가 독일과 사우디아라비아 등에 광부, 건설 노동자, 간호사로 파견되었고, 이렇게 번 외화는 당시 우리 경제가 성장하는 데 큰 도움이 되었어요.

포항 제철소와 경부 고속 국도와 같은 시설들도 이때 건설된 것이에요. 여러 국도와 지하철이 설치되는 등 교통이 정비되었고, 낙후한 농·어촌을 발전시키는 '새마을 운동'이 전개되었지요.

믿기지 않는 속도로 성장을 이룩해 냈기 때문에 세계는 이를 두고 '한강의 기적'이라고 불러요. 한강의 기적은 '잘 살아 보자'는 국민들의 마음과 정부 정책이 맞물려 이루어 낸 성과랍니다.

 '한강의 기적'에 이은 '한류'

한류는 아시아에서 시작된 한국 대중문화 열풍을 뜻한다. 1990년대 말 한국의 드라마, 가요, 영화 등이 중국과 일본 등에 수출되면서 아시아를 중심으로 큰 인기를 얻었고, 이후 동남아시아, 서아시아, 유럽, 라틴아메리카에까지 퍼졌다. 2012년에는 가수 싸이의 노래 「강남스타일」이 전 세계적으로 인기를 끌었고, 2020년에는 가수 방탄소년단의 노래 「다이너마이트」가 빌보드 차트(미국 잡지 주관 음악 순위 차트)에서 1위를 차지했다. 한국의 화장품과 패션 스타일 등 K-뷰티 역시 한류의 한 축을 이루고 있다. 이처럼 오늘날 한류는 단순히 '인기 있는 한국 문화'가 아니라, 세계인이 함께 즐기는 세계 문화로 편입되고 있다. 한류를 통해 한국에 애정을 갖고 한국어를 배우거나 유학을 오는 외국인도 점차 늘고 있다.

전태일, 근로 기준법 요구	광주 대단지 사건	YH 무역 사건	노동자 대투쟁
1970	1971	1979	1987

전태일은 왜 대통령에게 편지를 썼나요?

30초 해결사

노동자이자 노동 운동가였던 전태일 열사는 힘들게 일하는 어린 여성 노동자들의 열악한 상황을 개선하기 위해 대통령에게 직접 편지를 써 보냈어요. 당시 노동자들의 노동 환경은 무척 심각했어요. 하루 14시간에서 16시간 동안 작업에 매달려야 했고, 한 달에 2일 정도 쉬는 것이 휴식의 전부였지요. 많은 노동자가 열악한 환경 속에서 삶을 잃어 갔어요.

#전태일 #노동 운동

존경하는 대통령께

저는 착하디 착한 어린 여성 노동자들을 최소한 근로 기준법에 맞춰 보호해 주시길 바라면서 편지를 드립니다. 15세밖에 되지 않은 어린 여성 노동자에게 적은 돈을 주면서 하루에 무려 16시간 노동을 하게 하는 것은 너무 심합니다. …

저희들의 요구는

1일 14시간의 작업 시간을 10~12시간으로 줄여 주십시오.

1개월 휴일 2일을 일요일마다 휴일로 쉬기를 희망합니다.

건강 진단을 정확하게 하여 주십시오.

현재 수당 70원 내지 100원을 50퍼센트 이상 인상하십시오.

절대로 무리한 요구가 아님을 맹세합니다. 인간으로서의 최소한의 요구입니다.

1960년대 우리나라는 정부의 주도 아래 성장 위주의 경제 정책을 펼쳤어요. 그 결과 기업들은 크게 성장했지만, 대부분의 노동자는 위험하고 열악한 일터에서 장시간 노동과 저임금에 시달렸어요. 많은 노동자가 병에 걸리거나 사고로 목숨을 잃었지요.

봉제 공장에서 일하는 노동자이자 노동 운동가였던 전태일 열사는 노동 조건 개선과 근로 기준법 준수를 호소했지만 대부분이 수포로 돌아갔어요. 이에 1970년 11월 13일 평화시장에서 분신焚身(몸을 태운다는 뜻)으로 마지막까지 자신의 뜻을 알리고 숨을 거두었어요. 이 사건으로 노동 문제가 사회적인 문제로 떠오르게 되었어요. 이런 공로를 인정하여 정부는 전태일 열사의 50주기였던 2020년 11월, 국민훈장 무궁화장을 수여했어요.

전태일 열사의 어머니 이소선 여사 역시 아들의 유지를 이어받아 평생을 모든 노동자의 어머니로 살면서 가난한 노동 운동가들의 삶을 살피고 도왔어요.

 청계천에서 만나는 전태일 열사 동상과 기념관

서울 중구에 위치한 평화시장 일대는 노동 운동사에 있어서 상징적인 공간이다. 2005년 9월 30일, 청계천 위 버들다리에 전태일 열사의 동상이 세워졌고 2012년 11월에는 버들다리의 이름이 '전태일 다리'로 바뀌었다. 2019년 이 근처에는 '아름다운 청년 전태일 기념관'이 세워졌다. 기념관의 벽에는 1969년 12월 전태일 열사가 근로 감독관에게 노동 조건 개선에 나서 줄 것을 요청하며 보낸 편지 전문이 육필 원고 형태로 디자인되어 있다.

역사 토론

'한강의 기적'은 어떻게 바라보아야 할까?

자랑스러운 성공의 역사

한국의 경제 성장은 자랑할 만한 업적이야!

> '한강의 기적'이라고 불릴 정도로 자랑스러운 기록이잖아. 전쟁 직후만 해도 가난한 나라로서 다른 나라의 원조를 받아야 했는데, 이제는 엄연한 선진국의 반열에 올라 다른 나라를 원조해 주는 나라가 되었어. 자원이 풍부하지 않은 우리나라에서 가장 가치 있는 것은 사람의 노력이야. 정부와 기업, 그리고 온 국민이 똘똘 뭉쳐 열심히 일한 결과 거둔 값진 승리야.

우리나라는 민주주의와 경제 성장을 함께 이룬 나라로 손꼽힌다. 6·25 전쟁으로 국토와 산업 시설이 대부분 파괴된 상황에서도 국민이 힘을 모아 눈부신 성장을 이룩했고, 이에 '한강의 기적'이라는 말이 생겼다. 이와 같은 일이 일어날 수 있었던 것은 국민이 한마음 한뜻으로 힘을 모았기 때문이다. 하지만 이 과정에서 많은 노동자가 열악한 노동 환경으로 병들고 죽어 갔다. 환경 오염 문제도 심각해졌다. 또 도시와 농촌의 빈부 격차가 심각해졌다.

아픈 성찰의 역사

많은 희생이 숨겨진 아픈 역사야!

" 비약적인 경제 성장을 이루었지만, 정말 많은 희생이 발생한 시기였어. 많은 노동자가 열악한 환경에서 장시간 저임금 노동을 하며 스러져 갔지. 또 빠른 경제 성장을 위해 수단과 방법을 가리지 않았기 때문에 수많은 부작용이 발생해 지금까지도 우리 사회에 영향을 미치고 있다고. 큰 빈부 격차와 급격히 악화된 환경 문제는 모두 그 시절의 부산물이야. 이 점을 잊어선 안 돼. "

5·16 군사 정변	박정희 대통령 당선	박정희, 유신 선포	긴급 조치 제9호 발포	부·마 민주화 운동, 10·26 사태
1961	1963	1972	1975	1979

1970년대에는 머리도 마음대로 기르지 못했다면서요?

30초 해결사

박정희 대통령 시대에는 사회를 통제하고 억압하기 위해 많은 규제가 만들어졌어요. 치마 길이는 물론 머리카락 길이까지 제한되었고, 노래와 춤도 검열되었어요. 또한 일정 시간 이후에는 밖에 돌아다닐 수도 없었지요.

- 유신 헌법: 박정희 대통령이 1972년 비상 계엄령을 선포한 뒤 통과시킨 헌법을 말해요. 대통령의 권한을 크게 강화하고 국민의 기본권을 제한하는 헌법이었지요.

#박정희 #유신 헌법

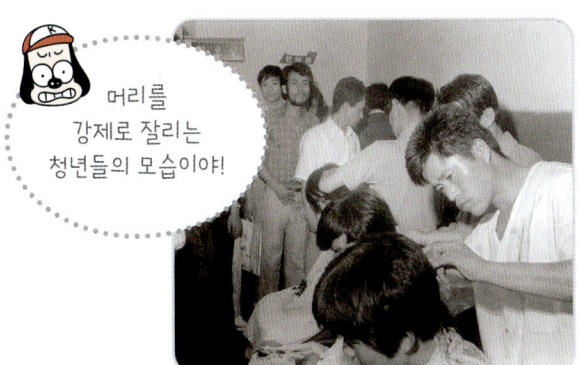
머리를 강제로 잘리는 청년들의 모습이야!

줄자로 치마 길이를 재다니, 정말 상상도 못 할 일이네!

"「왜 불러」? 이 노래는 제목이 건방져서 안 되겠어."
"저 춤, 영 마음에 안 드는군. 금지야!"

1970년대 국민들은 일상생활에서 많은 규제를 받아야 했어요. 노래 가사가 국가의 기준에 맞지 않거나 춤추는 동작에 문제가 있다는 이유로 많은 노래가 금지곡이 되었고, 남성은 머리를 일정 길이 이상 기를 수 없었으며, 여성은 치마 길이를 단속당했어요. 경찰들은 가위와 자를 들고 다니면서 시민들을 붙잡아 강제로 머리를 깎거나 치마 길이를 쟀어요. 지금 생각하면 어처구니없는 일이지만 당시에는 흔히 볼 수 있는 풍경이었지요.

박정희 정부는 독재 정권을 유지하기 위해 국민을 통제하고자 했어요. 개인의 개성을 인정하지 않고 많은 규제를 만들었지요. 통행 금지 시간을 정해 놓고 밤에는 다닐 수 없게 했고, 영화를 만들 때도 정부의 철저한 검열을 통과해야 했어요.

개념 연결 철조망에 갇혀도 빛나는 촛불, 국제 앰네스티의 로고

1961년, 독재 정부가 지배하던 포르투갈에서 자유를 위해 건배한 대학생 두 명이 징역 7년을 선고받았다. 이때 이들의 인권을 변호하기 위해 활동가들이 나서면서 국제 인권 단체인 '국제 앰네스티'가 만들어졌다. 포르투갈 독재 정권의 희생자들을 돕는 것으로 시작된 국제 앰네스티는 오늘날 인간의 존엄성을 해치는 위협으로부터 모든 사람의 인권을 지키기 위해 활발히 활동하고 있다.

국제 앰네스티의 주요 상징은 촛불과 앰네스티 노란색(Amnesty yellow)이다. 철조망에 둘러싸인 노란색 촛불이 억압 속에서도 연대를 통해 희망을 밝힌다는 메시지를 전한다.

1979	1980
10·26 사태, 12·12 군사 정변	서울의 봄 종결, 5·18 민주화 운동

5·18 기록물은 왜 세계 기록유산이 되었나요?

30초 해결사

5·18 민주화 운동 당시 상황을 말해 주는 생생한 기록물(사진, 문서, 영상 등)은 2011년 유네스코 세계 기록유산으로 지정되었어요. 기록물이 전해 주는 민주, 인권, 평화의 정신과 부당한 폭력에 저항한 광주 시민들의 용기와 신념을 국제 사회도 인정한 것이지요.

"5·18 민주화 운동은 대한민국의 민주화에 결정적인 역할을 했을 뿐 아니라 냉전 구조를 해체하고 민주주의를 성취함으로써 동아시아에 있는 다른 나라들에 영향을 끼쳤다. 1980년대 이후 아시아에서 다양한 민주화 운동이 일어났다."
– 유네스코에서 5·18 민주화 운동을 소개한 내용 중에서

#5·18 민주화 운동   #전두환   #유네스코 세계 기록유산

사회 6-1 | **1단원 1장** 민주주의의 발전과 시민 참여

"지금 이곳에서 일어나는 일들을 이렇게 기록으로 남깁니다."

1980년 광주에서는 믿기지 않는 일이 일어났어요. 군인들이 시민들을 향해 총을 쏜 것이에요. 전두환을 중심으로 한 신군부 세력이 민주화를 외치는 국민들의 기세를 꺾으려고 벌인 일이었어요. 이 총격은 은밀하게 진행되었습니다. 뉴스와 신문이 모두 통제되어 광주 밖의 지역에서는 이런 소식을 전혀 들을 수 없었어요. 이에 광주의 학생과 시민 들은 일기 등을 통해 당시 상황에 대한 생생한 기록을 남겼어요. 마침 한국에 와 있던 독일 기자 힌츠 페터는 당시 상황을 촬영해 다큐멘터리로 제작했고, 이 이야기는 영화 「택시 운전사」로 만들어졌지요.

1980년, 전두환을 중심으로 세워진 신군부는 계엄령을 선포하고 국민들을 탄압했어요. 민주주의가 위협받자 광주의 대학생을 비롯한 시민들이 계엄령 확대에 반대하며 시위를 벌였지요. 광주에 투입된 계엄군은 거리낌 없이 총을 발포하며 시위를 진압했고, 광주 시민들은 시민군을 조직하여 저항했어요. 그 과정에서 많은 사상자가 발생했지요. 이 사건을 5·18 민주화 운동이라고 해요.

전두환 정권은 언론을 철저히 통제했어요. 바깥으로 정보가 새는 것을 막거나 '폭도들의 난동'으로 왜곡하는 기사를 냈지요. 1995년 '5·18 민주화 운동 등에 관한 특별법'이 제정되면서 마침내 명예가 회복되었고, 2002년에는 5·18 민주 묘지가 국립묘지로 승격되었어요.

개념연결 "분수를 멈춰 주세요." 도청에 걸려 온 시민의 전화

1980년 5월 전남도청 앞 분수대 광장에서 광주 시민들이 집회를 열고 있다. (5·18기념재단 소장)

"넋을 위로해야 하는 시점입니다. 당분간만이라도 전남도청 앞 광장 분수대를 정지해 주기 바랍니다."
이는 계엄군의 진압이 끝나고 3일이 지난 1980년 5월 30일, 전남도청 민원실에 전화를 건 광주 시민의 요청이었다.
전남도청 앞 분수대와 광장은 5·18 민주화 운동 당시 광주 시민들이 집회를 가진 상징적인 장소였다. 아무 일도 없었던 것처럼 분수대에서 물이 뿜어져 나오는 것에 가슴이 아팠던 시민들의 마음을 잘 보여 주는 이야기다.

현대

박종철 고문 치사 사건 | 4·13 호헌 조치 | 6월 민주 항쟁 | 6·29 선언

6월 민주 항쟁은 왜 일어났어요?

30초 해결사

1987년 6월, 당시 전두환 정부는 민주주의를 요구하는 시민들을 고문하고 탄압하며 국민들의 정치 참여를 막았어요. 이에 독재를 끝내고 국민의 손으로 직접 대통령을 뽑아 민주 헌법을 만들고자 하는 시민들의 요구가 전국적을 커지면서 6월 민주 항쟁이 시작되었어요.

- 호헌 철폐, 독재 타도: 호헌護憲은 '헌법을 보호하고 지킨다'는 뜻이에요. 그런데 당시의 헌법에 따르면 국민들은 직접 대통령을 뽑을 수 없었어요. 이런 부조리한 헌법을 지키는 정부에 반대하고, 전두환 정권의 독재를 무너뜨리겠다는 뜻의 구호예요.

#6월 민주 항쟁 #전두환 #박종철 #대통령 직선제

민주주의의 발전과 시민 참여

1987년 6월 24일 서울 중구 소공동에서 직선제를 요구하던 시민들의 모습이야. 경찰이 발사한 최루탄을 피해 달아나고 있네.

어떻게 사람을 향해 최루탄을 쏠 수가 있죠?

"'탁' 하고 치니 '억' 하고 죽었다."

1987년 1월, 대학생 박종철이 경찰의 고문으로 목숨을 잃자 당시 경찰 책임자가 한 말이에요. 군사 정변으로 권력을 차지한 전두환은 대통령을 국민의 손으로 뽑게 해 달라는 요구를 무시하고 시민을 탄압했어요. 박종철 학생의 사망도 제대로 조사하지 않고 넘어가자, 시민들의 분노는 걷잡을 수 없이 끓어올랐어요. 이 사건을 계기로 전국에서 대대적인 민주화 시위가 일어났어요. 전두환 정부는 경찰 등 무력을 동원하여 시위하는 국민을 탄압했지만 결국 국민의 요구대로 헌법을 바꾸고 대통령을 국민의 손으로 직접 뽑을 수 있게 했어요. 이 제도를 대통령 직선제라고 한답니다.

군사 정권의 독재 유지 시도를 막아 내고 시민들의 힘으로 민주화를 이룬 뜻깊은 이 사건을 6월 민주 항쟁이라고 불러요. 6월 민주 항쟁은 학생과 노동자를 비롯해 일반 시민 다수가 참여하여 민주주의의 승리를 이끈 시민 혁명이에요. 6월 민주 항쟁이 있었기 때문에 오늘날 대통령을 국민의 손으로 뽑을 수 있게 되었고, 우리나라의 민주주의가 한층 발전하게 되었어요.

민주 인권 기념관으로 거듭난 남영동 대공 분실

박종철 열사 고문 현장(배성호 촬영)

'민주 인권 기념관'은 남영동 대공 분실로 사용되었던 곳이다. 독재 정권에 비판적인 사람들은 이곳으로 끌려가 고문을 비롯한 가혹 행위를 당했다. 대학생 박종철이 고문으로 숨을 거두면서 마침내 이곳의 정체가 드러났고, 다시는 이처럼 끔찍한 국가 폭력의 역사가 되풀이되지 않게 하자는 의미에서 2018년 이곳을 민주 인권 기념관으로 재단장했다.

박정희, 유신 선포	12·12 군사 정변	6월 민주 항쟁
1972	1980	1987

대통령은 왜 두 번 할 수 없나요?

30초 해결사

우리나라에서는 대통령을 한 번만 할 수 있어요. 이런 제도를 '대통령 단임제'라고 부른답니다. 1987년 헌법을 개정하면서, 대통령 단임제가 결정되었지요. 이승만, 박정희, 전두환 등 장기 독재 정치를 여러 차례 겪으며 더 이상 같은 문제를 되풀이하지 않기 위한 조치였어요.

- 단임: '단單'은 하나라는 뜻이에요. 단임單任은 원래 정해진 임기를 다 마친 뒤 다시 그 직위를 맡지 않는다는 뜻이지요.

#대통령 단임제 #대통령 직선제 #4·13 호헌 조치 #체육관 선거 #6·29 선언

"이제 본인은 임기 중 개헌이 불가능하다고 판단하고 현행 헌법에 따라 내년 2월 25일 본인의 임기 만료와 더불어 후임자에게 정부를 넘겨 줄 것을 선언하는 바입니다."

1987년 4월, 대통령이었던 전두환은 국민이 직접 대통령을 뽑을 수 없게 되어 있던 당시의 헌법을 개헌하지 않겠다고 발표하며 이렇게 말했어요. 이 발표를 4·13 호헌 조치라고 해요. 독재 정권을 유지하기 위해 국민의 투표가 아니라 국회 의원들의 투표, 즉 간접 선거를 치르려 한 것이지요. 이와 같은 방법은 박정희 대통령도 시도한 적이 있었어요. 박정희 대통령은 1972년 대통령을 평생 할 수 있도록 헌법을 바꾸고, 장충 체육관에서 간접 선거를 치렀어요. 국민의 뜻을 반영하지 않고 권력자들의 뜻대로 대통령을 뽑은 것이에요. 제8, 9대 대통령 박정희와 제10대 대통령 최규하, 제11대 대통령 전두환은 이런 방식으로 대통령이 되었어요. 이에 국민들은 전두환을 '체육관 대통령'이라고 비난하며 대통령 직선제를 요구했지요. 전두환 독재 정권이 박종철 학생, 이한열 학생 등 수많은 희생자를 내고 탄압했다는 사실이 드러나면서 시위는 더욱 거세졌어요. 그 결과 노태우 여당 대표는 학생과 시민의 요구를 받아들여 대통령 직선제 등의 내용을 담은 6·29 민주화 선언을 발표했어요. 그해 10월 27일 국민 투표를 통해 헌법이 개정되었어요. 그래서 국민이 직접 대통령을 뽑는다는 직선제와 대통령은 5년에 한 번 할 수 있다는 단임제가 오늘날까지 이어져 오고 있지요. 대통령 직선제와 단임제는 이렇게 투쟁과 희생을 통해 만들어진 것이에요.

선거 구호로 보는 역사

제3, 4대 정부통령 선거 포스터
(대한민국역사박물관 소장)

대통령 선거에서 후보자들은 국민의 선택을 받기 위해 포스터와 선거 구호를 만든다. 역사적으로 유명했던 선거 구호를 살펴보자.

1956년 제3, 4대 정부통령 선거에서 야당이었던 민주당 후보로 나선 신익희, 장면 후보는 "못살겠다 갈아 보자"라는 구호를 내세웠다. 이승만 대통령과 여당인 자유당 정권에서 나라 상황이 좋지 않으니 정권을 바꾸어 변화를 주자는 의미를 담은 구호였다. 자유당 후보 이승만, 이기붕은 "가러 봤자 (갈아 봤자) 더 못산다"는 구호로 이에 맞섰다.

1992	2000	2007	2018
수요 시위 시작	일본군 성 노예 전범 여성 국제 법정 개최	미국 하원 의회, 일본군 '위안부' 문제 공식 사과 요구	대법원, 강제 징용 피해자 승소 판결을 내림

수요일마다 시위를 하는 사람들이 있다면서요?

30초 해결사

수요 시위는 1992년 1월에 시작된 정기 집회예요. 그때부터 지금까지 눈이 오나 비가 오나 매주 수요일 대한민국 주재 일본 대사관 앞에서 열리고 있지요. 일본군 '위안부'로 끌려가 피해를 입은 피해자들에게 일본 정부가 공식적으로 사과하고 배상할 것을 요구하는 집회예요. 피해자 당사자들뿐만 아니라 역사를 바로 세우고자 하는 시민 단체들이 함께 참여하고 있지요.

#수요 시위   #평화의 소녀상   #일본군 '위안부'

소녀상의 의미(정의기억연대 제공)

일제 강점기, 많은 국민이 군수 공장으로 끌려갔고 전쟁터로 내몰렸어요. 젊은 여성들 일부는 중국과 동남아시아 지역의 전쟁터로 보내졌고 강제로 일본군 '위안부'가 되었어요. 유엔 인권 위원회는 일본군 '위안부'를 반인륜적 전쟁 범죄 행위로 규정하고, 일본 정부가 국가적 책임을 인정하도록 결의했어요. 하지만 일본 정부는 지금도 과오를 부정하고 있어요. 2020년에는 독일 베를린의 공공장소에 설치된 '평화의 소녀상'을 철거할 것을 강력하게 주장하기도 했어요. 실제로 철거 명령이 내려졌으나 시민 단체의 반발로 철거가 취소되었지요. 이러한 일본의 외교적 압박에 맞서 한국, 일본, 타이완 등 여러 나라의 시민 단체들이 연대 활동을 펼치고 있어요.

서울 일본군 '위안부' 피해자 기림비

서울 남산에 가면 일본군 '위안부' 피해자 기림비가 있다. 손을 맞잡고 있는 한국, 중국, 필리핀 소녀를 할머니가 마주 보고 있는 모양이다. 할머니는 일본군 '위안부' 피해 사실을 처음 증언한 김학순 할머니다. 김학순 할머니의 용기로 일본군 '위안부' 문제가 수면 위로 드러났다. 손을 맞잡은 세 소녀 사이에는 빈 곳이 있는데, 우리가 소녀상과 손을 맞잡고 연대해야 함을 뜻한다.

서울 일본군 '위안부' 피해자 기림비(배성호 촬영)

이 기림비가 세워진 장소가 남산인 데는 이유가 있다. 기림비가 있는 장소는 일제 강점기 시절 아픈 역사를 간직한 조선 신궁의 터다. 일제는 당시 일본의 왕을 신처럼 모시게 하면서 우리 민족의 정기를 끊기 위해 이곳에 신궁을 세웠다. 이 아픈 역사를 딛고, 일제 침탈의 아픔을 간직하기 위해 서울시와 서울시 교육청 그리고 시민들은 평화와 인권의 상징물인 기림비를 이곳에 설치했다.

1991	2000	2007	2018
남북한 유엔 동시 가입	6·15 남북 공동 선언	10·4 남북 정상 선언	4·27 판문점 선언

햇볕 정책이 무엇인가요?

 30초 해결사

햇볕 정책은 김대중 정부(1998~2002) 당시 제안된 남북한 화해 협력 정책의 이름이에요. 강한 바람이 아니라 따뜻한 햇볕으로 나그네의 옷을 벗길 수 있었다는 『이솝 우화』의 내용처럼, 북한과 협력하여 평화의 시대를 열어 가겠다는 의미가 담겨 있어요.

- 햇볕 정책: 김대중 대통령이 1998년 영국을 방문했을 때 런던대학교 연설에서 처음 사용한 단어예요.

#햇볕 정책 #김대중 #남북 정상 회담 #금강산 관광

햇볕 정책의 영향으로 2000년, 역사상 첫 남북 정상 회담이 개최되었어요. 이후 북한 지역에 개성 공단을 만들고 금강산 관광을 시작하는 등 남한과 북한 사이에는 다양한 분야에서 교류의 장이 열렸지요. 6·15 남북 공동 선언 이후 학생들은 금강산으로 수학여행을 다녀오기도 했어요.

남한과 북한의 관계는 이후로도 계속 바뀌어 왔어요. 한동안 사이가 악화되어 교류가 중단되기도 했지만, 평화를 이루기 위해서는 서로 노력을 기울여야겠지요.

2000년 6·15 남북 공동 선언 당시의 모습이야. 평양에서 열린 최초의 회담이었어. 김대중 대통령과 김정일 국방위원장이 손을 맞잡고 있네.

2007년 10·4 남북 정상 선언 당시 사진이지. 노무현 대통령과 김정일 국방위원장이 서로 악수를 하고 있구나.

2018년 9·18 남북 공동 선언에 합의했던 문재인 대통령과 김정은 국무위원장의 모습이야. 회담이 끝나고 함께 백두산 천지에 올라 기념 촬영을 했어.

햇볕 정책의 출발점을 열어 준 동방 정책

독일은 한때 서독과 동독으로 분단되어 있었다. 서독의 수상 빌리 브란트는 '동방 정책'을 펼쳐 동독과의 사이를 개선하고자 했다. 동방東方이란 동독이 있는 동쪽으로 다가간다는 뜻으로, 동방 정책은 서독이 먼저 동독을 향해 손을 내밀겠다는 것이었다. 그래서 처음 동방 정책을 펼쳤을 때는 많은 서독인이 반발했다. 동독에게 '퍼 주기'를 한다는 등의 이유였다. 하지만 브란트 수상은 흔들리지 않고 정책을 밀고 나갔다. 이런 노력으로 동독과 서독은 함께 유엔에 가입했고, 이산가족 방문과 우편 교류, 스포츠 교류 등으로 점차 화해를 이루어 내면서 마침내 1989년 평화 통일에 성공했다.

김대중 대통령은 동방 정책이 거둔 성공을 보면서 우리나라 역시 독일처럼 평화 통일로 다가서야 한다고 생각했고, 이에 햇볕 정책을 제안했다.

1991	2000	2007	2018
남북한 유엔 동시 가입	6·15 남북 공동 선언	10·4 남북 정상 선언	4·27 판문점 선언

분단 이후 남과 북의 지도자들은 언제 처음 만났어요?

30초 해결사

2000년 6월 15일, 남과 북의 지도자들은 분단 이후 처음으로 직접 만나 평화 회담을 가졌어요. 이 자리에서 평화 통일을 위해 함께 노력하겠다고 약속하고, 이를 선언했지요. 이 선언을 6·15 남북 공동 선언이라고 불러요.

#6·15 남북 공동 선언　#김대중　#김정일

사회 6-2 2단원 1장 **한반도의 미래와 통일**

평양 순안 공항에 김대중 대통령이 내리자 김정일 국방위원장이 환영하는 모습이야.

2000년 6월 13일 오전, 평양 순안 공항에 김대중 대통령이 도착했을 때 이를 지켜보던 사람들은 깜짝 놀랐어요. 북한의 김정일 국방위원장이 직접 환영 인사를 나왔기 때문이에요. 김대중 대통령과 김정일 국방위원장이 밝은 표정으로 악수를 나누는 장면은 전 세계에 중계되었고, 많은 사람이 감동을 받았어요.

1948년 분단 이후에 두 나라를 대표하는 지도자가 직접 만난 게 이때가 처음이라지?

6·15 남북 공동 선언은 서로 힘을 합쳐 자주적으로 통일을 이루기 위한 합의가 담겨 있는 최초의 선언이란다.

2000년 남북 정상 회담은 분단 이후 남한과 북한이 처음 만나는 자리인 데다, 북한이 어떤 곳인지 잘 모르는 상황에서 세계적인 관심이 높았어요. 김대중 대통령과 김정일 국방위원장은 회담에서 평화 통일을 위해 서로 노력하겠다는 내용을 담은 6·15 남북 공동 선언을 발표했어요. 김대중 대통령은 평화와 민주주의를 개척해 나간 공을 인정받아 노벨 평화상을 받았어요.

6·15 남북 공동 선언
1. 남과 북은 나라의 통일 문제를 그 주인인 우리 민족끼리 힘을 합쳐 자주적으로 해결해 나가기로 했다.
2. 남과 북은 나라의 통일을 위한 남측의 연합제 안과 북측의 낮은 연방제 안이 서로 공통성이 있다고 인정하고 앞으로 이 방향에서 통일을 지향해 나가기로 했다.
3. 남과 북은 경제 협력을 통해 민족 경제를 균형적으로 발전시키고 사회, 문화, 체육, 보건, 환경 등 제반 분야의 협력과 교류를 활성화하여 서로의 신뢰를 다져 나가기로 했다.

개념연결 시드니 올림픽 공동 입장

2000년 남북의 정상 회담 이후에 열린 시드니 올림픽에서는 남북의 선수가 한반도기를 들고 '코리아'라는 이름으로 공동 입장을 해 전 세계의 주목을 받았다.

현대

5·18 민주화 운동	6월 민주 항쟁	촛불 집회	박근혜 대통령 파면
1980	1987	2016	2017

시민들이 왜 촛불을 들고 나왔나요?

30초 해결사

2016년 겨울, 대한민국에서는 1987년 6월 민주 항쟁 이후 가장 큰 규모의 집회가 열렸어요. 시민들은 저마다 손에 촛불을 들고 거리를 행진했어요. 박근혜 대통령이 대통령으로서 역할을 제대로 하지 않고 특정한 사람이 나랏일을 함부로 결정하도록 한 국정 농단 사건에 대해 대통령의 사과와 탄핵을 요구하며 시위를 벌인 것이에요.

- 국정 농단: '국정國政'은 나라의 정치라는 뜻이고, '농단壟斷'은 이익이나 권리를 독차지한다는 뜻이에요.

#촛불 집회

촛불 집회가 열린 서울 광화문 일대의 모습(박찬희 촬영)

광장은 '넓을 광廣', '마당 장場'을 써요. '넓은 마당'이라는 뜻이지요. 그러나 현대사에서 광장은 단순히 넓은 공간 이상의 의미를 지녀요. 역사적 순간마다 시민들은 광장에 모여 집회를 열고 연대를 표하며 새로운 역사를 만들어 가지요.

1980년 5월 서울역 광장에는 10만여 명의 학생이 모여 민주주의를 외쳤고, 1980년 광주 시민들은 전남도청 앞 광장에 모여 부당한 권력에 맞서 민주주의를 지킬 방법을 의논했지요. 1980년 7월 서울 시청 앞 광장에는 100만여 명의 시민이 최루탄에 맞아 목숨을 잃은 이한열 학생을 추모하기 위해 모였고, 2002년에는 붉은 티셔츠를 입고 전국 곳곳의 광장에 모여 한일 월드컵 국가 대표팀을 응원했어요.

그리고 2016년 10월, 박근혜 대통령의 국정 농단 사건이 일어나자 대통령 탄핵을 외치는 촛불 집회가 광화문 광장을 비롯해 전국 곳곳의 광장에서 열렸어요. 시민들은 다시 한 번 "대한민국은 민주 공화국이다!"라고 외치며 촛불을 들고 나왔어요. 그 결과 박근혜 대통령은 탄핵되었고, 대한민국 역사상 최초로 대통령직에서 파면되었어요. 곧이어 제19대 대통령 선거가 실시되어 문재인 정부가 출범했지요.

시위는 평화롭고 꾸준하게 진행되었어요. 시민들의 참여로 민주주의의 역사를 새롭게 쓴 이 사건은 온 세계의 주목을 받았지요.

개념연결 2016년 촛불 집회를 보도한 외신들

"한국인은 저항 운동이 어떤 것인지 세계에 보여 주었다. … 한국인은 많은 대중이 참가하는 시위가 강력하고 평화적이며 심지어 정중하지만 여전히 효과적일 수 있음을 보여 주었다." – 미국 『워싱턴 포스트』(2016. 12. 8.)

"대규모 집회의 분위기가 전반적으로 축제 같았고, 시민들은 대통령이 즉각 퇴진하고 검찰 수사를 받을 것을 촉구했다." – 프랑스 AFP 통신(2016. 12. 11.)

인천 강화군 하점면에 있는 청동기 시대 고인돌 유적

한민족의 역사가 시작되다

선사·삼국·통일 신라와 발해

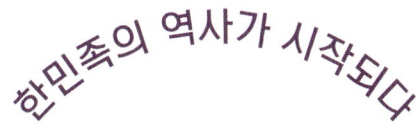

우리가 살고 있는 이 땅,
한반도에서는 오래전부터
사람들이 살아오면서 역사가 이어졌어.
우리 역사는 어떻게 시작되었고,
한반도에 살던 사람들은
어떤 문화를 가꾸어 왔을까?
선사 시대와 삼국 시대,
통일 신라와 발해로 떠나 볼까!

약 70만 년 전 구석기 시대 시작

약 1만 년 전 신석기 시대 시작

기원전 2333 고조선 건국

기원전 57 신라 건국

기원전 18 백제 건국

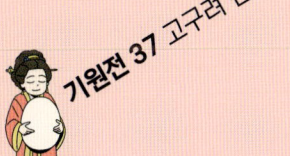

기원전 37 고구려 건국

612 고구려, 살수 대첩

676 신라, 삼국 통일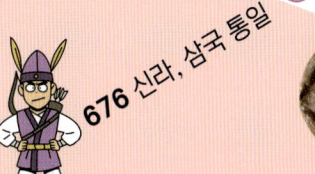

698 발해 건국

828 장보고, 청해진 설치

한반도에 인류 거주 시작	신석기 시대 시작
약 70만 년 전	약 1만 년 전

구석기 시대와 신석기 시대는 어떻게 나누나요?

30초 해결사

선사 시대를 당시 사람들이 사용한 석기의 종류에 따라 구석기 시대와 신석기 시대로 나누어요. 석기라는 단어 앞에 각각 오래됨을 뜻하는 구舊와 새로움을 뜻하는 신新을 붙인 거예요. 구석기 시대와 신석기 시대는 사용한 도구만큼이나 생활 모습도 많이 달라요.

- 석기石器: 돌로 만든 여러 가지 생활 도구를 뜻해요.
- 선사 시대先史時代: 역사 기록이 남아 있기 전의 시대를 뜻해요.

#구석기 #신석기 #주먹 도끼 #갈돌 #갈판

도구가 지금처럼 발달하지 않았던 선사 시대 사람들은 돌을 도구로 사용했어요. 구석기 시대에는 돌을 부딪치고 깨뜨려서 만든 뗀석기를 주로 사용했고, 신석기 시대에는 돌을 갈판에 갈아서 예리하게 다듬은 간석기를 주로 사용했지요.

신석기 시대와 구석기 시대는 단지 사용했던 도구만 달랐던 것이 아니었어요. 신석기 시대에 농사가 처음 시작되면서 생활 방식이 근본적으로 바뀌기 시작했어요. 먹을 것을 찾아 계속 이동하던 사람들은 정착 생활을 시작했고, 곡식이나 먹을 것을 보관하기 위해 흙으로 그릇을 빚어 사용하기도 했어요. 이것을 토기土器라고 한답니다. 뼈바늘과 가락바퀴를 이용해 옷을 지어 입기도 했지요.

주먹 도끼(국립중앙박물관 소장)

구석기 시대의 삶이 동물에 가까운 수렵 생활이었다면, 신석기 시대에는 사람이 동물과 뚜렷이 구분되는 생활을 하게 되었답니다. 그래서 어떤 학자들은 농사의 시작을 두고 '신석기 혁명'이라고 부르기도 해요.

갈돌과 갈판(국립중앙박물관 소장)

구석기 시대와 신석기 시대를 대표하는 우리나라 유적지들

전곡리 선사 유적지 경기도 연천군 전곡읍에 있는 선사 유적지. 세계적으로 유명한 구석기 주먹 도끼가 출토된 곳으로, 전시관을 통해 유적과 유물을 살펴볼 수 있다.

서울 암사동 유적지 서울 강동구 암사동에 있는 선사 유적지. 신석기 시대 사람들이 살던 움집터가 복원되어 있고, 전시관에서 생활 모습을 살펴볼 수 있다.

고조선 건국	청동기 문화
기원전 2333	기원전 2000년경~기원전 1500년경

이 큰 돌은 무엇에 쓰는 물건인가요?

- 이 큰 돌은 대체 뭐예요?
- 엄청 무거웠을 텐데 어떻게 저 위에 올렸을까요?
- 청동기 시대의 중요한 특징을 고인돌에서 추측해 볼 수 있단다.

30초 해결사

고인돌은 청동기 시대의 대표적인 유적이에요. 많은 역사학자가 고인돌을 청동기 시대 지배자들을 묻은 무덤이라고 추측하고 있어요.

- **고인돌**: 고인돌은 '괸 돌'이라는 말에서 왔어요. 돌로 다른 돌을 괴어 놓았다고 해서 그런 이름이 붙었어요.

#고인돌 #청동기 #무덤 #유네스코 세계 문화유산

많은 역사학자는 고인돌을 무덤의 일종으로 보고 있어요. 중요한 것은 여기에 누구를 묻었을까 하는 것인데, 청동기 시대에 살았던 지배자들의 무덤이라고 추측하고 있지요. 고인돌은 무게가 100톤이 넘는 돌로 만들어진 것이 있을 정도로 엄청나게 무거운데, 이런 무게의 돌을 옮기려면 많은 사람의 힘이 필요했을 거예요. 그래서 높은 신분의 사람을 위해 만들어졌을 것이라고 추측하는 것이지요. 몇몇 고인돌에서는 토기나 청동 검같이 귀한 물건이 발견되기도 했어요.

우리나라에는 약 4만여 개의 고인돌이 전국적으로 분포되어 있어 세계적으로 주목받고 있어요. 고창-화순-강화의 고인돌 유적은 일정한 특징을 가지고 있을 뿐만 아니라 보존 상태도 훌륭해서 2000년 유네스코 세계 문화유산에 등록되었답니다. 이 지역에는 약 900기의 고인돌이 모여 있지요. 이번 주말에는 부모님과 함께 고인돌을 보러 가면 어떨까요?

고창 죽림리 지석묘군

고인돌도 모양이 다양하구나.

강화 부근리 지석묘군

탁자 모양 고인돌, 그냥 돌만 올려져 놓인 고인돌, 바둑판 형태 고인돌…

세계의 거석 문화

고인돌 외에도 큰 돌로 만들어진 구조물들을 세계 곳곳에서 볼 수 있는데, 주로 청동기 시대의 유적들이다. 역사학자들은 이런 구조물들이 무덤이나 종교 의식을 위해 세워졌을 것으로 추측하고 있는데, 그중에는 목적을 확실히 알 수 없는 구조물들도 있다.

영국의 스톤헨지: 평원에 큰 돌들이 둥그렇게 늘어서 있다.

프랑스의 카르나크 열석: 3,000개의 크고 작은 돌이 나란히 서 있다.

청동기 문화

기원전 2000년경~기원전 1500년경

청동 거울은 얼굴이 안 비치는데 왜 거울이라고 해요?

30초 해결사

청동 거울은 얼굴을 비추는 '거울'의 역할만 한 것은 아니에요. 물론 녹이 슬기 전에는 반들반들한 면에 얼굴을 비추어 볼 수도 있었겠지요. 많은 역사학자는 제사장 역할을 하던 족장들이 자신의 위치를 드러내기 위한 장신구로 청동 거울을 사용했을 것이라고 추측하지요.

• 청동: 구리에 주석이나 납, 아연 등을 넣어 단단하게 만든 금속이에요.

#청동 거울 #제정일치 #청동기

청동기 시대에는 무리의 지도자가 종교 지도자의 역할을 함께 맡기도 했어요. 이것을 제정일치祭政一致 사회라고 불러요. 제례(종교)와 정치를 한 사람이 맡아 본다는 뜻이지요. 여러 역사에서 고대 사회는 제정일치인 경우가 많았어요. 무리의 지도자가 되려면 힘뿐만 아니라 하늘과 같은 초자연적인 존재와 소통하는 능력이 있어야 했지요. 청동 거울은 청동기 시대의 대표적인 유물이에요. 청동은 자연 상태에 흔하지 않은 물질로, 당시 매우 귀했기 때문에 청동 거울이나 청동 검 같은 물건들은 소수의 지배 계층만 가질 수 있었지요. 많은 역사학자는 청동 거울이 당시 제사장과 지도자의 역할을 겸하던 지배자의 권위를 나타내기 위한 장신구였을 것으로 보고 있답니다.

완주 갈동에서 출토된 정문경(보물 제2034호, 국립전주박물관 소장)

이 물건은 고조선 사람들이 사용했던 '청동 잔무늬 거울'이라는 유물이야.

저 무늬들로 태양이 빛나는 것을 표현했다고 보는 사람들도 있어.

작은 무늬들이 엄청 정교하게 새겨져 있네. 나보고 지금 만들라고 해도 못 만들 것 같아.

청동 거울 뒷면에 섬세한 무늬를 새긴 청동기 시대 사람들

청동 거울의 뒷면을 자세히 보면 원이나 삼각형, 번개무늬 같은 독특한 줄무늬가 새겨져 있다. 지금의 기술로도 새기기 어려울 정도로 촘촘하고 정교하다. 과학자들은 청동 거울을 만든 제조 기법을 알아내기 위해 계속 연구하고 있다.

고조선 건국	철기 문화의 보급	고조선 멸망
기원전 2333	기원전 400년경	기원전 108

우리나라 최초의 법전은 무엇인가요?

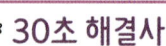 **30초 해결사**

우리나라 최초의 법전은 고조선의 '8조법'이에요. '지켜야 할 여덟 가지 조항의 법'이라는 뜻이지요. 지금은 여덟 가지 조항 중 세 가지 조항만 기록에 남아 있어요. 고조선 사회가 어떤 모습이었는지 추측할 수 있는 귀한 사료랍니다.

#고조선   #8조법

우리나라 최초의 국가인 고조선에는 8조법이 있었어요. 중국의 역사서 『한서漢書』에 8조법 중 세 조항만 적혀 있기 때문에 오늘날 우리가 알 수 있는 조항은 세 개가 전부예요. 지금까지 남아 있는 세 조항을 통해 역사학자들은 고조선의 사회가 어땠을지 많은 추측과 연구를 했어요.

8조법의 내용	역사학자들이 알아낸 사실
사람을 죽인 자는 그 즉시 죽음으로 갚는다.	• 살인을 엄한 벌로 다스린 것을 보니 사람의 목숨을 소중히 여겼어요. • 사형 제도가 있었어요.
남에게 상처를 입힌 자는 곡식으로 배상한다.	• 농경 사회였어요. • 사유 재산이 있었어요.
남의 물건을 훔친 사람은 노비로 삼는데, 노비가 되지 않으려면 1인당 50만 전을 내야 한다.	• 노예 제도가 있었어요. • 화폐가 있었어요.

나머지 다섯 개 조항은 어떤 내용이었을까요? 여러분도 역사학자들처럼 상상의 날개를 펼쳐 보세요.

'눈에는 눈, 이에는 이' 함무라비 법전

우리나라 최초의 법전이 8조법이라면, 세계사 속에서 가장 오래된 법전은 함무라비 법전이다. 고대 바빌로니아 왕국의 함무라비 왕(B.C. 1810~1750) 때 만들어진 법전으로 '눈에는 눈, 이에는 이'라는 조문이 유명하다. 언뜻 이 법은 복수를 명하는 것 같지만, 사실은 법을 통해 무차별적인 복수를 금지하려는 의도였을 것으로 추측된다. 함무라비 법전은 통일 제국을 다스리는 수단으로 이용된 법률로, 메소포타미아 지역의 당시 문명 발달 단계를 잘 보여 준다.

함무라비 법전(루브르박물관 소장)

고조선 건국	철기 문화의 보급	고조선 멸망
기원전 2333	기원전 400년경	기원전 108

우리는 정말 곰의 후손이에요?

30초 해결사

단군 신화는 신화이기 때문에 실제로 일어난 일이라고 보기보다 역사적인 관점에서 해석해야 해요. 단군 신화를 통해 고조선의 모습이 어땠는지 추측할 수 있어요.

- 고조선古朝鮮: 우리나라 역사상 최초의 국가예요. 태조 이성계가 세운 '조선'과 구별하기 위해 '옛 고古'를 앞에 붙여 고조선이라고 불러요.

#단군 신화 #고조선 건국 신화 #환웅

- 강화도 마니산에 있는 '참성단'이라는 곳이야.
- 제단의 위는 네모나고 아래는 둥근 구조야. 땅은 네모나고 하늘은 둥글다는 의미라고 해.
- 단군이 제사를 지낸 곳으로 알려져 있어.

하늘의 아들인 환웅이 사람으로 변한 곰 웅녀와 결혼하여 낳은 아들인 단군이 고조선을 세웠다는 내용의 단군 신화는 우리나라 최초의 국가인 고조선의 건국 신화예요. 사실이라고 믿기는 어렵지만, 역사적인 관점에서 살펴보면 고조선에 관한 여러 정보를 추측할 수 있어요.

첫째, 고조선을 건국한 세력을 알 수 있어요. 신화에 나오는 곰과 호랑이는 각각 곰을 숭배하는 무리와 호랑이를 숭배하는 무리를 상징해요. 곰에서 사람이 된 웅녀와 환웅이 결혼하여 단군왕검을 낳았다는 것은 곰을 숭배하는 무리와 하늘을 숭배하는 무리가 결합해서 새로운 나라를 세웠다는 것으로 해석할 수 있지요.

둘째, 당시 사회 모습을 알 수 있어요. 단군 신화 속 환웅은 풍백, 운사, 우사를 거느리고 땅으로 내려와 곡물을 다스렸다고 해요. 풍백은 바람, 운사는 구름, 우사는 비를 뜻해요. 즉, 환웅이 이끄는 세력이 정착하여 농사를 짓기 시작했다는 것을 잘 보여 주지요.

개념연결 늑대의 젖을 먹고 자란 로마의 건국자들

세계 여러 나라에는 단군 신화와 같은 건국 신화가 전해 내려오는데, 건국자의 능력과 출생의 비범함 등을 강조하기 위해 대부분 극적이고 신기한 이야기들로 구성되어 있다. 단군 신화에 곰과 호랑이가 나온다면 로마의 건국 신화에는 늑대가 등장한다.

큰 바구니에 담긴 쌍둥이 아이가 강을 따라 떠내려오는 것을 늑대가 발견하고 젖을 먹여 키운다. 늑대의 젖을 먹고 자란 쌍둥이는 스스로 '로물루스', '레무스'라는 이름을 짓고, 힘을 합쳐 새로운 도시를 건설한다. 형인 로물루스의 이름을 따서 이 도시 이름을 '로마'라고 했다.

고구려 건국	고구려, 국내성 천도
기원전 37	3

사람이 알에서 태어날 수도 있나요?

30초 해결사

고구려를 세운 주몽은 알에서 태어났다고 하지요. 이 설화는 주몽이 한 나라를 새로 세울 정도로 특별한 사람이었다는 것을 강조하기 위해 지어낸 이야기일 가능성이 높아요. 나라를 세운 사람에 관한 이야기에는 이처럼 특별한 출생의 비밀이 나오는 경우가 많아요.

• 주몽: '주몽'은 '활을 잘 쏘는 사람'이라는 뜻이에요.

#고구려 건국 설화 #주몽

고구려를 건국한 시조인 주몽(동명 성왕)의 이야기는 『삼국유사』, 『삼국사기』, 『동명왕편』, 광개토 대왕릉비 등에 기록되어 있어요. 어떤 이야기인지 함께 살펴볼까요?

물의 신 하백의 딸 유화는 천제의 아들인 해모수를 만나 아이를 가지게 된다. 해모수가 떠나 버리자 홀로 떠돌아다니던 유화는 부여의 왕 금와를 만나 그에게 몸을 의탁한다. 이윽고 유화는 아이가 아니라 알을 낳았다. 부여 사람들이 이를 불길하게 여겨 알을 부수려고 하나 하늘의 가호로 번번이 실패했다. 마침내 알에서 건강한 남자아이가 태어났는데, 이 아이는 어린 나이에도 뛰어난 활쏘기 솜씨를 가지고 있었다. 그것을 본 사람들은 아이에게 '주몽'이라는 이름을 지어 주었다. 뛰어난 능력을 지닌 주몽을 시기한 대소(부여의 첫째 왕자)가 주몽을 해치려 하자 주몽은 부하들을 이끌고 부여를 떠난다. 대소 역시 부하들을 이끌고 주몽을 추격한다. 강 때문에 길이 막혀 위기에 빠진 주몽의 무리는 물고기와 자라의 도움으로 무사히 강을 건넌다. 탈출한 주몽은 졸본 땅(지금의 중국 랴오닝성)으로 가서 '고구려'라는 나라를 세운 다음 자신의 성을 '고'씨로 정한다.

'하늘의 후손'을 강조한 고대 국가의 건국 신화들

고조선을 세운 단군왕검 하느님의 아들 환웅과 곰에서 여자로 변한 웅녀 사이에 아들로 태어났다.

고구려를 세운 주몽 천제(하느님)의 아들 해모수와 물을 다스리는 하백의 딸 유화 사이에서 태어났다.

백제를 세운 온조 하늘의 자손인 주몽의 아들로, 위례성(지금의 서울)에 나라를 세웠다.

신라를 세운 박혁거세 하늘에서 내려온 흰 말이 '나정'이라는 우물에 두고 간 자줏빛 알에서 태어났다. '박혁거세'라는 이름은 '박을 닮은 알에서 나온 빛나는 사람'이라는 뜻이다.

가야를 세운 김수로 하늘에서 내려온 상자 속에 여섯 개의 알이 들어 있었는데 그중 가장 먼저 알을 깨고 나왔다.

금관가야 건국	고구려군, 가야 공격	금관가야, 신라에 항복	대가야, 신라에 멸망
42	400	532	562

삼국에 가야는 왜 없어요?

30초 해결사

흔히 고구려, 백제, 신라가 번성하던 시대를 삼국 시대라고 부르지요. 그 시대에는 가야라는 연맹 왕국도 함께 문화를 꽃피우며 존재했어요. 그렇다면 '사국 시대'라고 불러야 할까요? 그런 의견도 있지만, 가야는 다른 세 나라에 견주어 보았을 때 부족한 규모의 국가였다는 견해가 많아요. 그래서 일반적으로는 '삼국 시대'라고 불러요.

- 연맹 왕국: 가야는 다른 세 나라처럼 강력한 권력의 왕이 있었던 것이 아니라 여러 작은 가야들이 모여 이루어진 나라였어요. 이런 형태의 나라를 연맹 왕국이라고 해요.

#가야 #연맹 왕국 #김유신

가야는 여섯 개의 작은 나라들이 모인 연맹 왕국이었어요. 가야 사람들은 철기를 다루는 솜씨가 뛰어나 많은 유물을 남겼어요. 우수한 문화를 가진 가야였지만 왕국의 힘이 약해 백제와 신라의 공격을 자주 받았어요. 5세기에는 고구려 광개토 대왕의 공격에 큰 타격을 입기도 했지요. 결국 6세기 신라의 진흥왕이 흡수하면서 가야는 영영 사라지게 되었어요. 이때 가야의 왕족 중 다수가 신라로 망명했는데, 이들의 대표적인 후손이 삼국 통일을 이끈 김유신 장군이에요. 김유신 장군은 금관가야 왕족의 후손으로, 신라의 삼국 통일을 이룬 공을 높이 평가받아 돌아가신 뒤 '흥무대왕'으로 모셔졌어요.

김해 퇴래리에서 출토된 쇠갑옷
(국립김해박물관 소장)

가야 연맹 지도

우륵과 가야금

가야를 대표하는 음악가 우륵은 신라로 망명하면서 가야금이라는 악기를 만들어 신라 진흥왕에게 바쳤다. 우륵은 여러 제자를 두고 가야금 연주와 가야의 노래를 널리 나누면서 신라 음악에 큰 영향을 주었다. 이후로도 가야금은 신라에서 계속 발전했고 일본에도 널리 알려지게 되었다. 일본에서는 가야금을 '신라금'이라고 부르기도 했다. 가야금은 지금도 우리나라를 대표하는 악기 중 하나다.

고구려, 불교 전래, 태학 설치	백제, 불교 전래	신라, 불교 공인
372	384	527

삼국과 왜(일본)의 불상이 닮았다고요?

30초 해결사

삼국 시대에 만들어진 금동 미륵보살 반가 사유상과 일본의 목조 미륵보살 반가 사유상은 그 모양이 무척 닮은 것으로 유명해요. 이것은 당시 삼국과 왜 사이에 문화 교류가 무척 활발했다는 증거예요. 삼국에서 왜로 불교 문화가 전해지는 과정에서 불상의 생김새 역시 전해졌을 것으로 추측하고 있어요.

- 왜(倭): 일본의 옛 이름이에요. 671년 헤이안 시대에 나라 이름을 일본이라고 바꾸기 전까지는 주로 '왜'라고 불렸어요.

#삼국과 왜의 교류 #금동 미륵보살 반가 사유상 #목조 미륵보살 반가 사유상

사회 5-2 1단원 1장 **나라의 등장과 발전**

삼국 시대에 만들어진 금동 미륵보살 반가 사유상(국립중앙박물관)과 일본에 있는 목조 미륵보살 반가 사유상(일본 교토부 고류사)은 무척 닮았지요? 일본의 국보 제1호인 목조 미륵보살 반가 사유상은 신라계 가문의 사찰인 고류사에 모셔져 있었다는 일본 측의 기록과 우리나라에서 많이 나는 적송으로 만들어진 사실 등을 볼 때 신라에서 만들었을 것으로 추정돼요. 당시 일본, 즉 왜는 삼국을 통해 불교나 중국의 앞선 문화를 받아들였기 때문이지요. 삼국 역시 왜와 긴밀한 관계를 맺으며 한반도에서 세력을 유지하는 데 도움을 받고자 했어요.

왼쪽은 삼국 시대의 금동 미륵보살 반가 사유상이야. 오른쪽은 목조 미륵보살 반가 사유상인데, 일본에서 발견되었어.

고구려 수산리 고분 벽화   일본 다카마쓰 고분 벽화

왼쪽 고구려 수산리 고분 벽화 속 복장과 오른쪽 다카마쓰 고분 벽화 속 복장도 참 닮았는데?

삼국 시대 나라들과 왜는 정말 가까웠나 봐!

한국에 일본 양식의 무덤이 있다?

전방후원분前方後圓墳은 일본 고유의 무덤 양식이다. 앞쪽은 네모난 모양(전방)이고, 뒤쪽은 둥근 모양(후원)인 데서 그런 이름이 붙었다. 위에서 보면 마치 열쇠 구멍 같다.

전방후원분은 우리나라에서도 종종 발굴된다. 백제의 옛 영토인 전라남도 지역에서 주로 나타나는데, 전라남도 영암의 태간리 자라봉 고분(오른쪽 사진)이 대표적이다.

이 무덤들은 삼국과 왜가 깊이 교류하고 서로 의지하는 관계였을 수 있다는 증거가 된다. 우리나라에서 발견된 전방후원분에 한일 역사학자들이 관심을 보이는 이유다.

 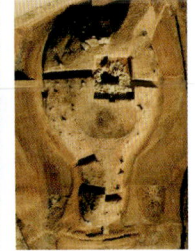

일본 사카이시에 있는 전방후원분   전라남도 영암에서 발굴된 전방후원분 모양의 터

선사·삼국·통일 신라와 발해

신라 건국	신라, 내물왕 즉위	신라, 국호와 왕호 결정
기원전 57	372	503

신라 사람들은 정말 뼈로 사람을 차별했나요?

 **30초 해결사**

'골품 제도'는 신라의 신분 제도예요. '골' 신분과 '두품' 신분으로 등급이 나뉘었는데, 등급에 따라 사회에서 다른 대우를 받았어요. 등급별로 오를 수 있는 벼슬에 한계가 있었고 심지어는 집이나 수레의 크기도 등급에 따라 달랐지요.

- 골품의 종류: 등급이 높은 순서대로 성골-진골-6두품-5두품-4두품 등으로 나뉘었어요.

`#골품 제도` `#신분제` `#최치원`

작은 부족 국가였던 신라가 점차 큰 나라로 확장되자 기존에 있던 왕족과 귀족, 그리고 새롭게 유입된 세력들을 정리하기 위해 골품 제도라는 신분 제도가 만들어졌어요. 원래 신라의 수도 서라벌(지금의 경주)에 살던 왕족들은 성골과 진골로 나누었고, 새로 신라에 합류한 족장들이나 귀족들은 6~4두품으로 나누어 구별했지요. 6두품이 귀족 중에서는 가장 높은 신분이었어요. 나름대로 이유가 있어 생긴 제도였지만, 신분에 따라 차별이 심했을 뿐만 아니라 무척 폐쇄적이었어요. 한번 정해진 신분은 절대 바뀔 수 없었고, 신분에 따라 집의 크기와 수레의 크기, 옷의 색도 제한을 받았지요. 또 신분별로 맡아볼 수 있는 벼슬의 한계가 정해져 있었기 때문에 가진 능력을 펼칠 수 없는 인재들도 무척 많았어요.

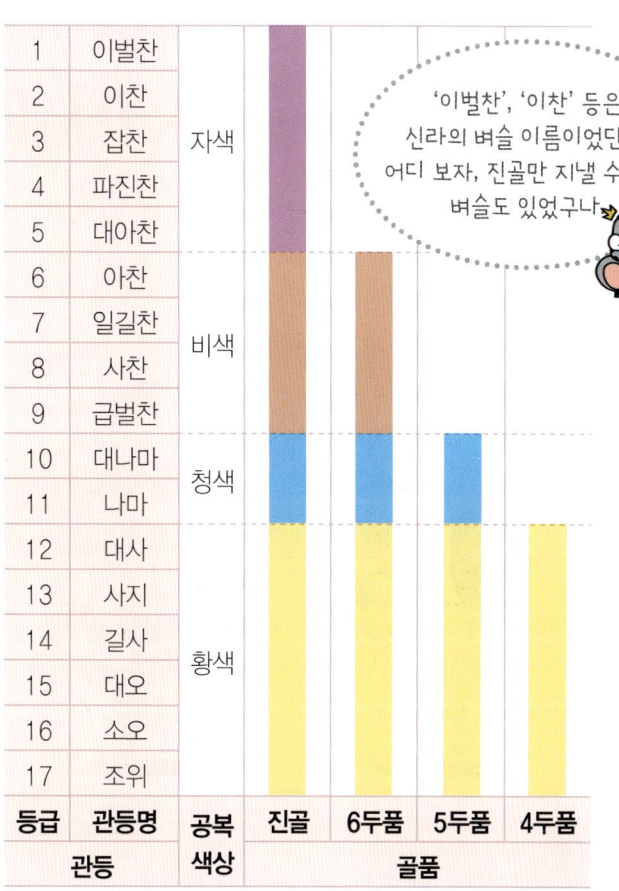

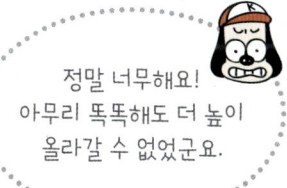

골품 제도가 외면한 신라의 천재, 최치원

최치원(857~?)은 신라 말기 사람으로, 글을 매우 잘 쓰는 문장가이자 신라의 발전을 위해 다양한 제안을 한 지식인이다. 어린 나이에 당나라로 건너가서는 당나라의 과거에 합격해 관리로 활약하기도 했다. 신라로 돌아온 최치원은 신라를 위해 여러 가지 개혁 방안을 내놓으며 자신의 역할을 다하려고 했지만, 타고난 신분이 6두품이었기 때문에 높은 관직에 올라갈 수 없었다.

혼란했던 신라 말에는 최치원처럼 억눌려 있던 6두품들이 새롭게 성장한 지방의 지배 세력인 호족과 힘을 합쳐 새로운 나라, 고려를 세우는 중심 세력이 되었다.

최치원 영정
(국립현대미술관 소장)

고구려 건국	고구려, 국내성 천도	고구려, 불교 수용
기원전 37	3	372

고분군, ○○총, ○○릉···
무덤의 이름이 왜 이렇게 여러 가지예요?

30초 해결사

고분(무덤)은 여러 가지 기준에 따라 구분해서 불러요. 무덤에 묻힌 사람의 신분에 따라 구분하기도 하고, 묻힌 사람을 알 수 없을 때는 발굴 당시 함께 출토된 유물 등의 이름을 붙이기도 해요.

- 고분古墳: 옛사람들의 무덤을 말해요.
- 고분군古墳群: 고분들이 무리 지어 모여 있는 것을 말해요.
  예) 백제 송산리 고분군

#고구려 고분 벽화 #무용총 #각저총 #무덤

무덤은 각 나라 문화의 특징을 두드러지게 나타내는 대표적인 문화유산이에요. 고고학자들과 역사학자들은 여러 가지 기준으로 무덤의 종류를 나누는데, 고대의 무덤들은 무덤의 주인을 확실히 알기 어려워요. 그래서 출토된 물건들의 이름을 무덤에 붙이기도 하지요. 무덤의 이름이 어떻게 정해지는지 기준을 살펴볼까요?

무덤 종류	묻힌 사람의 신분	예
능(陵)	왕, 왕비	무령왕릉(백제)
원(園)	세자, 세자빈, 왕이나 왕비가 되지 못한 왕의 아버지나 어머니	현륭원(정조의 아버지 사도 세자의 무덤)
묘(墓)	백성들	김유신 묘(신라)
총(塚)	무덤의 주인을 알 수 없음	천마총(신라): 하늘을 나는 말이 그려진 장니(말의 안장에 다는 장식)가 출토되었어요. 무용총(고구려): 무용수가 그려진 벽화가 출토되었어요.

특히 고구려의 무덤에서는 환상적인 벽화들이 많이 출토되었어요. 무용총과 각저총(모두 현재 중국 지린성 지안현에 있음)에 남아 있는 벽화도 그중 하나랍니다. 이런 고분 벽화들은 학자들에게 당시 모습을 알 수 있게 해 주는 중요한 연구 자료가 되지요. 당시 사람들의 옷차림 등 생활 모습을 구체적으로 알 수 있고 사고방식도 짐작해 볼 수 있으니까요.

고구려 무용총의 「가무배송도」

'각저'는 오늘날의 씨름과 비슷한 운동이야.

고구려 각저총의 「씨름도」

무용총 벽화 속 사람들은 왜 크기가 다를까?

무덤 속 벽화는 타임머신처럼 시간을 거슬러 오르는 힘이 있다. 바로 벽화 속 모습을 통해 당시 사람들의 삶을 되짚어 볼 수 있기 때문이다. 왼쪽 무용총 벽화의 일부 역시 삼국 시대 사람들의 사는 모습을 우리에게 안내한다.

벽화 속 사람들이 크기가 다르게 그려진 것이 눈에 띈다. 왜일까? 그림에 묘사된 모습과 옷차림을 바탕으로 학자들이 추론하기로는 신분 차이에 따라 크기가 다르다는 설이 유력하다. 귀족은 크게, 그를 모시는 하인들은 절반 정도 크기로 그렸던 것이다.

백제 건국	백제, 불교 수용	장수왕, 평양 천도	나제 동맹	신라, 한강 유역 진출
기원전 18	384	427	433	553

삼국 시대에도 서울은 인기가 많았다면서요?

30초 해결사

오늘날의 서울, 즉 한강 유역은 삼국 시대에 각국이 차지하려고 호시탐탐 노릴 만큼 인기 있는 지역이었어요. 강이 흘러 비옥할 뿐만 아니라 군사적으로도 중요해서 백제, 고구려, 신라가 순서대로 한 번씩 서울을 차지했지요. 한강 유역을 차지한 시기가 곧 그 나라의 전성기였답니다.

- 위례성: 삼국 시대 사람들은 서울을 '위례성慰禮城'이라고 불렀어요. 서울에 있는 한강은 '아리수' 혹은 '욱리하'라는 이름으로 불렸는데 '큰 강'이라는 뜻이었지요.

#한강 유역   #삼국의 전성기

한강 유역은 토양이 비옥해 농사가 잘될 뿐만 아니라 산이 주위를 감싸고 있어서 좋은 요새가 될 수 있는 지역이었어요. 또 한강을 통하면 중국 등 외국과도 바닷길로 교류할 수 있었기 때문에 교통도 편리했지요. 아래 지도를 볼까요?

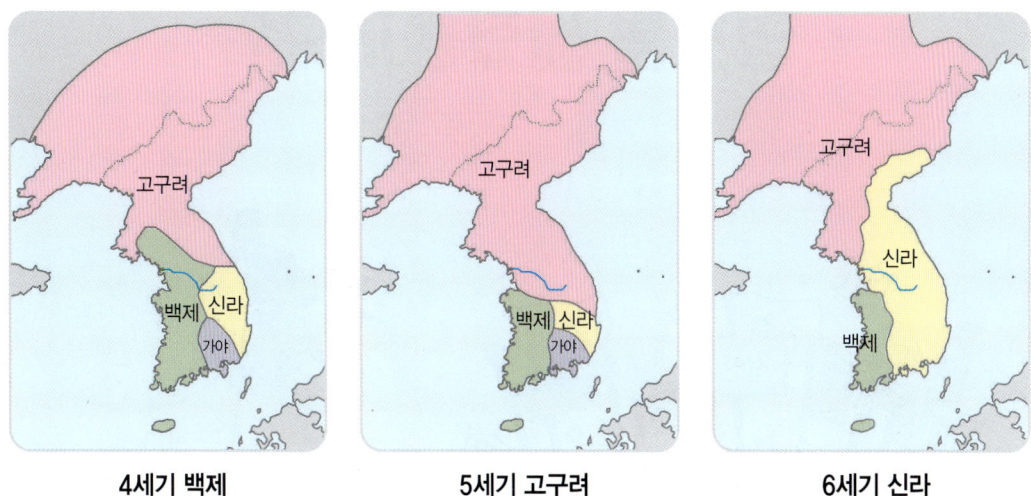

4세기에는 백제가, 5세기에는 고구려가, 6세기에는 신라가 이 지역을 차지했어요. 삼국은 이 지역을 차지하기 위해 치열하게 대결했지요. 승리한 나라는 한강 유역을 차지하고 전성기를 누렸습니다. 4세기는 백제, 5세기는 고구려, 6세기는 신라의 전성기였지요.

한강 유역 이름의 변천사

한강 유역은 지리적으로 무척 유리한 환경을 가지고 있기 때문에 우리 역사 속에서 늘 중요한 도시로 기능해 왔다. 시대별로 한강 유역을 부르는 이름이 어떻게 달라졌는지 알아보자.

시대	삼국 시대	고려 시대	조선 시대	일제 강점기	대한민국
이름	위례성, 남평양 등	남경, 한양	한성	경성	서울

광개토 대왕, 가야 진출	장수왕, 평양 천도	나제 동맹
400	427	433

광개토 대왕은 어떻게 영토를 넓혔을까요?

30초 해결사

고구려는 광개토 대왕 때 영토를 크게 넓혔어요. 광개토 대왕의 능력이 뛰어났기 때문이기도 했지만, '5호 16국 시대'로 분열의 위기를 맞았던 중국의 혼란한 상황과 잘 맞물린 덕분이기도 했어요.

- 광개토 대왕: 시호인 '광개토廣開土'는 '영토를 넓게 만든다'는 의미예요. 그의 업적을 높게 평가한 역사학자들이 여기에 '대왕'이라는 칭호를 붙여 부르기도 한답니다.

#광개토 대왕 #고구려의 전성기 #장수왕 #광개토 대왕릉비

광개토 대왕은 고구려의 영토를 크게 넓힌 왕이에요. 시호인 '광개토廣開土'에도 그런 뜻이 담겨 있어요. 광개토 대왕이 다스리던 때부터 그의 아들인 장수왕이 왕위에 있었던 시기인 5세기를 고구려의 전성기로 보기도 해요.

이 시기에 고구려의 영토가 크게 넓어진 것은 중국의 상황과 깊은 연관이 있어요. 당시 중국은 '5호 16국 시대'라고 불리는 혼란한 시기를 지나고 있었어요. 5호 16국 시대란 중국에 유목 민족이 침입해 여러 나라를 세운 시대를 말해요. '5호'는 흉노족, 강족, 선비족 등 다섯 유목 민족을, '16국'은 그들이 새로 세운 나라들을 뜻하지요. 이렇게 중국이 수많은 나라로 분열되었기 때문에 고구려가 쉽게 영토를 확장할 수 있었어요. '광개토 대왕릉비'에는 이때 광개토 대왕의 지휘 아래 고구려가 영토를 얼마나 넓혔는지 기록되어 있어요.

5세기 고구려 영토

- 백제를 공격하여 임진강 일대를 차지하고 한강을 건너 백제의 수도를 차지함
- 북쪽의 거란을 원정하여 많은 촌락을 파괴하고 가축을 빼앗음
- 신라의 요청으로 신라에 침공한 왜군을 물리침
- 중국의 후연과 싸워 이겨 요동 지방을 대부분 차지함
- 만주 동북쪽의 부여와 말갈을 공격하여 정복함
- 일생 동안 64개 성 1,400여 개 촌락을 차지함

신라에서 발견된 광개토 대왕의 흔적

신라의 수도였던 경상북도 경주의 한 무덤에서 청동 그릇이 발견되었다. 이 그릇을 '호우총 청동 그릇' 또는 '호우명 그릇'이라고 부른다. 고구려에 방문한 신라의 사신이 이 그릇을 받아 와 신라 왕실에 바친 것으로 추측된다. 그릇 바닥에 남아 있는 16자의 글귀를 통해 광개토 대왕을 '태왕太王'이라고 부른 것을 알 수 있다. 태왕이란 중국의 황제에 해당하는 고구려의 칭호로, 여기에는 세계를 다스리는 최고의 존재라는 자부심이 담겨 있다.

신라, 국호와 왕호 결정	신라, 금관가야 병합	신라, 한강 유역 진출	신라, 대가야 정복
503	532	553	562

진흥왕은 왜 산꼭대기에 비석을 세웠나요?

30초 해결사

신라의 진흥왕은 고구려, 백제와의 싸움 끝에 한강 유역을 차지하고 이를 기념하기 위해 북한산 정상에 북한산 진흥왕 순수비를 세웠어요.

- 순수: 순수비의 '순수'는 비석이 깨끗하고 순수하다는 뜻이 아니에요. 왕이 직접 영토를 돌아본다는 뜻의 한자어 '순수巡狩'예요.

#진흥왕 #신라의 전성기 #북한산 진흥왕 순수비

신라의 진흥왕은 영토를 넓힐 때마다 순수비를 세웠어요. 진흥왕 때 넓어진 신라의 영토를 보면 그 경계나 주요 전투가 벌어진 곳에 순수비가 세워진 것을 알 수 있어요.

북한산 진흥왕 순수비를 통해 1,500여 년 전 전성기를 맞이한 신라의 모습을 그려 볼 수 있어요. 북한산은 오늘날 서울에 위치한 산으로, 북한산 정상에 세워진 북한산 진흥왕 순수비는 당시 신라가 한강 유역을 차지했다는 것을 보여 주지요. 한강 유역은 삼국 시대 한반도의 핵심 지역이었어요. 삼국이 서로 이곳을 차지하기 위해 경쟁하기도 했지요. 한강 유역을 차지한 신라는 백제나 고구려를 거칠 필요 없이 직접 한강을 통해 중국과 교류할 수 있게 되었고, 진흥왕 때 한강 유역을 차지하고 영토를 넓히면서 훗날 신라가 삼국을 통일할 수 있는 토대가 만들어졌어요.

▲ 진흥왕 순수비의 위치

북한산 진흥왕 순수비는 북한산이 아니라 박물관에 있다?

지금 북한산 비봉에 있는 순수비는 모조품이다. 진짜 순수비는 현재 국립중앙박물관에 있다. 순수비를 박물관으로 옮긴 까닭은 많은 세월이 흐르면서 훼손 정도가 심해졌기 때문이다. 6·25 전쟁 당시 북한산에서도 전투가 벌어졌는데, 이때 총에 맞아 군데군데 상처가 나기도 했다. 북한산 진흥왕 순수비에 있는 총탄 자국을 보면서 전쟁의 아픔에 대해 생각해 보자.

진흥왕 재위	임신서기석	사다함, 가야국 정벌 출정
540~576	552 혹은 612	562

화랑도는 꽃미남들의 무리인가요?

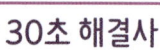 **30초 해결사**

화랑도는 신라 청소년들의 수련 단체이자 군사 조직이었어요. 최고의 인재를 길러 내는 교육 단체의 역할뿐만 아니라 군대를 강하게 만드는 훈련 기관의 역할도 했어요.

- 화랑도花郞徒: '꽃 화花', '사내 랑郞', '무리 도徒'예요. 용모가 아름답고 행동이 모범적인 '꽃다운 남자의 무리'라는 뜻이지요.

#화랑 #낭도 #임신서기석 #세속 오계 #김유신 #진흥왕

화랑도는 신라 진흥왕 때 생긴 조직이에요. 화랑도는 화랑과 그를 따르는 낭도로 구성되는데, 진골 이상만 화랑이 될 수 있었어요. 낭도는 평민부터 될 수 있었다고 해요. 대체로 열다섯, 열여섯 살 정도의 나이에 활동했어요. 화랑도에 속한 화랑들은 3년 동안 단체 생활을 하면서 무예를 익히고, 경치 좋은 곳을 여행하며 몸과 마음을 단련했어요.

원광이라는 스님은 화랑이라면 꼭 지켜야 할 세속 오계라는 규칙을 만들었는데, 내용은 다음과 같아요.

- 하나. **사군이충**事君以忠: 임금을 충성으로 섬긴다
- 둘. **사친이효**事親以孝: 어버이를 효도로 섬긴다
- 셋. **교우이신**交友以信: 친구를 믿음으로 사귄다
- 넷. **임전무퇴**臨戰無退: 싸움에 나가거든 물러서지 않는다
- 다섯. **살생유택**殺生有擇: 산 것을 죽일 때는 가려서 죽인다

'임신서기석'이라는 비석이야. '임신년'에 약속하여 돌에 기록했다는 뜻이지.

3년 동안 열심히 공부하고 나라를 위해 최선을 다하자는 내용이래.

헉, 난 매일매일 놀고 싶은데… 화랑들은 대단하네.

신라의 유명한 화랑들

김유신 신라의 장군인 김유신은 화랑 출신으로, 신라가 삼국을 통일하는 데 큰 공을 세웠다.

태종 무열왕(김춘추) 백제를 멸망시키고 삼국 통일을 위해 노력한 신라의 외교관이자 왕이다. 젊은 시절 화랑으로 활동했다. 김유신과 화랑 시절 절친한 친구였다.

사다함(?~?) 6세기에 이사부 장군이 이끄는 신라군이 가야를 공격했을 때 공을 세웠다. 화랑이자 친구였던 무관랑이 죽자 슬픔을 견디지 못하고 시름시름 앓다 죽었다는 이야기가 전해진다.

관창(645~660) 신라와 백제의 싸움이었던 황산벌 전투에서 활약했다. 앞장서서 공격하다 붙잡혀 두 번씩이나 백제 계백 장군의 포로가 되었으나 끝까지 항복을 거부하고 처형당했다. 신라 병사들이 그의 죽음에 용기를 얻고 힘을 내어 싸웠다고 한다.

기파(?~?) 많은 이의 존경을 받은 화랑으로, 충담이라는 스님은 그를 추모하며 「찬기파랑가」라는 향가를 지었다. 화랑을 의미하는 '랑郎'을 붙여 기파랑이라고 부르기도 한다.

고구려, 살수 대첩	중국, 당 건국	고구려, 연개소문의 정변	고구려, 안시성 전투
612	618	642	645

고구려는 수나라와의 전쟁에서 어떻게 이길 수 있었을까요?

와! 어떻게 저 많은 군사와 싸워 이겼지?

백성들의 협조와 헌신 없이는 불가능했을 일이란다!

30초 해결사

고구려가 압도적인 수의 수나라 군대를 물리칠 수 있었던 것은 청야 수성 전술 덕분이었어요. 적들이 사용하지 못하도록 식량, 가축, 우물 등의 물자를 모두 없애고 성안으로 들어가 버티면서 기습하는 방식으로 수나라 군대에 맞선 것이에요. 오랜 시간 동안 물자가 부족한 상황을 견뎌야 했기 때문에 고구려 백성들의 단결과 헌신 없이는 불가능했을 승리였어요.

- 청야 수성 전술: '들판을 비우고 성을 굳게 지키는 전술'이라는 뜻이에요. 군대뿐만 아니라 백성들 모두가 합심하여 협조하고 희생하지 않으면 성공하기 어려운 전술이지요.

`#청야 수성 전술` `#수나라` `#살수 대첩` `#을지문덕` `#십자 외교`

612년, 수나라 양제는 고구려 정벌에 나섰어요. 589년에도 수나라는 고구려와 군사적으로 충돌한 적이 있었어요. 기록에 따르면 수 양제는 군사 113만 3,800명을 직접 이끌고 고구려를 침략했다고 해요. 중국 내륙에서 고구려가 있는 요동 지방까지는 무척 먼 거리였어요. 많은 수의 군대와 물자를 끌고 온 수나라로서는 이동하는 것부터가 만만치 않은 과제였지요. 백만 군대가 먹을 식량을 공급하는 일도 마찬가지였어요. 고구려는 이 점을 노려 청야 수성 전술을 펼쳤어요. 성 밖의 물자를 모두 없애 버렸기 때문에 수나라 군대는 식량은 물론 물조차 구하기 어려웠고, 성에 틀어박힌 고구려 군대를 상대하는 데도 어려움을 겪었지요. 고구려 군대는 밤마다 수나라 군사들을 기습해 지치게 만들었어요. 수 양제는 30만 군대를 따로 보내 고구려의 수도인 평양성을 공격하려 했지만, 을지문덕 장군의 계책으로 크게 패하고 말아요. 이 전투를 '살수 대첩'이라고 불러요.

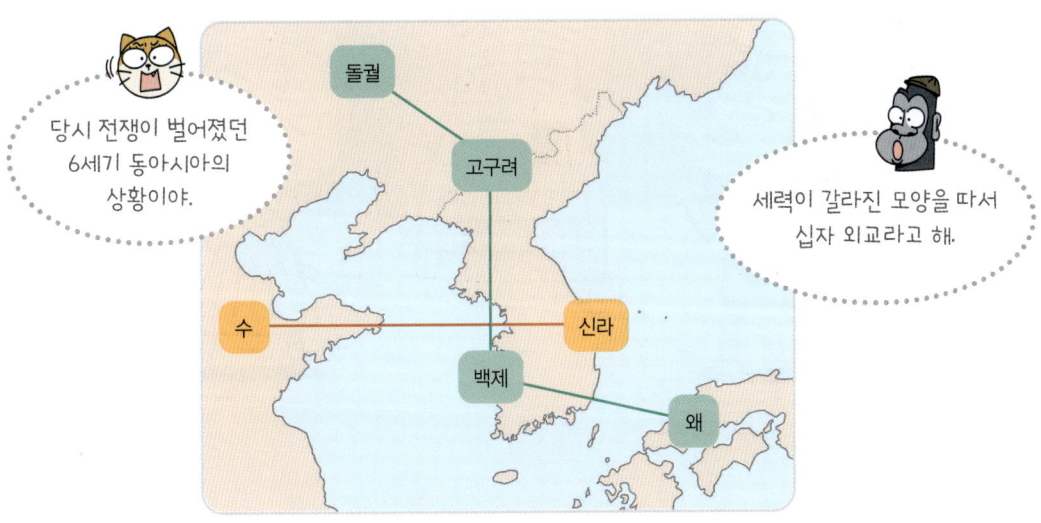

6세기 동아시아 외교 관계

무리하게 고구려 정복을 시도한 중국 황제들

수나라의 양제 612년의 전쟁에서 패한 이후에도 613년, 614년에 연이어 고구려를 공격했다. 그러나 무리하게 전쟁을 벌인 탓에 수나라 백성들의 삶은 몹시 힘들어졌고 결국 반란이 일어났다. 반란의 결과로 수 양제는 죽임을 당하고 수나라도 멸망의 길을 걷게 되었다.

당나라의 태종 645년, 대규모 군대를 끌고 고구려를 공격했다. 고구려 군대는 험한 산세를 이용해 저항했다. 당나라는 크고 작은 전투에서 몇 차례 승리를 거두었지만, 안시성 전투에서 크게 패하고 물러났다.

선덕 여왕 재위
632~647

첨성대에서 어떻게 별을 관측했을까요?

그냥 꼭대기에 올라가서 봤겠지. 뭐가 문제야?

글쎄, 좀 이상해. 별을 관측하기엔 높이가 너무 낮은걸.

30초 해결사

첨성대는 삼국 시대 신라 사람들이 별과 우주를 관측하던 천문대라고 알려져 있어요. 하지만 많은 역사학자는 실제 별을 관측하는 기구였다기보다 농사가 잘되도록 좋은 날씨를 기원하는 제사단이었을 것으로 추측하고 있어요.

- **첨성대**: 신라 선덕 여왕 때 지어진 천문대예요. 오늘날의 경상북도 경주시에 있어요. 동아시아에서 가장 오래된 관측대로 손꼽혀요.

#첨성대 #천문 #선덕 여왕

사회 5-2 1단원 1장 **나라의 등장과 발전**

창문을 기준으로 위아래를 나누면 각각 12단이래. 12 더하기 12는 24!

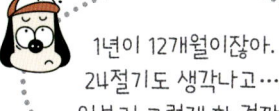
1년이 12개월이잖아. 24절기도 생각나고…. 일부러 그렇게 한 걸까?

이런 숫자들의 일치는 우연이 아니야. 어떤 상징을 담으려고 한 것이란다. 예를 들어, 첨성대는 총 27단으로 되어 있는데 그건 신라의 제27대 왕인 선덕 여왕 때 세워졌다는 뜻이지.

경주 첨성대(경상북도 경주시 소재)

고대 왕들은 날씨의 변화를 예측하거나 별자리의 움직임을 관찰하는 일을 중요하게 여겼어요. 기상 상태와 날씨 변화는 백성들의 한 해 농사와 직접 연결되는 문제였으니까요. 그때는 과학 기술이나 상식이 지금처럼 널리 퍼져 있는 시대가 아니었으므로 나라에서 날씨를 예측해 알려 주는 일이 무척 중요했지요. 역사 속의 많은 국가가 나라에서 직접 주관하는 천문 관측 시설과 이를 담당하는 관리들을 두었어요. 신라의 경우에는 '첨성대'가 그런 기관이었을 것이라고 알려져 있어요. 하지만 오늘날 역사를 연구하는 학자들은 별을 관찰하기에는 첨성대가 너무 낮은 평지에 설치되어 있어서 실제 천문을 관측하는 시설로는 사용되지 않았을 것 같다고 주장하기도 해요. 역사학자들은 첨성대가 하늘에 제사를 지내며 천문에 관심이 많았다는 것을 상징적으로 보여 주는 건축물일 것으로 추론하고 있어요.

개념연결 고려에도 첨성대가 있었다?

사진 속 구조물은 북한 황해북도 개성시에 있는 것으로, 고려의 수도 개성에 있었기 때문에 '개성 첨성대'라고 부른다. 신라의 첨성대와는 다르게 생겼지만 『고려사』를 보면 고려 시대에 첨성대가 있었다는 사실이 틀림없고, 구조 등을 보았을 때도 이 개성 첨성대는 실제로 고려 시대의 첨성대였을 가능성이 높다.

선사·삼국·통일 신라와 발해

고구려, 살수 대첩	중국, 당 건국	고구려, 연개소문의 정변	고구려, 안시성 전투
612	618	642	645

중국의 연극에 왜 연개소문이 나오나요?

헉, 정말 무시무시한 분장이구나. 악당인가?

고구려의 장군 연개소문이래!

30초 해결사

중국의 경극 「독목관」이라는 작품에는 고구려의 장수 연개소문이 등장해요. 중국 당나라 황제와 장수들을 괴롭히는 악당으로 나오지요. 무시무시한 악당으로 나온 것을 보면 중국 사람들이 연개소문을 참 미워했나 봐요. 그만큼 두려워했다는 뜻이겠지요?

• 경극: 화려한 가면을 쓴 배우들이 음악에 맞추어 연기를 펼치는 중국의 전통 예술이에요.

#연개소문 #경극 #안시성 전투

7세기 고구려와 당나라 간에 일어난 전쟁에서 고구려 군대는 당나라 군대를 막아 내는 데 성공했어요. 당시 고구려군을 이끈 장수가 연개소문이에요.

연개소문은 뛰어난 장군인 동시에 야망이 큰 정치가였어요. 군대를 통해 권력을 거머쥐고 고구려를 뜻대로 다스리고자 했지요. 그래서 당시 고구려의 왕이었던 영류왕을 죽이고, 최고 권력자를 뜻하는 '대막리지'라는 직위에 스스로 오르는 등 거침없는 행보를 보였어요. 막강한 권력을 휘두르던 연개소문이 사망하자 그의 세 아들이 아버지의 권력을 차지하기 위해 심한 다툼을 벌였는데, 이로 인한 분열은 고구려의 멸망을 앞당기는 데도 영향을 미쳤어요.

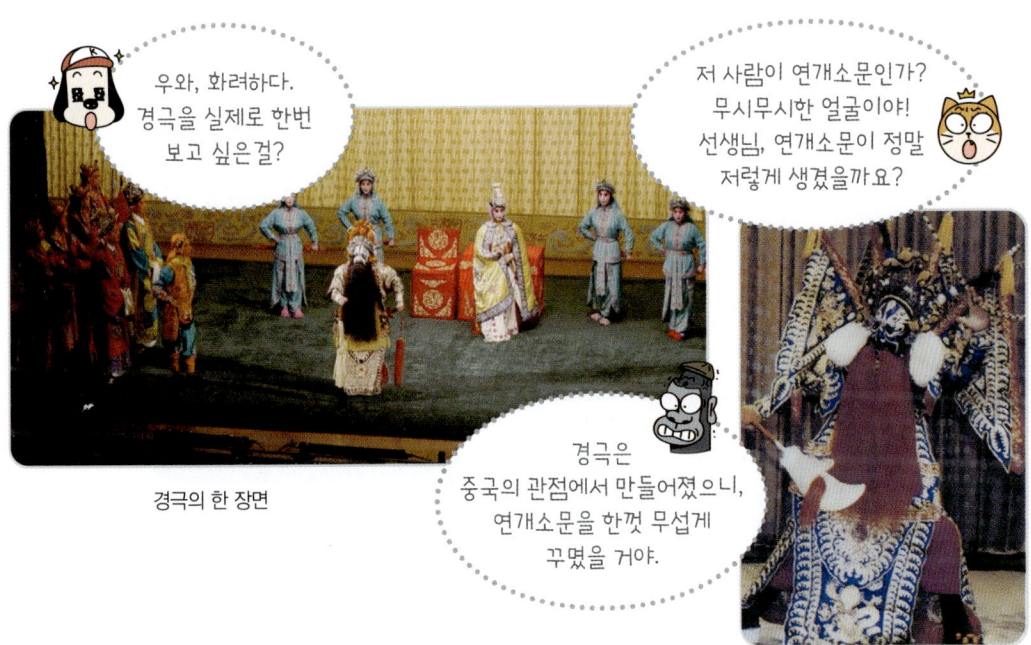

경극의 한 장면

연개소문 분장을 한 경극 배우

당나라에 맞선 고구려의 극적인 승리, 안시성 전투

644년 당나라 태종은 연개소문이 영류왕을 살해한 것을 구실로 삼아 고구려를 침략했다. 이 침략에 맞서 큰 승리를 거둔 전투가 바로 안시성 전투(645)다.

안시성은 고구려의 수도로 향하는 길목에 있는 성으로, 험준한 지형에 위치한 천혜의 요새였다. 당나라군이 쳐들어오자 안시성을 지키고 있던 장군은 성안에서 끈질기게 버티며 저항했다. 당나라군은 안시성 성벽보다 더 높은 흙산을 쌓아 올려 성을 공격했지만, 그 흙산마저 고구려군에게 빼앗긴 뒤 식량 부족과 추운 날씨를 이기지 못하고 결국 후퇴했다.

나당 동맹	신라, 무열왕 즉위	백제 멸망	고구려 멸망	신라, 당을 몰아내고 삼국을 통일함
648	654	660	668	676

'토끼와 거북' 이야기가 김춘추의 목숨을 살렸다면서요?

30초 해결사

신라의 김춘추는 위험에 처한 신라를 도와 달라고 요청하기 위해 고구려에 찾아갔으나 오히려 옥에 갇히고 말았어요. 그러던 중 『토끼전』을 듣고는 꾀를 내었지요. 고구려 왕에게 자신이 신라로 돌아가면 신라가 점령한 고구려 땅을 되돌려 주겠다는 가짜 약속 편지를 쓴 것이에요. 그 덕분에 고구려에서 무사히 탈출할 수 있었지요.

- 『토끼전』: 토끼가 거북에게 속아 용궁에 잡혀갔는데 지혜를 발휘해서 빠져나온다는 내용의 옛이야기예요.

#김춘추 #나당 동맹 #토끼전

동해 용왕의 딸이 심장에 큰 병을 얻어 온 바다가 근심에 잠겼다. 딸을 진찰한 의원은 토끼의 간을 약으로 써야 치료할 수 있다고 말했다. 이 말을 들은 용왕은 거북에게 토끼의 간을 구해 오라고 명령했다. 육지로 나온 거북은 바닷속으로 가면 아름다운 곳에서 근심 없이 편하게 지낼 수 있다며 토끼를 유혹했다. 영리한 토끼는 거북에게 다른 의도가 있음을 눈치채고 이렇게 둘러댔다. "나는 속이 불편할 때 간을 밖으로 빼서 씻은 다음 바위 밑에 넣어 둬. 간을 가지러 잠시 다녀올게." 토끼의 거짓말에 속은 거북은 토끼를 놓아 주었고, 토끼는 잽싸게 달아났다.

널리 알려진 전래 동화『토끼전』이에요. 고구려가 수나라, 당나라와 치열한 전쟁을 치르던 때 신라는 백제의 공격을 받고 있었어요. 백제에게 대야성을 비롯해 40여 개의 성을 빼앗긴 신라는 외교 능력이 뛰어난 김춘추를 고구려에 사신으로 보내 도움을 요청하려 했지요. 그러나 고구려는 신라를 돕는 대신 신라가 점령한 한강 유역을 돌려 달라고 요구했고, 김춘추가 이 요구를 거절하자 그를 옥에 가두었어요. 고구려의 신하 선도해는 옥에 갇힌 김춘추를 찾아가 위의 설화를 들려주었고, 이야기의 숨은 뜻을 알아챈 김춘추는 고구려의 요청을 들어 준다는 거짓 약속을 하여 무사히 고구려를 탈출했어요.

고구려가 당나라의 공격을 물리쳤다는 소식을 들은 신라는 당나라와 손을 잡고 백제와 고구려를 칠 계획을 세웠어요. 김춘추는 이번에는 당나라에 건너가 신라와 당나라 연합, 즉 나당 연합을 이끌었지요. 신라는 당나라의 도움을 받아 고구려와 백제를 멸망시키며 통일 신라의 기반을 다졌어요.

김춘추의 공을 기념하기 위해 만든 태종 무열왕릉비

뛰어난 외교로 신라를 위기에서 구해 낸 김춘추는 진덕 여왕의 뒤를 이어 신라의 왕이 되었다. 태종 무열왕이다. 원래 신라에서는 성골만 왕이 될 수 있었는데, 김춘추는 진골 출신으로 왕이 된 최초의 사례다. 김춘추, 즉 무열왕은 김유신과 삼국 통일을 위한 준비에 박차를 가했고, 아들 문무왕 대에서 마침내 신라는 삼국 통일을 이루었다.

문무왕은 아버지의 공을 기리기 위해 왕릉 앞에 비석을 만들어 세웠는데, 이것이 바로 태종 무열왕릉비다. 지금은 안타깝게도 비의 몸통은 사라졌고, 거북 침돌과 머릿돌만 남아 있다.

신라, 무열왕 즉위	신라, 문무왕 즉위	신라, 9주 5소경 설치	장보고, 청해진 설치
654	661	685	828

문무왕의 무덤은 왜 바닷속에 있나요?

30초 해결사

문무왕은 용이 되어 신라를 침입하는 왜구를 막을 테니 죽으면 동해에 묻어 달라는 유언을 남겼어요. 유언에 따라 신하들은 경주 근처 가까운 바닷가 큰 바위에 화장한 뼛가루를 뿌렸어요. 그 바위가 문무 대왕릉이에요.

- **문무왕**: 태종 무열왕(김춘추)의 아들이자 신라의 30대 왕이에요. 백제를 멸망시킨 아버지에 이어 고구려를 멸망시켰고, 신라를 공격한 당나라 세력을 몰아냈어요.

#문무왕 #문무 대왕릉 #만파식적

사회 5-2 | 1단원 1장 | **나라의 등장과 발전**

문무 대왕릉

"나는 세상의 부귀영화를 싫어한 지 오래요.
죽은 후에는 나라를 지키는 용이 되어 부처님 말씀을 받들고
왜구(일본)로부터 내 나라 신라를 지키겠소."
– 문무왕의 유언 중에서

문무왕은 백제-고구려-신라로 나뉘었던 삼국 시대를 끝내고 신라의 세력을 크게 키운 왕이었어요. 왕위에 있던 21년은 삼국 통일을 위한 전쟁의 시기였지요. 당나라와 힘을 합쳐 고구려를 멸망시켰고, 이어 신라를 침공하려던 당나라와 싸워 이겼어요. 그 결과 한반도 내에서 나라의 힘을 탄탄히 다질 수 있었지요.

죽음을 앞둔 문무왕은 신라가 왜구(일본)의 침입을 받을까 걱정하며 무덤을 바다에 만들어 달라는 유언을 남겼지요. 『삼국유사』의 기록에 따르면 죽어서도 용이 되어 신라를 지키겠다는 의미였다고 해요. 문무왕의 무덤이 된 바위, 문무 대왕릉은 오늘날 경상북도 경주시 양북면에 자리한 해변에서 200미터 떨어진 곳에 있어요.

개념연결 평화를 바라는 마음을 담은 피리, 만파식적

문무왕의 아들 신문왕은 아버지 문무 대왕릉이 잘 보이는 해변에 감은사라는 절을 짓고 자주 그곳을 찾아갔다. 그러던 어느 날, 바다의 용이 신문왕의 앞에 나타나 문무왕과 김유신이 보낸 대나무를 전해 주었다. 이 대나무로 피리를 만들어 연주하니 적들의 군사가 물러가고, 모든 질병이 나았다. 또 가뭄에는 비가 오고 폭우가 쏟아질 때는 날이 개면서 바람이 가라앉고 파도가 잔잔해졌다. 이에 '거센 파도를 잠재우는 피리'라는 뜻으로 '만파식적'이라고 불렸다.

선사·삼국·통일 신라와 발해

나당 동맹	백제 멸망	고구려 멸망	신라, 당을 몰아내고 삼국을 통일함
648	660	668	676

'통일 신라'는 정말 삼국을 통일했다고 할 수 있나요?

30초 해결사

신라는 당나라와 동맹을 맺어 고구려와 백제를 멸망시키고, 삼국을 통일했어요. 하지만 당나라에 고구려의 옛 영토 대부분을 내어 주는 등 완전한 의미의 삼국 통일을 이루었다고 보기 어렵다는 의견도 있답니다. 세 나라가 완전히 합쳐진 것은 아니니까요.

#삼국 통일 #통일 신라 #나당 전쟁

신라는 당나라와 동맹을 맺었어요. 당시 신라는 고구려와 백제의 계속된 공격에 나라가 위태로운 상황이었어요. 신라는 당나라에게 대동강 북쪽의 영토를 주기로 약속하고, 군사적 지원을 받기로 했어요. 덕분에 신라는 당나라와 함께 660년 백제를, 668년 고구려를 차례로 멸망시켰어요. 하지만 이로 인해 고구려 대부분 지역을 당나라에게 내어 주어야 했어요.

당나라는 여기서 만족하지 않고 한반도 전체를 지배하려고 했어요. 신라는 이에 맞서 매소성에서 당나라의 20만 대군을 물리치고, 기벌포(금강 하구)에서 당나라 수군을 격파했어요. 이로써 신라는 당나라를 몰아내고 마침내 삼국 통일을 이루는 데 성공했어요.

신라의 삼국 통일은 오랜 전쟁을 끝내고 마침내 평화로운 새 시대를 여는 출발점이었어요. 통일로 인해 삼국의 문화가 본격적으로 융합되었고, 고유한 민족 문화를 만들어 나갈 수 있게 되었지요.

하지만 신라 스스로 통일을 이루지 못하고 외세인 당나라를 끌어들여 고구려 영토 대부분을 잃었다는 점에서 신라의 삼국 통일을 부정적으로 바라보는 시각도 있어요. 우리 민족의 활동 무대가 좁아졌기 때문이에요. 당나라에 빼앗긴 고구려 옛 땅에는 고구려 유민들이 698년 발해를 세웠어요.

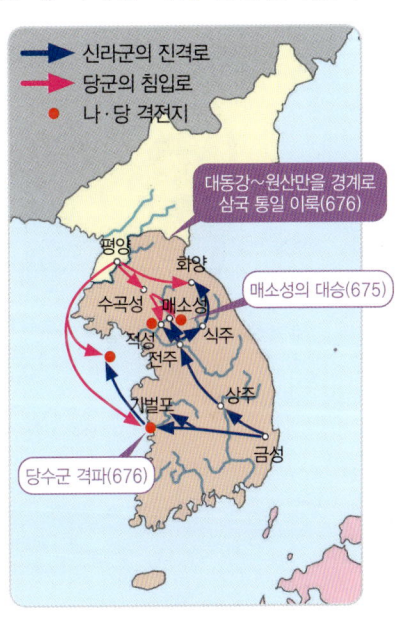

나당 전쟁의 전개

고구려와 백제의 마지막 왕들

고구려의 보장왕(재위 642~668) 고구려가 멸망하자 당나라에 끌려갔다가 당 황제로부터 벼슬을 받고 고구려 유민들을 다독이는 역할을 했다. 나중에 고구려 유민 부흥 운동이 일어나자 신라 문무왕의 지원을 받아 이들을 달래기 위한 운동을 이끌기도 했다. 하지만 결국 실패하고 중국 쓰촨성 지역에 유배되어 세상을 떠났다.

백제의 의자왕(재위 641~660) 훌륭한 정치를 펼쳐 나라 안과 밖에서 위대한 임금이라는 평가를 들었으며 멸망 전에는 신라를 공격해 성 30여 개를 빼앗기도 했다. 그러나 나당 연합군에 패하고 백제가 멸망한 후 당나라로 끌려가 세상을 떠났다.

만약에 역사

역사에는 만약이 없다고 하지요. 하지만 상상의 날개를 펼쳐 다양한 역사를 생각해 본다면 더욱 깊이 있게 역사를 이해할 수 있을 거예요.

고구려가 삼국을 통일했더라면?

당나라와 연합한 신라가 최종적으로 삼국을 통일하고 한반도의 주인이 되었지.
만약에 신라가 아닌 고구려가 그 자리를 대신했더라면 역사는 어떻게 흘러갔을까?

신라가 삼국 통일을 했을 때와는 역사가 크게 달라졌을 것 같아.
고구려는 말을 타고 만주 벌판을 달리던 용맹한 나라였잖아.
고구려가 삼국을 통일했더라면 한반도에서 벗어나
만주, 나아가 중국까지 영토를 넓힐 수 있었을 거야.

글쎄. 신라가 삼국을 통일했을 때는 '당나라'라는 나라로
중국이 크게 통일되어 있었잖아. 그만큼 세력도 강했고.
고구려가 삼국을 통일했다고 해서
당나라에 맞서 영토를 넓힐 수 있었을까?

신라는 삼국을 통일해 고구려, 백제, 신라가 모두 함께 살아가는 장을 만들었다. 이로써 삼국의 문화가 조화를 이루게 되었고, 오늘날 우리 민족 문화의 바탕이 마련되었다. 하지만 신라 스스로의 힘으로 통일을 이룬 것이 아니고, 당의 도움을 받아 통일하는 과정에서 삼국의 영토를 지키지 못했다는 비판도 존재한다.

동시에 전쟁을 통해 당을 한반도에서 몰아내는 데 성공한 것도 통일 신라였고, 오랜 전쟁으로 고통받던 백성들에게 평화를 열어 주었다는 점에서 다양한 평가가 가능하다.

광개토 대왕과 장수왕 때 고구려의 영토를 생각해 보면 충분히 가능한 일이야. 광개토 대왕은 중국의 후연과 싸워 요동 지방의 대부분을 영토로 삼았어. 만주 동북 지역도 고구려의 영토였고. 그 영토를 쭉 지킬 수 있었다면 한반도는 지금 우리가 아는 모습과 사뭇 다를걸?

광개토 대왕과 장수왕 때는 중국이 작은 나라들로 분열되어 있어서 고구려가 세력을 넓히는 게 가능했던 거야. 삼국을 통일한 나라가 고구려였다면 오히려 중국과 심하게 대립했을지도 몰라. 그랬다면 한반도 전체가 중국의 침입에 맞서야 했겠지.

그럴 수도 있었겠다. 그래도 나는 신라가 당나라와 힘을 합쳐 삼국을 통일한 것은 비겁했다고 생각해.

대조영, 발해 건국	발해, 무왕 즉위	발해, 문왕 즉위	발해, 선왕 즉위	발해 멸망
698	719	737	818	926

발해를 세운 대조영은 어느 나라 사람이에요?

30초 해결사

대조영은 고구려 출신의 장군이에요. 고구려가 멸망한 후 유민을 모아 '발해'라는 나라를 세웠지요. 발해는 여러 민족 출신들이 함께 어울려 살았지만 고구려를 계승한 나라라는 정체성이 뚜렷했어요.

• 유민: 나라가 망해서 떠돌아다니는 백성들을 말해요.

#발해 #대조영 #수막새 #치미

대조영은 고구려 유민이었어요. 아버지와 함께 흩어져 있던 고구려 유민들을 모아 당나라의 지배에서 탈출했지요. 당나라는 만주 지역에 새로운 나라가 등장하는 것을 반기지 않았어요. 당나라의 탄압과 공격에도 대조영은 마침내 발해라는 나라를 건국했지요.

멸망 전에도 고구려에는 우리 민족뿐만 아니라 말갈족을 비롯하여 다양한 민족이 어울려 살았어요. 그래서 고구려와 발해를 오늘날 국가의 기준으로 판단하기는 어려워요. 하지만 대조영이 고구려 출신인 것은 확실하고, 또 그가 세운 발해가 고구려를 잇고자 한 나라임을 생각해 보면 대조영은 우리나라 사람이라고 할 수 있겠지요.

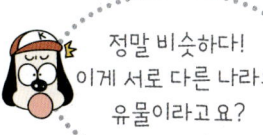

고구려의 연꽃무늬 수막새
(국립중앙박물관 소장)

발해의 연꽃무늬 수막새
(국립중앙박물관 소장)

고구려의 안학궁 치미
(국립중앙박물관 소장)

발해의 녹유 치미
(국립중앙박물관 소장)

발해와 일본의 교류

발해가 일본과 주고받은 목간(문자를 기록하는 나무판)을 보면 스스로를 '고려'라고 불렀다는 것을 알 수 있다. 고구려를 계승한 나라라는 사실을 자랑스럽게 여겼음을 알 수 있는 대목이다. 발해와 일본 사이에는 많은 교류가 오갔는데, 일본에서 발견된 '발해사 목간'이나 '견고려사 목간' 등의 유물을 보면 두 나라 사이에 사신 교환이 10여 회 넘게 이루어졌다는 것을 알 수 있다. 발해는 주로 모피와 삼 등 토산품과 중국으로부터 수입한 서책을, 일본은 견직물과 종이 등 생활필수품을 수출했다.

대조영, 발해 건국	발해, 무왕 즉위	발해, 문왕 즉위	발해, 선왕 즉위	발해 멸망
698	719	737	818	926

남북국 시대의 남국과 북국은 무슨 나라인가요?

30초 해결사

남북국 시대란 발해가 세워진 7세기 후반부터 후삼국 시대로 접어드는 10세기 전반까지를 뜻해요. 삼국 시대 이후 남쪽은 통일 신라, 북쪽은 발해로 나뉘었지요. 이 용어를 처음 사용한 사람은 조선 후기의 실학자 유득공이라는 사람이에요.

#발해의 전성기 #남북국 시대 #해동성국 #유득공

"(고려 시대에) 발해에 대한 역사책을 정리해 기록하지 않음으로써 우리나라의 세력을 떨치지 못하게 되었다는 것을 알 수 있습니다. … 신라가 삼국을 통일해 한반도의 남부를 차지했으니 그것을 남국으로, 고구려가 망한 뒤에 그 후예가 그 땅 위에 발해국을 세웠으니 그것을 마땅히 북국으로 역사 기록을 했어야 합니다."
– 유득공이 쓴 『발해고』의 서문 중에서

신라가 삼국을 통일한 뒤, 오랫동안 이 시기를 '통일 신라 시대'라고 불렀어요. 조선 후기 실학자인 유득공(1748~1807)은 이 이름이 발해의 존재를 지운다고 생각했어요. 발해의 역사 또한 우리의 역사라고 생각한 유득공은 이러한 주장을 담은 책인 『발해고』를 쓰고, 이 시기를 '남북국 시대'라고 불렀어요. 남쪽에 있는 나라인 통일 신라와 북쪽에 있는 나라 발해가 공존한 시대라는 뜻이지요.

남북국 시대라는 호칭은 일제 강점기 때 다시 모습을 드러내요. 신채호를 비롯한 민족주의 사학자들은 우리나라의 자주성을 강조하기 위해 유득공의 주장을 잇고 남북국 시대라는 호칭을 사용했어요. 발해는 고구려의 영토였던 만주 지역은 물론, 연해주(지금의 러시아 블라디보스토크) 지역까지 영토를 확장한 큰 나라였어요. 전성기가 최고조에 이르렀던 발해 선왕 시기에는 중국에서도 발해를 두고 '해동성국(한반도에 위치한 훌륭한 나라)'이라고 부를 정도였지요.

남북국 시대의 지도

북한에서 배우는 발해 이야기

북한의 역사 교과서인 『조선력사』 3권 4장에서는 이 시대를 '발해와 후기 신라'라는 이름으로 부르고 있다. 남북국 시대라고 부르는 것과 비슷한 이유에서다. 다만 발해를 더 강조하고 신라를 비난하는 관점의 용어라는 점이 인상 깊다. 이 교과서를 보면 신라를 '당나라의 손을 잡고 민족을 배신한 나라'라고 비난하고 있다. 역사를 보는 관점이 정말 다양하다는 것을 알 수 있다.

불국사 창건	불국사 중창, 석굴암 창건	석굴암 완성
528	751	774

석굴암은 돌 이름인가요?

30초 해결사

석굴암은 통일 신라 시대에 만들어진 불교 사원이에요. 경상북도 경주시 토함산에 있어요. 단단한 돌을 다듬어서 만든 굴 가운데 자리하고 있는 아름다운 불상, 본존불로 무척 유명해요.

- 불상: 부처님(불佛)의 모습을 묘사한 조각품이에요. 석가모니불, 아미타불 등 여러 종류의 불상이 있어요.

#불교 #석굴암 #불국사 #유네스코 세계 문화유산

석굴암은 다른 절과는 다르게 돌을 다듬고 굴을 파서 만든 석굴 사원이에요. 처음에는 석불사라고 불렀지만 지금은 석굴암으로 불리고 있어요. 특히 석굴암 속에 있는 부처님 불상인 석굴암 본존불이 매우 유명한데, 석굴암 본존불의 아름다운 모습과 석굴의 과학적인 구조는 그 가치를 인정받아 유네스코 세계 문화유산으로 지정되기도 했지요.

석굴암이 1,000년도 넘는 시간 동안 잘 보존된 것은 신라 사람들의 뛰어난 과학 기술 덕분이에요. 석굴암은 온도와 습도 조절은 물론이고 바람 순환까지 이루어지도록 설계되어 있어요. 석굴암 내부를 받치고 있는 돌 사이의 작은 틈으로 공기의 순환 작용이 일어나고, 돌과 흙을 쌓아 올려 만든 천장은 빗물과 습기를 막아요. 석굴암 내부에는 지하수가 흐르는 바닥이 있어서 습기가 바닥 아래로 내려가지요. 과학적인 설계 덕분에 오랜 세월을 거치면서도 온전한 상태가 유지되었어요.

석굴암 석굴의 본존불(경상북도 경주시 소재)

'부처의 나라'를 세우겠다는 통일 신라의 꿈, 불국사

신라는 삼국 통일을 이루고 불교로써 백성들 마음을 모으기 위해 많은 노력을 기울였다. 이 과정에서 전국 각지에 수많은 사찰을 지었는데, 그중 불국사는 이 세상에 불국, 즉 '부처의 나라'를 세우겠다는 뜻을 담아 만든 절이다. 건물과 석탑을 튼튼하게 쌓고 조화롭게 배치한 모습을 통해 당시 신라 사람들의 과학 기술과 예술성 등 우수한 문화를 살펴볼 수 있다. 불국사는 석굴암과 함께 유네스코 세계 문화유산으로 지정되었다.

신라, 문무왕 즉위	신라, 9주 5소경 설치	장보고, 청해진 설치
661	685	828

장보고는 왜 청해진을 세웠어요?

30초 해결사

장보고는 통일 신라의 장군이자 정치가였어요. 해상 기지인 '청해진'을 세워 해안가를 침략하는 해적들을 소탕하는 한편, 청해진을 신라의 해상 무역을 발전시키기 위한 중심지로 가꾸었어요. 이 때문에 장보고를 두고 '해상왕'이라고 부른답니다.

- 청해진의 위치: 지금의 전라남도 완도군 일대에 설치되었어요.

#장보고 #청해진

일찍이 당나라로 건너가 장교로 활동하던 장보고는 신라인 노예들이 잡혀 와 사고 팔리는 모습을 보게 되었어요. 해적들이 신라의 해안가를 침략하여 신라인들을 약탈하고 노예로 잡아들였던 것이에요. 신라로 돌아온 그는 이러한 안타까운 상황을 왕에게 보고했어요. 이에 왕은 장보고를 청해진 대사(사령관)로 임명하고 신라를 침범하는 해적들을 소탕하도록 했어요.

청해진은 해적을 소탕하는 군사 기지이기도 했지만, 장보고의 지휘 아래 국제 무역 지대로도 훌륭하게 성장했어요. 청해진이 있던 전라남도 완도군 일대는 중국, 일본 등의 외국 상인들이 드나드는 곳이 되었지요.

이런 업적에도 불구하고 장보고는 비극적인 죽음을 맞이했어요. 당시 왕실에서는 왕의 자리를 두고 진골 귀족들 간의 권력 다툼이 심했는데, 신무왕이 왕이 되는 데 협조했던 장보고 역시 여기에 휘말렸지요. 결국 장보고는 자신의 부하 '염장'의 손에 목숨을 잃었어요. 이후 청해진도 결국 폐지되었어요.

청해진이 있었던 전라남도 완도군의 '장도'라는 섬이야. '장군섬'이라는 뜻이래.

우리 역사 속 국제 무역항들

신라: 울주(지금의 울산) 아라비아 상인들도 오고 갈 만큼 국제 무역이 활발했던 항구다.

고려: 벽란도(개경 일대) 다양한 나라의 상인들이 오고 가던 항구였다. 이슬람 상인들은 고려를 꼬레(Corea)라고 불렀는데, 이 말이 오늘날 '코리아(Korea)'의 어원이 되었다.

일제 강점기: 원산 큰 배들이 정박할 수 있는 항구이자 공업 도시였다.

대한민국: 부산 대한민국 제2의 도시이자, 해외로 수출되는 엄청난 물량의 컨테이너들이 오가는 항구다.

경상남도 합천군 해인사 장경판전

견훤, 후백제 건국	궁예, 후고구려 건국	왕건, 고려 건국	고려, 후삼국 통일
900	901	918	936

후삼국 시대는 삼국 시대와 무엇이 다른가요?

30초 해결사

후삼국 시대(901~936)는 삼국을 통일한 신라가 후고구려, 후백제, 신라로 다시 나뉘게 된 때를 말해요. 각각 통일 신라 전의 고구려, 백제를 계승한다고 주장했지요. 후삼국은 이후 고려가 다시 통일을 이루어요.

• 고려: 후고구려의 장군 왕건이 후고구려를 멸망시키고 세운 나라예요. 후삼국을 통일하고 474년간 한반도를 지배했어요.

#후삼국 시대 #고려 건국 #왕건 #견훤 #궁예

9세기 무렵 한반도에는 세 명의 영웅이 등장해요. 후고구려를 세운 궁예, 후백제를 세운 견훤, 그리고 후고구려의 장군이자 훗날 고려를 세우는 왕건이지요.

신라 말기, 왕과 귀족들이 정치를 소홀히 하고 사치에 빠지면서 나라가 크게 어지러워졌어요. 그러자 각 지방에서 '호족'이라고 불리는 세력들이 일어나 성을 점령하고 독립을 주장했지요. 강력한 호족 중 한 명이었던 견훤은 완산주(지금의 전라북도 전주)를 수도로 삼고 후백제를 세웠어요. 신라의 왕족이자 스님이었던 궁예는 송악(지금의 황해북도 개성)을 수도로 삼아 후고구려를 세웠지요. 그렇게 해서 통일 신라는 후고구려, 후백제, 그리고 신라로 다시 갈라지게 되었어요. 삼국 시대가 다시 시작되었다고 하여 이 시대를 '후삼국 시대'라고 불러요.

한편 개성의 호족이었던 왕건은 궁예의 신하가 되었어요. 후고구려의 장군이 된 왕건은 수군을 지휘하여 후백제의 영토인 금성(지금의 전라북도 나주)을 점령하는 등 큰 공을 세우고 많은 사람의 지지를 얻었어요. 당시 궁예는 스스로를 '미륵불'이라고 칭하면서 횡포를 부린 탓에 민심을 잃어 가고 있었는데, 결국 부하들에 의해 쫓겨나고 왕건이 대신 왕위에 오르게 되지요. 왕건은 고구려를 계승한다는 뜻에서 나라 이름을 '고려'로 짓고, 후백제와의 싸움에서 승리한 뒤 신라의 항복을 받아들여 다시 한 번 삼국을 통일했어요. 이후 왕건은 자신의 근거지이자 육상 및 해상 교통이 편리한 개성으로 수도를 옮겼어요.

후삼국 통일의 과정이 녹아 있는 전통 놀이, 차전놀이

안동 지역의 호족 김선평, 권행, 장길은 고려의 왕건을 도와 후백제군을 격파하는 데 큰 공을 세웠다. 이 승리로 고려는 후백제군을 경상도 지역에서 몰아내고 후삼국 통일의 기반을 닦을 수 있었다. 왕건은 세 사람에게 태사의 벼슬을 내렸고, 이후 세 사람은 '삼태사'라고 불렸다. 이 역사적 승리를 기념하기 위해 벌인 행사가 '차전놀이'라는 민속놀이로, 지금까지도 안동 지역에서 전해져 오고 있다. '동채 싸움'이라고도 하는 차전놀이는 마을 장정 수백 명이 패를 나누어 승부를 겨루는 집단 놀이로, 상대편 동채(차전놀이할 때 쓰는 물건)를 빼앗거나 땅에 닿게 하면 이긴다.

(출처: 국가 문화유산 포털)

태조 왕건 재위
918~943

태조 왕건은 아내가 정말 29명이었어요?

30초 해결사

태조 왕건에게는 6명의 왕후와 23명의 후궁이 있었어요. 모두 29명이나 되었지요. 왕건이 이렇게 여러 번 혼인을 한 이유는 후삼국을 통일하는 과정에서 호족들을 자기편으로 끌어들이기 위해서였어요. 이것을 '혼인 정책'이라고 불러요. 왕건은 새로 세운 왕실의 기반을 튼튼히 하고자 공을 세운 호족들에게 관직과 토지를 내리고, 각지의 유력 호족의 딸과 누이를 아내로 삼았어요.

#왕건 #호족 포용 정책 #사성 정책 #사심관 제도 #기인 제도 #호족 견제

사회 5-2 **1단원 2장** 독창적 문화를 발전시킨 고려

신라 말기에는 지방 호족의 세력이 아주 강성했어요. 왕권을 튼튼하게 다져야 했던 왕건은 여러 정책을 펼쳐 호족을 견제하고자 했는데, 그중 하나가 '혼인 정책'이었어요. 혼인을 통해 호족 세력을 적극적으로 자기편으로 만들고자 했지요. 또 나라를 세우는 데 공이 컸던 신하들에게 왕씨 성을 내려 주는 '사성 정책'을 통해 여러 세력을 포용하려 했어요.

태조 왕건 동상이다! 왜 벌거벗은 모습이지?

아니야, 원래는 하얀 천이 있었는데 세월이 지나 없어졌대. 옷을 따로 입혔던 것 같아!

고려 태조 왕건 청동상 (평양 조선중앙역사박물관 소장)

그 외에도 호족을 각 고향의 사심관(지방의 사무를 맡아 보는 관직)으로 임명하는 '사심관 제도', 자녀를 개경에 데려와 인질로 삼는 '기인 제도' 등을 통해 호족의 힘이 너무 커지지 않도록 조절했어요.

동시에 고구려 계통의 발해 유민들은 물론 신라인들과 후백제인들을 적극적으로 받아들이는 민족 융합 정책을 펼치고, 통일 과정에 공을 세운 호족에게 관직과 토지를 내리는 등 국가 체제를 정비했지요.

호족을 대하는 왕건의 두 가지 자세

태도	제도	내용
잘해 줄게!	혼인 정책, 사성 정책	호족들의 여자 가족과 혼인하거나, 왕씨 성을 주어 같은 편으로 만들었어요.
내 말 잘 들어!	기인 제도	호족들의 자녀를 수도인 개경에서 생활하게 했어요. 일종의 인질이었어요.

개념연결 남북 교류 문화의 상징, 고려 태조 왕건 청동상

온화한 미소와 맞잡은 두 손을 보면 부처님 같기도 하지만, 이 청동상의 주인공은 고려를 세운 태조 왕건이다. 머리에 쓴 관은 황제만 쓸 수 있다는 통천관이다. 고려가 황제의 나라였다는 것을 보여 준다.

고려 태조 왕건 청동상은 평양에 있는 조선중앙역사박물관에 소장되어 있는데 우리나라에도 전시된 적이 있다. 남북 간 문화 교류를 위해 서울 국립중앙박물관으로 옮겨 온 적이 있기 때문이다. 민족 통합을 이루었던 태조 왕건을 생각하면서 남북 관계의 바람직한 미래를 그려 보는 것은 어떨까?

고려

고려 건국	고창 전투	신라 항복	후백제 멸망
918	930	935	936

태조 왕건은 정말 낙타를 굶겨 죽인 적이 있나요?

30초 해결사

926년, 거란은 고려에 잘 지내고 싶다는 뜻으로 낙타 50필을 선물했어요. 하지만 태조 왕건은 이 낙타들을 개경에 있는 다리인 만부교 아래에 묶어 놓고 굶어 죽게 내버려 두었지요. 이 사건을 '만부교 사건'이라고 불러요. 태조 왕건이 거란과의 교류를 거절한 것은 거란이 요나라를 세우는 과정에서 발해를 멸망시켰기 때문이에요. 발해는 고구려 유민들이 세운 나라예요. 고구려를 계승한 나라인 고려로서는 거란에 반감을 가질 수밖에 없었지요.

#만부교 사건 #왕건 #북진 정책

태조 왕건은 고려를 세울 때부터 고구려를 계승하겠다는 뜻을 밝혔어요. 고구려의 수도였던 평양을 서경이라 부르고, 이곳에 성을 쌓아 북진 정책을 위한 전진 기지로 삼았지요. 태조 왕건은 적극적인 북진 정책을 통해 고구려의 옛 땅을 회복하려는 의지를 보였어요. 그 결과 고려의 영토를 서해의 청천강에서 동해의 영흥만까지 확장했어요. 거란과 적대 관계가 된 것은 자연스러운 흐름이었어요. 만주 일대에 자리를 잡은 거란은 요나라를 세우는 과정에서 발해를 멸망시켰는데, 고려 입장에서는 고구려 유민들이 세운 나라인 발해를 멸망시킨 거란을 곱게 볼 수 없었지요.

한편 고려가 세워질 당시 동아시아에서는 송과 거란이 팽팽하게 힘을 겨루고 있었어요. 송은 거란을 견제하기 위해 고려와 친선 관계를 맺었고, 고려 역시 송과 적극적으로 교류하며 거란과 적대 관계를 유지했어요.

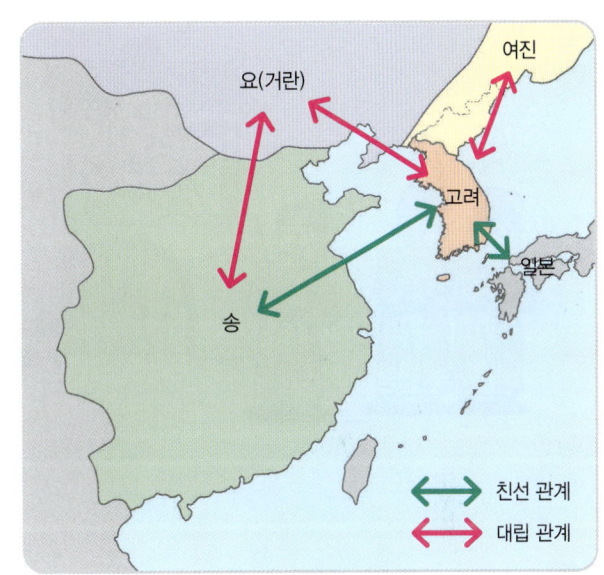

고려의 대외 관계

한국사에 나오는 나라들의 이름에는 무슨 뜻이 있을까?

고구려 성城을 의미하는 옛말 '구려(구루)'에 '크다', '높다'는 뜻의 고高를 덧붙인 이름으로, '높고 큰 성'이라는 뜻이다.

백제 처음에는 십제十濟였다가, 세력이 확대되면서 이름을 백제百濟로 바꾸었다.

신라 '덕업일신 망라사방(왕의 덕이 날로 새로워지고 사방을 두루 망라하다)'이라는 문구에서 따왔다고 전해진다.

조선 우리나라 최초의 국가인 고조선을 계승했다는 의미를 담고 있다.

고려 건국	고려, 후삼국 통일	광종, 노비안검법 실시
918	936	956

광종은 왜 노비를 풀어 주었을까요?

30초 해결사

후삼국을 통일하는 과정에 전쟁 포로가 되거나, 빚을 갚지 못해 억울하게 호족의 노비가 된 사람들이 많이 생겨났어요. 광종은 노비안검법을 통해 억울하게 호족의 노비가 된 사람들을 양인(노비가 아닌 일반 백성)으로 풀어 주었어요. 여기에는 지나치게 커진 호족의 세력을 누르기 위한 광종의 의도가 숨어 있어요.

- 노비안검법: '안검按檢'은 조사한다는 뜻이에요. 노비안검법은 노비가 된 내력을 조사해서 억울하게 노비가 된 사람들의 신분을 회복시켜 주는 정책이에요.

#노비안검법 #광종 #호족 견제

"후삼국 통일 과정에서 억울하게 노비가 된 사람들을 조사하여 양인 신분으로 만들어 주거라!"

노비안검법은 956년(광종 7년)에 실시된 광종의 대표적인 개혁 정책이에요. 후삼국이 통일되고 고려가 세워지는 과정에서 호족이 큰 역할을 했고, 자연스럽게 권력도 커졌어요. 호족은 막대한 토지를 소유하고 노비를 거느리면서 경제적, 군사적 기반을 탄탄하게 쌓아 나갔어요. 고려 초기 왕들은 호족의 권력을 누르고 왕권을 확립하는 문제로 골머리를 앓았어요. 광종은 호족의 세력을 누르고, 왕권을 다지기 위해 여러 개혁 정책을 실시했어요.

노비안검법은 겉으로는 억울하게 노비가 된 사람들의 신분을 되찾아 주기 위한 법이었지만, 실제로는 호족이 거느린 노비의 수를 줄이기 위한 정책이었어요. 왕권을 강화하기 위한 정치적인 결정이었지요. 호족들의 반대가 거셌지만, 광종은 굴하지 않고 밀고 나갔어요. 역사적 사건들을 잘 살펴보면, 이처럼 숨겨진 의도가 있거나 복잡한 사실이 숨어 있는 경우가 많아요.

세계사 속 노예 해방

미국의 제16대 대통령 링컨

미국의 제16대 대통령 링컨은 '노예 해방 선언'을 발표한 것으로 유명하다. 광종의 노비안검법처럼 여기에도 정치적인 이유가 숨어 있었다. 당시 미국은 북부와 남부 간의 대립이 심각한 상태였다. 노예 노동을 통해 면화 농사 등으로 부를 쌓고 있었던 남부는 노예 제도를 유지하기를 원했고, 상공업이 발달했던 북부는 노예 제도에 비판적이었다. 대립 끝에 일어난 전쟁이 바로 남북 전쟁(1861~1865)이다. 전쟁이 길어지자, 다른 나라들의 외교적 지원과 흑인들의 지지를 바랐던 링컨은 1865년 1월 1일 그 유명한 '노예 해방 선언'을 발표했다.

우리나라는 영어로 왜 코리아인가요?

30초 해결사

우리나라를 뜻하는 영어 단어 '코리아'는 고려 시대에 한반도를 방문한 아라비아 상인들을 통해 전파되었어요. '고려'를 귀에 들리는 대로 표기한 '꼬레(Corea)'에서 유래했지요. 고려 시대에는 아라비아 상인들을 비롯한 여러 나라의 사신들, 상인들과 활발한 교류가 이루어졌어요. 이들은 고려의 국제 무역항인 벽란도를 통해 드나들었지요.

- 벽란도: 예성강 하구에 위치한 고려 시대의 국제 무역항이에요. 개성과 가깝고 교통이 편리해서 고려 제일의 항구로 발전했어요. 근처에 송나라 사신이 오갈 때 쉬어 가는 '벽란정'이라는 관사가 있었는데, 거기서 이름을 따 벽란도가 되었어요.

#고려의 대외 관계 #벽란도 #코리아

고려의 수도인 개경(지금의 개성) 근처에는 예성강이 흘렀어요. 수심이 깊어서 여기에 큰 항구가 생겨났는데, 이 항구가 벽란도예요. 벽란도의 '도'는 '섬 도島'가 아니라 '나루 도渡'예요. 수심이 깊어 큰 배가 드나들 수 있었기 때문에 벽란도는 국제 무역항으로 발전할 수 있었어요. 고려에는 중국, 일본, 동남아시아는 물론 아라비아 상인들까지 드나들었는데, 고려에서 수출하는 물품은 금, 은, 인삼, 나전 칠기, 모시, 자기, 종이 등이었어요. 송나라에서는 비단, 서적, 약재 등을, 아라비아에서는 수은, 향료 같은 물품을 수입했지요.

이렇게 대외 관계가 활발해지면서 고려에 귀화하는 외국인들도 늘어났어요. 귀화란 다른 나라의 국적을 얻어 국민이 되는 일을 뜻해요. 베트남의 왕족 출신으로 고려에 귀화한 '화산 이씨', 몽골의 이슬람 교도 출신으로 고려에 귀화한 '덕수 장씨'가 대표적이에요. 고려 초기 100여 년간 20만여 명이나 되는 외국인이 고려로 귀화했어요.

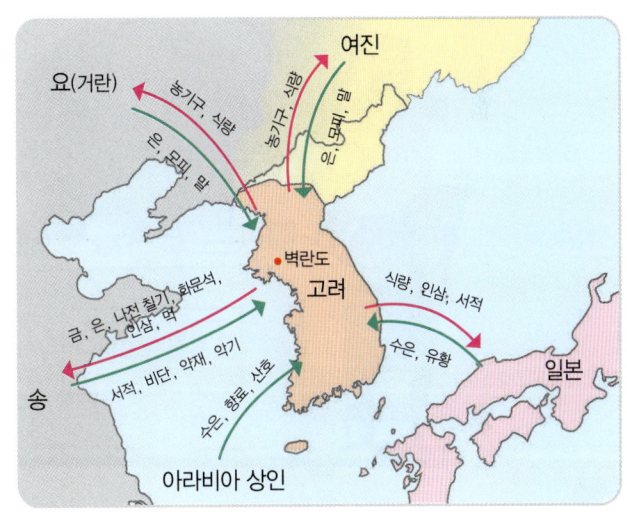

고려의 무역 교류

활발한 교류를 보여 주는 고려의 청동 거울

해상 무역으로 성장한 왕건은 고려를 세우고 나서 여러 나라와 활발하게 교류했다. 이를 잘 보여 주는 유물이 있다. 무역선 모습이 새겨진 청동 거울로, 국립중앙박물관에 소장되어 있다. 이 거울에는 파도를 헤치고 힘차게 항해하는 무역선과 함께 한자로 '황비창천煌丕昌天'이 새겨져 있다. '밝게 빛나며 크고 창성한 하늘'이란 뜻으로, 안전하게 바다를 건너 무역에 성공하기를 바라는 고려 사람들의 마음을 나타낸다.

| 거란의 1차 침입 993 | 거란의 2차 침입 1010 | 귀주 대첩 1019 | 별무반 조직 1104 | 여진 정벌 1107 |

서희는 무슨 말을 했길래 거란군을 쫓아낼 수 있었나요?

30초 해결사

993년, 거란의 장군 소손녕이 이끄는 거란족 군대가 고려의 북쪽 땅은 원래 거란의 땅이라고 주장하며 고려를 침입했어요. 서희는 고려가 고구려를 계승한 나라임을 밝히고, 땅의 소유권을 당당히 주장했어요. 그리고 거란의 진정한 의도를 파악하여 설득하는 방식으로 협상에 성공했답니다. 서희는 이 외교 담판을 통해 전쟁을 막은 것은 물론, 거란으로부터 강동 6주를 얻어 내어 영토를 넓히는 공을 세웠어요.

- 요나라(916~1125): 거란족이 만주 지역에 세운 나라예요.

#서희 #거란 #소손녕 #강동 6주 #담판

소손녕: "고려는 옛 신라 땅에서 일어났고, 고구려의 옛 땅은 우리 거란의 소유인데 어째서 너희가 차지하고 있는가? 또 우리나라와 국경을 맞대고 있으면서 너희가 바다 건너 송을 섬기는 까닭에 이번 정벌을 하게 된 것이다. 만일 땅을 떼어 바치고 국교를 회복한다면 무사하리라."

서희: "아니다. 우리가 바로 고구려의 후계자다. 그래서 나라 이름을 고려라고 했다. 또한 압록강 안팎도 우리 영역인데 여진이 차지하고 있어서 국교를 이루지 못한 것이다. 만일 여진을 쫓아내고 우리 옛 땅을 회복한다면 어찌 국교를 맺지 않겠는가."

거란의 침입으로 고려가 위기에 처하자 일부 신하들은 서경을 포함한 북쪽 영토를 내어 주고 거란과 평화 협정을 맺자고 주장했어요. 그러나 서희는 영토를 내어 주는 일에 강경하게 반대했지요.

거란이 고려를 공격한 이유는 고려와 송나라의 관계를 끊기 위해서였어요. 거란의 목적을 파악한 서희는 소손녕을 만나 거란과 교류할 것을 약속하는 대신 압록강 유역의 땅에 거주하는 여진족을 내쫓을 것을 요구했지요. 서희의 요구를 받아들인 거란은 압록강 동쪽에 있는 지역, 강동 6주를 고려에 넘겨주었어요.

서희가 담판에 성공한 이유는 거란의 목적이 무엇인지를 알아차렸기 때문이란다.

저기가 강동 6주구나. 영토도 얻고 전쟁도 막고♪

요나라, 금나라, 원나라

요나라(916~1125) 발해를 멸망시키고 만주 지역을 차지한 거란족이 세운 나라였다. 중국의 송나라를 침략했다. 나중에 여진족이 세운 금나라의 공격을 받아 멸망했다.

금나라(1115~1234) 여진족이 거란의 지배에서 벗어나 자립하여 세운 나라였다. 요나라를 멸망시킨 금나라는 중국 영토를 절반 가까이 차지하며 송나라를 남쪽으로 밀어냈다. 칭기즈 칸이 이끄는 몽골 제국 군대에 멸망했다.

원나라(1271~1368) 여러 부족으로 나뉘어 있던 몽골족을 칭기즈 칸이 통일한 뒤 세운 나라였다. 여진족이 세운 금나라를 멸망시키고 중앙아시아를 정복한 뒤 유럽까지 진출한 대제국이었지만 명나라에 의해 멸망했다.

광종, 노비안검법 실시	광종, 과거제 실시	최승로, 시무책 건의	성종, 국자감 설치
956	958	982	992

고려 시대에는 어떻게 관리가 될 수 있었나요?

 **30초 해결사**

고려 시대에 관리가 되는 방법은 두 가지였어요. 음서 제도와 과거 제도를 통해서였지요. 음서 제도는 문벌 귀족의 자손에게 특별히 과거를 치르지 않더라도 관리가 되는 기회를 주는 제도였어요. 과거 제도는 유교 경전을 묻는 시험을 실시해서 관리를 선발하는 제도였지요.

- 문벌 귀족 : 고려의 권력을 쥐고 있던 지배층이었어요. 5품 이상의 높은 벼슬은 대부분 문벌 귀족이 차지했지요.

#고려의 등용 제도   #과거 제도   #음서 제도

오늘날 공무원 선발 시험이 있다면 전근대 사회에는 과거 제도가 있었어요. 드라마나 영화에서 과거 시험 장면을 본 적이 있지요? 과거 제도가 처음 시행된 것은 고려 광종 때의 일이에요. 과거 제도가 시행되면서 개인의 능력으로 관리가 될 수 있는 기회가 크게 늘어났어요. 고려의 과거는 유교를 바탕으로 관리가 될 자질을 갖추었는지 평가하는 시험으로, 원칙상 평민 이상의 신분이라면 누구나 시험을 볼 수 있었어요. 엄격한 신분 제도인 골품제로 운영되던 신라보다는 신분 상승이 수월했지요.

고려에서 관리가 되는 방법이 과거 제도만 있었던 것은 아니에요. 음서 제도라고 하는 특별한 관리 선발 제도도 있었어요. 조상의 음덕으로 자손이 관리가 된다고 해서 붙은 이름으로, 5품 이상의 문벌 귀족 가족들에게 관리가 될 기회를 주는 제도였지요. 음서는 문벌 귀족들이 세력과 특권을 유지하는 데 큰 영향을 주었어요. 이는 고려가 문벌 귀족 중심의 사회였다는 것을 잘 보여 주지요.

한편, 음서 출신의 관리들 중 상당수는 과거에 다시 응시하여 합격했어요. 음서를 통해 관직에 진출했더라도, 과거를 통해 실력을 제대로 인정받아야 한다는 관념이 있었기 때문이에요.

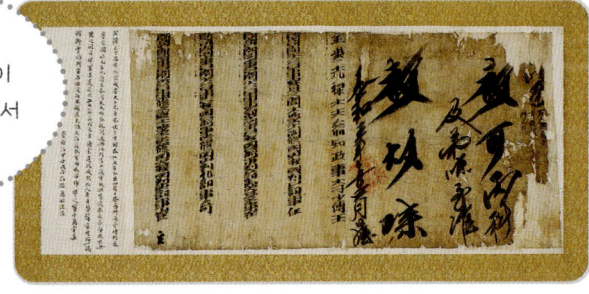

장양수 홍패(국보 제181호, 울진 월계서원 소장)

고려 시대의 '장양수'라는 사람이 과거 시험에 급제해서 받은 증서야!

이름, 지위, 성적을 비롯해서 어떤 과에 합격한 것인지도 다 쓰여 있단다. 오늘날의 합격증 같은 것이지.

고려 초기의 지배 세력, 호족

고려 초기에는 호족들이 지방에서 막강한 영향력을 행사했다. 그러나 고려 사회가 안정되고, 통치 질서가 잡히면서 호족들은 중앙으로 진출하거나 지방에 남는 것 중 한쪽을 택해야 했다. 중앙 진출을 선택한 호족들은 귀족이 되어 문벌 귀족을 견제하는 세력으로 성장했다. 한편, 지방에 남는 것을 선택한 세력은 향리가 되었고 지방관을 도와 지방 행정의 실무를 담당했다. 특히 지방관이 파견되지 않는 속현이나 특수 행정 구역의 업무는 주로 향리가 맡아 처리했다. 향리는 직책을 자손에게 물려줄 수 있었으며, 과거 시험을 통해 중앙 관료로 나서는 경우도 있었다.

『삼국사기』 편찬	『상정고금예문』 인쇄	팔만대장경을 목판에 새김	『삼국유사』 편찬
1145	1234	1236	1281

『삼국유사』와 『삼국사기』는 무엇이 다른가요?

30초 해결사

『삼국유사』와 『삼국사기』는 둘 다 고려 시대에 쓰여진 역사책이에요. 제목에서 알 수 있듯이 삼국 시대의 역사를 다루고 있지요.

『삼국사기』는 삼국 시대를 다룬 기록으로는 현재 전해지는 문헌 중 가장 오래된 기록이에요. 12세기 중반 인종의 명을 받은 김부식이 삼국 시대에 관한 기록을 정리했지요. 『삼국유사』는 13세기 일연 스님이 쓴 역사책이에요. 『삼국사기』에는 없는 전설, 민담, 신화 같은 이야기가 풍성하게 담겨 있어요.

#삼국유사 #삼국사기 #일연 #김부식

『삼국사기』와 『삼국유사』는 고려 시대에 쓰여진 대표적인 역사책이지만, 차이점이 있어요.

삼국사기	기준	삼국유사
1145년	편찬 시기	1218년
김부식(문벌 귀족, 유학자)	지은이	일연(스님)
삼국 시대에 대한 공식적인 기록을 종합하여 정리했어요. 비현실적인 이야기는 싣지 않았어요.	주로 다루는 내용	공식적인 기록 외에도 입에서 입으로 전해 오는 민담이나 전설, 신화를 담았어요.
왕의 명을 받아 집필된 역사책으로, 여러 학자가 함께 썼어요. 고구려와 백제에 대한 기록보다 신라에 대한 기록이 훨씬 많아요.	특징	일연 스님 개인이 기록한 역사책으로, 불교 중심의 기록이 많아요. 단군 신화를 기록한 책 중 가장 오래되었어요.
중국의 역사책 『사기』의 형식을 빌려 삼국 시대 역사를 기록했다는 뜻이에요.	제목의 의미	『삼국사기』에 기록하지 않고 남겨 둔 이야기(유사: 남은 일)를 담았다는 뜻이에요.

『삼국사기』를 지은 김부식은 유학자였어. 『삼국사기』에 유교적 관점의 이야기가 많은 이유를 알겠지?

권오창, 「김부식 표준 영정」
(1993, 국립현대미술관 소장)

정탁영, 「일연 표준 영정」
(1984, 국립현대미술관 소장)

『삼국유사』를 지은 일연 스님이야. 『삼국유사』에는 불교적 이야기가 많다던데… 지은 사람에 따라 이런 차이가 생기다니!

개념연결 『삼국사기』에는 왜 신라의 이야기가 많을까?

『삼국사기』는 고려 최고의 문벌 귀족이자 유학자였던 김부식이 왕명에 따라 편찬한 역사책이다. 유교적 합리주의 사관에 따라 설화나 신화 등의 내용은 자세히 기록하지 않았다. 또, 김부식은 고려가 신라를 이어받았다고 생각했기 때문에 신라를 중심으로 역사를 서술한 경향이 있다. 신라에 대한 기록이 가장 많을 뿐만 아니라, 고구려나 백제에 비해 긍정적으로 서술했다.

고려 사람들은 고려청자를 무슨 색이라고 불렀을까요?

30초 해결사

고려 사람들과 송나라 사람들의 기록을 보면 고려청자는 특유의 옥색이 꼭 아름다운 비취옥처럼 보인다고 해서 '비색'이라고 불렸다고 해요. 고려청자는 당시 이웃 나라들에도 인기가 높았던 우리의 자랑스러운 문화유산이에요.

- 비색: 단순히 푸른색이 아니라, 옥색을 머금은 풍부한 빛깔을 의미해요.

#고려청자 #비색 #상감 기법

"도자기로서 빛깔이 푸른 것을 고려 사람들은 비색이라고 한다. 근래에 더욱 세련되어져 색택(빛나는 윤기)이 가히 일품이다."

12세기 송나라의 사신 서긍이 고려에 왔다가 돌아가서 쓴 견문록 『선화봉사고려도경』에 나오는 구절이에요. 고려청자의 빛깔에 감탄하는 중국인의 시선이 잘 나타나 있어요.

고려청자는 고려 시대에 만들어진 푸른빛의 자기를 통틀어 의미해요. 그릇의 표면에 입혀진 유약이 푸른빛을 띠어 '청자'라는 이름이 붙었지요. 제작 기술과 품질, 흙 등에 따라 담청색, 담녹색, 회녹색, 청회색 등 다양한 색을 띠는데, 그중에서도 가장 잘 만들어진 청자의 푸른색을 '비색'이라고 불렀답니다.

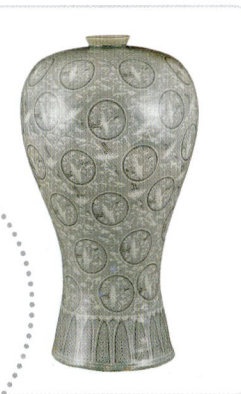

청자 상감 운학문 매병
(간송미술관 소장)

흰색으로 그려 넣은 학이 정말 생생하지? 상감 기법으로 새겨 넣은 거란다. 모양을 내어 홈을 파고, 다른 색 흙을 채워서 구워 낸 것이지.

청자 투각 칠보 무늬 향로
(국립중앙박물관 소장)

와, 연꽃 모양 향로야. 꽃잎이 정말 섬세하고 예쁘다! 토끼도 꼭 살아 있는 것 같아.

도자기 이름은 너무 어려워!

도자기 이름을 짓는 데는 순서가 있다. 첫째, 도자기의 종류가 청자인지, 백자인지 확인한다. 둘째, 도자기의 무늬가 음각으로 되어 있는지, 양각으로 되어 있는지, 상감으로 되어 있는지 확인한다. 셋째, 도자기에 그려진 무늬가 어떤 것인지 확인한다. 넷째, 도자기가 어떤 용도로 사용되었는지 확인한다. 사진 속 도자기를 보자. 상감 기법으로 모란 무늬를 그려 넣은 청자 항아리임을 알 수 있다. 그래서 이 고려청자의 이름은 '청자 상감 모란 무늬 항아리'다.

인종 즉위	이자겸의 난	서경 천도 운동
1122	1126	1135

묘청은 왜 수도를 서경으로 옮기려고 했나요?

30초 해결사

1135년, 고려의 승려 묘청은 수도인 개경의 기운이 다한 탓에 자꾸 좋지 않은 일이 일어나니 수도를 옛 고구려의 수도였던 서경(지금의 평양)으로 옮기자고 주장했어요. 묘청의 서경 천도 운동은 개경을 중심으로 하는 문벌 귀족 세력을 꺾고, 고려에 새로운 바람을 불어넣으려는 목적이 있었어요. 또 묘청을 비롯한 서경파는 금나라를 정벌하자고 주장하기도 했는데, 이는 문벌 귀족을 중심으로 한 개경파가 금나라에 사대하자고 주장한 것과 정면으로 부딪치는 주장이었지요.

- 천도遷都: 수도를 옮기는 것을 말해요.

#묘청 #서경 천도 #문벌 귀족

당시 고려는 지배층이었던 문벌 귀족들의 권력 다툼으로 혼란한 상태였어요. 묘청의 제안은 고려의 개혁을 요구하는 새로운 세력의 등장을 의미했지요.

묘청의 서경 천도 운동으로 고려 정부는 묘청의 제안을 지지하는 서경파와 원래 수도인 개경에 머물자는 개경파로 나뉘었어요. 개경파는 대부분 문벌 귀족들이었어요. 개경을 기반으로 재산과 권력을 다져 온 개경파는 천도에 강경하게 반대했어요. 무엇보다 개경파를 위협한 것은 서경 천도를 지지하고 기득권 세력에게 반발심을 가진 서경파라는 새로운 정치 세력의 등장이었지요.

결국 개경파의 반대와 압력으로 서경 천도가 실패하자, 묘청은 서경에서 반란을 일으켰어요. 이를 '묘청의 난(1135)'이라고 해요. 묘청의 난은 김부식에 진압당하면서 결국 실패로 끝났어요. 문벌 귀족을 견제하던 서경파 세력도 크게 쇠퇴하고 말았지요. 그 결과 문벌 귀족 세력이 더 강화되었고, 이는 훗날 무신 정변의 원인이 되었어요.

일제 강점기 때의 역사학자이자 독립운동가 신채호는 묘청의 실패를 두고 다음과 같이 안타까워하기도 했어요.

> "묘청의 천도 운동에서 묘청이 패하고 김부식이 이겼으므로 조선 역사가 시대적, 보수적, 속박적 사상인 유교 사상에 정복되고 말았다. 만약 김부식이 패하고 묘청이 이겼더라면 조선사가 독립적, 진취적으로 진전하였을 것이니, 이것이 어찌 일천 년래 제일대 사건이라 하지 아니하랴."
> – 신채호, 『조선사 연구초』 중에서

한국사 속 다른 천도 시도들

통일 신라 신문왕의 달구벌 천도 시도
왕권을 높이기 위한 개혁에 힘쓰던 신문왕은 금성(지금의 경상북도 경주)에서 달구벌(지금의 대구)로 수도를 옮기려고 했으나 진골 귀족의 반대로 실패했다.

조선 광해군의 교하 천도 시도
임진왜란 이후, 나라를 재건하기 위해 노력하던 광해군은 교하(지금의 경기도 파주)로 수도를 옮기고자 했으나 신하들의 반대로 실패했다.

 만약에 역사

역사에는 만약이 없다고 하지요. 하지만 상상의 날개를 펼쳐 다양한 역사를 생각해 본다면 더욱 깊이 있게 역사를 이해할 수 있을 거예요.

만약 묘청의 말처럼 서경 천도와 금나라 정벌을 실행했더라면?

고려의 스님 묘청은 반란을 일으켰다가 실패했지. 그러면서 문벌 귀족이 더 강해졌고 말이야. 만약에 묘청의 제안대로 고려의 수도를 서경으로 옮기고, 금나라를 정벌했더라면 역사는 어떻게 흘러갔을까?

> 당시 고려는 문벌 귀족 때문에 무척 혼란스러운 상태였잖아.
> 서경으로 수도를 옮겼다면 고려 사회를 개혁할 수 있는
> 좋은 기회가 되었을 거야!

> 하지만 금나라와 전쟁을 벌이는 건 무모한 도전이었어.
> 금나라는 송나라의 영토를 많이 빼앗을 정도로 강한 나라였잖아.

> 금나라는 여진족이 세운 나라야.
> 여진족은 한동안 고려의 영향 아래 세력을 떨치지 못했잖아.
> 고려의 윤관 장군이 세운 동북 9성 같은 것을 봐도 그렇고!

이자겸의 난으로 궁이 불타자, 고려의 수도인 개경 땅의 기운이 약해졌다는 이야기가 널리 퍼졌다. 서경 출신의 승려 묘청은 서경으로 수도를 옮기자는 주장을 펼쳤다. 또 왕을 황제라 칭하고, 독자의 연호를 쓰면서 금을 정벌하자고 주장했다. 인종은 묘청의 주장을 받아들여 서경에 궁을 짓고 자주 행차했다. 그러나 김부식을 중심으로 한 개경의 정치 세력은 서경 천도에 크게 반대했다.

그래. 하지만 동북 9성이 사라진 이후 여진족의 힘이 강해져서 부족을 통일하고 강한 나라를 세웠다는 걸 잊으면 안 돼.
묘청이 금나라 정벌을 제안한 건 이미 금나라가 세력을 떨치고 있던 때였어.

묘청이 그런 제안을 할 만큼 당시 고려의 힘도 만만치 않았다는 뜻이기도 해. 고려가 하기에 따라 금나라의 세력이 약해졌을지도 모르는 일이잖아? 그리고 수도를 옮기고 새로운 정치 세력을 만들 수 있었다면 고려가 더 발전했을 것 같아.
무신 정변이 일어날 일도 없었을 거고.

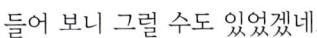

들어 보니 그럴 수도 있었겠네.
하지만 자신의 말을 들어주지 않았다고 해서 반란을 일으키다니…
묘청은 권력에 대한 욕심이 큰 사람이었던 것 같아.

무신 정변 발발	이의민 집권	최충헌 집권	만적의 난	무신 정권 붕괴
1170	1183	1196	1198	1270

고려 시대 무신들은 왜 문신들을 없애려고 했나요?

30초 해결사

무신 정변(1170) 전의 고려 사회에서는 문벌 귀족이 권력을 잡고 문신 중심의 정치를 펼쳤어요. 무신들은 올라갈 수 있는 관직에 제한을 받는 등 차별적인 대우를 받았지요. 결국 그 불만이 터져 나오게 된 것이 무신 정변이었어요. 무신 정변으로 많은 문신이 죽거나 권력을 잃었어요. 이후 약 100년 동안 무신들이 권력을 장악한 무신 정권이 계속되었어요.

- 무신 정권(1170~1270): 권력을 잡은 무신들은 약 100년 동안 무신 정권을 유지했어요. 무신 정권 전기에는 정중부 등이 권력을 잡았지만, 후기에는 최충헌이 권력을 잡으면서 최씨 가문이 대대로 지배권을 쥐었어요.

#무신 정변 #최충헌 #문벌 귀족

> "우리 무신들은 오른쪽 소매를 빼고 관을 벗을 것이니 그렇지 않은 자들, 문신들은 오늘 다 죽여라!"

1170년 고려 의종 때 무신들이 문신들을 제거한 사건이 일어났어요. 바로 무신 정변이에요.

당시 고려는 문벌 귀족들이 중심이 되어 나랏일을 운영했는데, 이 때문에 문신들이 핵심 권력을 잡게 되었고 무신들은 상대적으로 차별받기 일쑤였어요. 무신들은 문신들에 비해 높은 관직에 올라가지 못했어요. 심지어 전쟁이 일어나 전투에 나갔을 때조차 부대의 최고 지휘관은 문신이 맡았지요. 문신들은 무신들을 대놓고 무시하는 행동을 하기도 했어요. 결국 불만이 깊어진 무신들이 반란을 일으켰어요.

이의방과 정중부 등의 무신은 개경 근처에 있던 '보현원'에서 문신들을 죽이고 개경으로 돌아가 또 많은 문신을 죽인 뒤 정권을 장악했어요. 무신 정권의 전기에는 여러 장군이 권력을 쥐기 위해 싸웠어요. 그러다 최충헌이 권력을 잡은 뒤로는 최씨 가문이 4대에 걸쳐 60여 년간 고려를 지배했지요. 왕은 허수아비나 마찬가지였고, 나라의 질서가 무너져 백성들의 삶은 힘들어졌어요. 무신 정권은 몽골의 침입에 고려가 패배하면서 함께 사라졌어요.

무신 정권의 변천과 권력 기구

중방				교정도감	교정도감 · 정방					
이의방	정중부	경대승	이의민	최충헌	최우	최항	최의	김준	임연	임유무
1170	1179	1183	1196	1219		1249	1257	1258	1268	1270

한국사 속 무신 정변들

민주주의 국가인 대한민국에도 무신 정변이라고 할 수 있는 군인들의 군사 반란이 있었다. 민주주의가 크게 훼손된 아픈 역사다.

- **5·16 군사 정변(1961)** 육군 소장 박정희와 그를 따르는 군부 세력이 일으킨 군사 반란이었다. 그 결과 박정희 정부가 등장했다.
- **12·12 군사 정변(1979)** 국군 보안 사령관이었던 전두환 소장과 그를 따른 신군부가 주도한 군사 반란이었다. 그 결과 전두환 정부가 등장했다.

| 망이·망소이의 난 | 김사미·효심의 난 | 만적의 난 |
| 1176 | 1193 | 1198 |

노비 만적은 왜 반란을 일으켰나요?

30초 해결사

1198년, 고려 신종 때의 노비 만적은 동료들과 함께 반란을 일으켰어요. 이를 '만적의 난'이라고 해요. 만적이 난을 일으켰던 시기는 무신들이 정권을 잡으면서 사회가 혼란해지고 엄격했던 신분 질서가 무너져 가던 때였어요. 노비의 열악한 처지를 바꾸고자 했던 만적의 시도는 비록 실패로 돌아갔지만, 의미 있는 시도였지요.

• 왕후장상王侯將相: 왕, 제후, 장군, 재상 등 높은 사람들을 뜻하는 한자어예요.

#만적의 난 #신분 해방 운동

"왕과 제후, 장군과 재상이 어찌 타고난 씨가 있겠소? 우리들이라고 어찌 뼈 빠지게 일만 하며 채찍 아래 고통만 당하겠소? … 이 땅에서 천민을 없애자!"

1197년 무신 정변 이후 무인들이 권력을 잡으면서 굳건했던 고려 사회의 질서가 흔들렸어요. 무신 정변에 참여했던 천민 출신의 인물이 관직에 오르고 출세하는 등, 문벌 귀족 중심의 사회 질서가 무너지는 것을 많은 사람이 목격했어요. 만적은 당시 최고 권력자였던 무신 최충헌의 노비였어요. 여러 노비를 모아 신분 해방을 위한 반란을 계획하며 위와 같이 외쳤지요. 그러나 순정이라는 노비가 주인에게 계획을 털어놓으며 반란은 실패로 돌아갔고, 만적을 비롯하여 반란을 꾸미던 노비 100여 명이 체포되고 죽임을 당했어요. 비록 실패로 끝났지만, 만적의 난은 무신 집권기에 일어난 여러 신분 해방 운동 중 가장 대표적인 사건으로 꼽혀요.

만적의 난이 성공했다면 고려 사회는 어떻게 변했을까요? 만적이 꿈꾸었던 세상은 어떤 모습이었을까요?

세계사 속에서 평등을 외치며 일어난 반란들

스파르타쿠스(로마 제국) 기원전 73~71년, 로마의 노예 검투사 스파르타쿠스는 70명의 동료 검투사들과 함께 반란을 일으켰다. 노예 제도에 반대하며 저항했으나, 결국은 진압당하고 처형되었다.

진승과 오광(진나라) 기원전 209년, 진나라의 농부 진승과 오광은 동료들과 함께 '어양'이라는 장소로 일을 하러 가라는 명령을 받았으나 큰 비가 내려 제때 갈 수 없었다. 진나라 법에 따르면 제때 도착하지 못할 경우 이유를 불문하고 사형을 받게 되어 있었다. 이에 반발한 진승과 오광은 동료들과 함께 반란을 일으켰다. 비록 반란은 실패했지만 진나라가 멸망하는 계기가 되었다.

『삼국사기』 편찬	『상정고금예문』 인쇄	팔만대장경을 목판에 새김	『삼국유사』 편찬
1145	1234	1236	1281

일연 스님은 『삼국유사』에 왜 단군 신화를 기록했을까요?

30초 해결사

『삼국유사』가 편찬될 무렵인 13세기에는 고려와 몽골 제국의 전쟁이 한창이었어요. 『삼국유사』를 지은 일연 스님은 단군 신화가 오랜 전쟁으로 고통받던 고려 사람들에게 힘이 될 것이라고 믿었어요. '우리는 모두 단군왕검의 후손이다'라는 생각이 사람들을 단결하게 만들 것이라고 생각했지요.

- 고려-몽골 전쟁(1231~1257): 13세기, 전 세계에 세력을 떨치던 몽골 제국이 고려를 침략했어요. 고려는 몽골의 침략에 맞서 30여 년간 저항했지만, 결국 고종이 항복하면서 전쟁은 몽골의 승리로 끝났어요. 이후 약 100여 년간 원나라의 부마국이 되어 여러 간섭을 받게 되는데, 이 시기를 '원 간섭기'라고 해요.

#삼국유사 #단군 신화 #일연

사회 5-2 | 1단원 2장 | **독창적 문화를 발전시킨 고려**

"너희가 이것을 먹되, 100일 동안 햇빛을 보지 않으면 사람의 형상을 얻으리라."

많이 들어 본 말이지요? 단군 신화의 내용이랍니다. 단군 신화를 최초로 기록한 역사책은 『삼국유사』예요.

『삼국유사』는 김부식의 『삼국사기』와 함께 고려 시대에 집필된 대표적인 역사책이에요. 『삼국사기』에 담기지 못하고 남은 이야기(유사: 남을 유遺, 일 사事)라는 뜻의 제목이지요. 김부식이 초자연적이고 신비한 이야기는 역사가 아니라고 여겨 『삼국사기』에 기록하지 않은 것과 달리, 『삼국유사』에는 전해져 오는 신화, 전설, 민담 등이 풍부하게 기록되어 있어요. 그중 가장 유명한 기록이 '단군 신화'예요. 일연은 단군 신화가 우리 민족의 정신을 담고 있는 소중한 이야기라고 생각했던 것이지요.

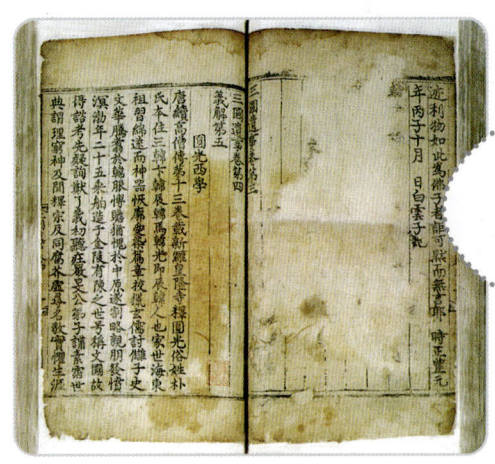

『삼국유사』 송은본

일연 스님은 민담이나 전설도 기록할 가치가 있다고 여겼단다. 우리 선조들이 느꼈던 감정들과 생각을 생생하게 접할 수 있는 이야기들이지.

그러니까 『삼국유사』에는 재미있는 이야기가 많이 있단 말이죠? 그럼 한번 읽어 볼까요?

개념연결 단군을 모시는 종교, 대종교

몽골 제국의 침략에 시달리던 고려 말, 일연 스님은 단군 신화를 통해 우리 민족이 한 뿌리에서 나온 자손임을 상기시키고 마음을 모으고자 했다. 나라를 빼앗겼던 일제 강점기 때도 비슷한 시도가 있었다.

일제 강점기의 독립운동가 나철(1863~1916)은 1909년 단군왕검을 모시는 '대종교'를 창시했다. 일본 제국주의에 맞서 나라를 되찾고 사람들의 마음을 모으기 위해서였다. 청산리 대첩을 이끈 김좌진 장군을 비롯해 만주에서 활동한 독립군들 상당수가 대종교를 믿었다.

몽골의 1차 침입	처인성 전투	팔만대장경 조판 (~1251)	개경 환도, 삼별초 항쟁
1231	1232	1236	1270

팔만대장경은 정말 8만 자나 되나요?

30초 해결사

팔만대장경의 '8만'이라는 수는 이 대장경을 새긴 목판의 개수를 의미해요. 약 8만여 개의 목판에 불교 경전을 새겨 만든 팔만대장경은 부처님의 힘으로 나라를 지키겠다는 고려 사람들의 마음을 담고 있어요. 고려 시대에 만들어졌기 때문에 '고려 대장경판'이라고도 불러요. 지금은 경상남도 합천군 가야면 해인사 장경판전에 보관되어 있지요.

• 대장경: 불교 경전을 집대성한 것을 말해요.

#팔만대장경　#불교　#해인사 장경판전　#몽골의 침입　#유네스코 세계 문화유산

나무로 만든 판이 어떻게 아직도 썩지 않았을까요?

해인사 장경판전은 자연환경을 잘 활용하여 과학적으로 지어졌단다. 그 덕분에 나무로 만들어진 판도 잘 보관되어 있지.

해인사 장경판전(경상남도 합천군 가야면 소재)

팔만대장경이 제작되었던 13세기에 고려는 몽골의 침입으로 위기에 처해 있었어요. 부처님의 힘으로 나라를 지키고자 하는 마음에서 팔만대장경이 제작되었어요. 큰 전쟁을 앞두고 민심을 하나로 모으려는 의도도 담겨 있었어요. 8만여 개의 경전에 새겨진 수천만 개의 글자는 하나같이 새김이 고르고 모양도 비슷해요. 이는 대단히 어려운 작업이에요. 작업에 참여한 수많은 기술자 모두가 그만큼 마음과 정성을 기울였다는 것을 보여 주지요.

 과학적으로 만들어진 해인사 장경판전

해인사 장경판전은 팔만대장경을 보관하기 위해 조선 초기에 세운 목조 건물이다. 대장경은 13세기에 만들어졌지만, 대장경을 오랫동안 보관하기 위해 설계된 장경판전이 해인사에 세워진 것은 15세기 조선 시대 때였다.

장경판전은 가야산에 부는 바람을 자연 환기에 활용하여 나무로 만든 대장경을 오래 보관할 수 있게 설계되었다. 건물 앞면과 뒷면에 각각 바람이 통하는 창문이 위아래 모두 설치되어 있다. 창문은 위치에 따라 크기가 다른데, 이는 습기가 많은 바람이 적게 들어오고 빨리 나가도록 설계된 것이다. 또 바닥에는 숯과 횟가루, 소금, 모래, 찰흙을 차례로 다져 넣어 습도가 조절되도록 했다. 장경판전은 1995년 유네스코 세계 문화유산으로 지정되었다.

몽골의 1차 침입	처인성 전투	개경 환도, 삼별초 항쟁
1231	1232	1270

고려는 어떻게 몽골과 30여 년이나 싸웠을까요?

저기 좀 보세요! 원나라 군사가 저렇게 많은데, 어떻게 30년 넘게 버텼을까요?

평범한 백성들이 헌신적으로 나라를 위해 싸웠기 때문이지.

30초 해결사

고려는 군인뿐만 아니라 평범한 농민들과 천민들이 힘을 합쳐 나라를 위해 싸운 덕분에 몽골군의 공세에도 30여 년이라는 긴 시간 동안 버틸 수 있었어요. 그중에서도 처인성 전투는 큰 영토와 힘을 가지고 있던 몽골 제국을 상대로 승리를 거둔 대표적인 사례예요.

- 처인성 전투: 김윤후 장군과 그를 따르던 의병들이 1232년 처인성(경기도 용인)에서 몽골군의 침입에 맞서 싸워 승리한 전투예요.

#몽골의 침입 #처인성 전투 #강화 천도 #삼별초

> "고려는 예전에 당나라 황제 태종이 친히 정벌했을 때도 항복시키지 못한 나라가 아닌가."
>
> "지금 넓은 하늘 아래 신하로 복종하지 않은 나라는 고려와 송나라뿐인데…. 이제 송나라도… 멸망 직전이다. 마침내 고려도 (몽골에) 항복을 청하니…"

훗날 중국을 정복하고 원나라를 세워 황제 자리에 오른 몽골 제국 쿠빌라이 칸의 말입니다. 80개 국가를 지배한 몽골 제국에게도 고려는 만만한 나라가 아니었음을 보여 주지요.

1231년부터 1259년까지, 몽골은 고려를 일곱 번에 걸쳐 공격했어요. 고려가 당시 세계 최강의 군대라 일컬어졌던 몽골군을 상대로 30여 년간 싸울 수 있었던 것은 평범한 백성들이 자발적으로 나서 싸웠기 때문이에요. 김윤후 장군이 이끌었던 처인성 전투가 그 대표적인 사례입니다. 처인성 전투에서 공을 세운 것은 천민들이 모여 살던 마을인 처인 부곡의 사람들이었어요. 이들은 온갖 차별 대우를 받아 왔지만, 조국을 지키기 위해 열심히 싸웠어요.

당시 고려를 장악하고 있던 무신 정권은 몽골군의 침입에 대항하여 방어하기 쉽고 물류를 운송하기 쉬운 강화도로 수도를 옮겼어요. 이 사건을 '강화 천도'라고 해요. 육지에 남아 있던 많은 백성이 포로로 끌려가고, 황룡사 9층 목탑과 같이 귀한 문화재들이 훼손되는 등 전쟁이 길어지면서 육지의 피해는 갈수록 커졌어요. 이에 원종은 1270년 몽골에 항복하고 다시 수도를 개경으로 옮겼어요. 이를 '개경 환도'라고 불러요. '삼별초'라 불리는 일부 군인들은 이에 반발해 강화도, 진도, 탐라(지금의 제주)로 이동하면서 마지막까지 맞서 싸웠으나, 결국 진압당하고 말았어요.

개념연결 몽골 제국은 얼마나 넓었을까?

13세기 무렵, 칭기즈 칸의 지휘 아래 몽골 제국은 막강한 힘과 넓은 영토를 가진 대제국으로 거듭났다. 동아시아를 넘어 러시아 일부 지역까지도 몽골 제국의 지배권 아래에 있었다. 몽골 제국은 그 자체로 '세계'나 마찬가지였다.

개경 환도	원, 고려에 정동행성 설치	공민왕 즉위
1270	1280	1351

충선왕, 충목왕, 충렬왕, … 왜 고려 후기의 왕들은 '충' 자를 썼을까요?

30초 해결사

고려 후기 왕 이름에 들어 있는 충忠 자는 '고려의 왕은 원에게 충성하겠다'는 의미로 사용되었던 한자예요. 당시 고려를 지배하고 있던 원나라가 강요했던 것이지요. 고려의 왕 고종이 몽골과 강화를 맺은 이후 약 100여 년 동안을 '원 간섭기(1259~1356)'라고 불러요. 원나라는 이 시기에 왕위에 오른 임금의 시호에 충忠 자를 넣도록 강제했어요. 또 고려의 왕들은 반드시 원나라 황실의 공주와 결혼해야 했지요. 그래서 이때의 고려를 원나라의 부마국이라고 부르기도 했어요.

#원 간섭기 #원나라 #몽골풍 #고려양

13세기, 몽골족은 칭기즈 칸의 정복 전쟁을 통해 몽골 제국을 세우고 세계 역사에 큰 흔적을 남겼어요. 칭기즈 칸의 손자인 쿠빌라이 칸은 중국을 완전히 정복한 후 몽골 제국의 수도를 중국 대도(지금의 베이징)로 옮겼지요. 이 나라가 원元나라예요.

몽골족이 정복한 세계 여러 지역 중에는 한반도도 있었어요. 고려는 몽골과 30년 동안 전쟁을 지속하면서 끈질기게 저항했지만 결국 항복했지요. 원나라는 고려를 자신의 영향력 아래 두고 간섭했지만, 원나라의 영토로 흡수하려 들지는 않았어요. 몽골족이 정복한 영토를 대부분 직접 지배했던 것에 비추어 보면 특별한 경우였지요. 원나라를 세운 쿠빌라이 칸과 긴밀한 외교를 이어 나갔던 고려 정부의 노력, 그리고 30여 년간의 저항 등으로 인해 가능했던 것으로 보여요.

공민왕, 「천산대렵도(天山大獵圖)」
(국립중앙박물관 소장)

- 고려의 공민왕이 그린 「천산대렵도」라는 그림이야.
- 그림 속 사람의 머리 모양이 이상한데?!
- 몽골인들이 즐겨 하던 변발이라는 머리야. 원 간섭기가 길어지면서 고려인 중에도 변발을 하는 이들이 늘어났단다.

몽골풍과 고려양

원 간섭기 동안 고려와 원나라는 자연스럽게 영향을 주고받았다. 몽골 사람들이 즐겨 먹는 만두, 혼례식 때 신부가 쓰는 족두리, 증류 기법으로 만든 소주 등이 고려에 소개되어 자연스럽게 전파되었다. 또 장사치, 벼슬아치, 수라(임금의 음식) 등의 언어도 몽골에서 유래했다. 이렇듯 고려에 전해진 몽골의 생활 양식을 '몽골풍'이라고 부른다. 한편 고려의 문화도 원에 전해졌다. 고려 음식의 다양한 조리 방법이 원나라에 소개되었고, 채소로 쌈을 싸 먹는 것이 유행하기도 했다. 또 고려청자와 음악 등이 전해졌다. 원나라에 전해진 고려의 생활 양식은 '고려양'이라고 불렸다.

원, 고려에 정동행성 설치	공민왕 즉위	쌍성총관부 폐지	공민왕, 전민변정도감 설치
1280	1351	1356	1366

공민왕은 왜 반원 자주 정책을 펼쳤어요?

30초 해결사

고려 후기, 원나라의 침략으로 여러 가지 간섭을 받게 된 시기를 '원 간섭기'라고 해요. 국정 간섭은 물론, 원나라의 힘을 등에 업은 권문세족이 권세를 부려 아주 혼란한 시기였지요. 공민왕은 원나라의 간섭으로부터 자유로워지기 위해 여러 가지 개혁을 주도했어요. 이것을 '반원 자주 정책'이라고 불러요. '원나라에 반하여 자주적인 나라가 되고자 하는 정책'이에요.

• 권문세족權門世族: 원 간섭기에 세력을 떨치던 고려의 지배 계층이에요.

#공민왕 #반원 자주 정책 #권문세족 #신돈 #쌍성총관부

공민왕은 왕으로 즉위하는 날 변발(몽골족 전통의 머리 모양)을 풀고 고려의 머리 모양을 한 채 신하들 앞에 나타났어요. 변발을 비롯하여 원나라에 의해 강요된 여러 풍습을 폐지하겠다는 뜻을 나타내는 동시에, 앞으로의 정책 방향을 보여 주는 상징적인 행위였지요.

공민왕이 가장 먼저 시도한 일은 친원파 신하들을 몰아내는 것이었어요. 당시 고려에서는 원나라 기황후의 동생인 기철을 중심으로 한 권문세족들이 권력을 쥐고 있었어요. 공민왕은 이들을 쫓아내고, 원나라에서 고려를 간섭하기 위해 만든 정동행성 등의 정치 기구를 폐지했지요.

원나라는 고려의 영토였던 오늘날 함경남도 지역 일부를 점령하고 쌍성총관부라는 기관을 설치했는데, 이 기관을 통해 고려를 감시하고 압박했어요. 차근차근 내부의 친원파를 몰아낸 공민왕은 마침내 쌍성총관부를 공격하고 영토를 되찾는 데 성공해요. 비록 권문세족의 강력한 반발로 개혁은 중단되었지만, 공민왕의 반원 자주 정책은 여러 가지 의미 있는 성과를 거두었어요.

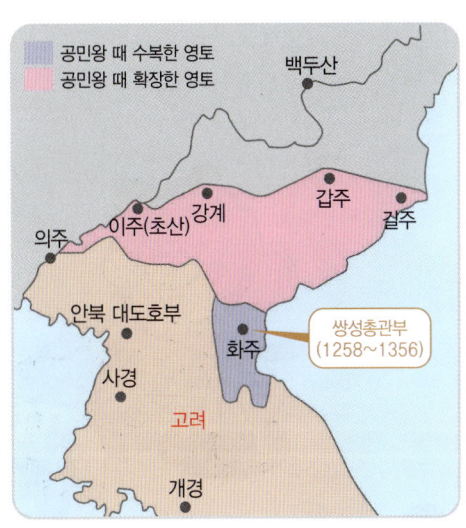

▲ 공민왕 때의 쌍성총관부 회복과 영토 확장

개념연결 고려를 개혁하고자 노력한 신돈

신돈(?~1371)은 노비의 아들로 태어나 어린 나이에 승려가 되었다. 비록 신분은 낮지만 총명한 신돈을 눈여겨본 공민왕은 그를 등용하여 개혁의 중추로 삼았다. 신돈은 권문세족이 부당하게 빼앗은 토지를 백성들에게 되돌려 주고, 노비가 된 백성들을 양인으로 풀어 주는 등 거침없이 개혁을 진행했다. 신돈의 개혁은 백성들에게 큰 환영을 받았지만, 권문세족은 그를 눈엣가시로 여겼다. 신돈은 결국 왕의 자리를 노린다는 모함을 뒤집어쓰고 처형당한다. 이 사건으로 공민왕이 추진하던 개혁 역시 멈춰 서게 되었다.

『상정고금예문』 인쇄	『직지심체요절』 인쇄
1234	1377

금속 활자로 인쇄한 책 중 세계에서 가장 오래된 것이 무엇인가요?

30초 해결사

금속 활자로 인쇄된 책 중 세계에서 가장 오래된 것은 『직지심체요절』이에요. 줄여서 '직지'라고 부르기도 하지요. 이전까지 금속 활자는 서양에서 발명한 것으로 알려져 있었는데, 직지가 발견된 후 우리나라 금속 활자 기술이 서양보다 앞섰다는 것이 확인되었지요. 직지는 현재 프랑스 국립 도서관에서 보관하고 있어요.

- 『직지심체요절』: 고려 후기, 백운 화상이라는 스님이 지은 책이에요. 부처님과 여러 이름 난 스님들의 말씀 중 중요한 부분을 뽑아 기록했어요. 당시 스님들은 이 책을 보면서 공부를 했답니다.

#직지심체요절 #금속 활자

『직지심체요절』은 불교의 경전을 풀이한 책으로, 이 책의 하권에 "1377년, 충청북도 청주에 위치한 절인 흥덕사에서 인쇄되었다"는 기록이 남아 있어요. 『직지심체요절』이 현재 전해지는 금속 활자로 인쇄된 책 중에서 가장 오래된 것이라는 증거예요. 유럽에서 가장 먼저 금속 인쇄술로 만들었다고 전해지는 『구텐베르크 성서』보다 최소 78년은 앞선 기록이에요. 오늘날 충북 청주시 흥덕사 터에는 청주 고인쇄 박물관이 건립되어 있어요. 금속 활자 등 우리나라의 인쇄 문화를 살펴볼 수 있는 박물관이랍니다.

『직지심체요절』은 1800년대 말경 프랑스 공사 콜랭 드 플랑시에 의해 프랑스로 옮겨졌어요. 『직지심체요절』이 기록물로서 가치가 뛰어나다고 생각했던 것이에요. 그리고 1900년에 개최된 프랑스 파리 만국 박람회에서 이 책을 공개했지요. 지금은 프랑스 국립 도서관에 보관되어 있어요.

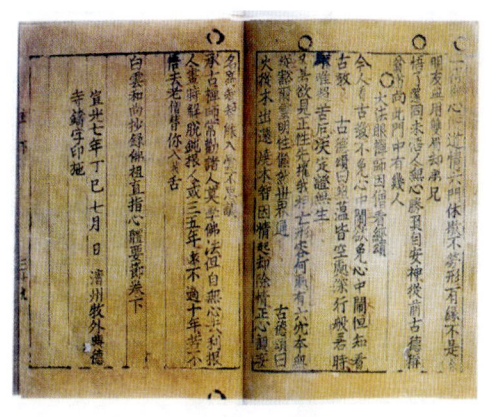

『직지심체요절』(프랑스 국립 도서관 소장)

> 잠깐, 프랑스에 있는 것이 하(下)권이면 상(上)권도 어딘가 있겠네요?

> 처음 만들 때는 그랬겠지? 하지만 지금은 하권만 프랑스에 보관되어 있단다.

개념연결 금속 활판 인쇄술을 만든 구텐베르크

독일의 구텐베르크(1398~1468)는 금속 활판 인쇄술을 개발해서 유럽 전역에 전파한 인물이다. 책은 원래 적은 수량만 생산하여 비싼 값으로 거래되던 물품이었는데 이로써 책의 값이 크게 저렴해졌다. 성경이 대량으로 인쇄되었고 이전보다 훨씬 많은 사람이 성경을 직접 접할 수 있게 되었다. 이러한 영향은 종교 개혁의 불씨가 되기도 했다. 이처럼 구텐베르크의 인쇄술은 세상에 큰 변화를 가져왔다.

문익점
1329~1398

문익점은 왜 원나라에서 목화씨를 가져왔어요?

30초 해결사

문익점은 고려 후기에 살았던 사람이에요. 원나라에 사신으로 갔다가 목화씨를 우리나라에 처음으로 들여왔지요. 목화씨를 붓두껍 속에 혹은 상투 속에 숨겨서 들어왔다는 등 여러 가지 이야기가 있지만 확실하지는 않아요. 문익점과 가족들이 목화를 재배하여 널리 보급하기 위해 애쓴 끝에 많은 백성이 따뜻한 솜옷을 입고 겨울을 날 수 있게 되었답니다.

• 목화: 섬유 작물이에요. 열매가 익으면 그 속에서 나온 긴 솜털을 모아 솜을 만들 수 있어요.

#고려의 의복 #목화 #문익점 #물레

목화씨를 들여온 것도 큰 업적이지만, 무엇보다 중요한 문익점의 업적은 목화를 우리나라에서 재배할 수 있도록 생산 기술을 연구하고 보급한 것이에요. 문익점은 장인 정천익과 함께 목화에서 실을 뽑아 옷감 짜는 방법을 연구했어요. 수확한 목화솜에서 씨앗을 뽑아내는 도구 '씨아'와 실을 자아내는 도구 '물레'는 그렇게 탄생했어요.

목화에서 뽑은 실로 만든 옷감을 '무명' 혹은 '면포'라고 불러요. 당시 고려의 백성들이 주로 입던 옷은 '삼베'라는 직물로 만든 것이었는데, 촉감이 거칠고 보온 효과가 떨어졌어요. 보온성이 뛰어난 무명은 곧 백성들의 삶에 반드시 필요한 직물이 되었지요. 조선 시대에는 무명이 화폐의 기능을 하기도 했어요. 무명으로 물건을 교환하거나 세금을 낼 수 있었어요.

물레(성북선잠박물관 소장)

이 기구가 바로 '물레'야. 목화솜에서 실을 뽑는 기구지.

누에고치와 실크로드

면직물(무명)이 목화솜으로 만드는 것이라면, 견직물은 누에고치가 배출하는 실로 만드는 옷감이다. 비단이라고도 한다. 부드러운 촉감이 일품인 비단은 오랫동안 세계에서 사랑받았다. 비단을 주로 수출하던 곳은 중국이었는데, 비단은 중국을 거치고 넓은 중앙아시아 국가들을 지나 로마 등 유럽 대륙까지 뻗어 나갔다. 이 교역로를 실크로드(silkroad, 비단길)라고 부른다. 비단의 제작 기술은 기밀이었는데, '호탄'이라는 오아시스 국가로 시집간 중국 왕녀를 통해 중앙아시아는 물론 유럽까지 그 제작 기술이 전해지게 되었다. 중국 왕녀가 문익점과 같은 역할을 한 셈이다.

공민왕 즉위	조선 건국	한양 천도	제1차 왕자의 난
1351	1392	1394	1398

이방원과 정몽주는 왜 시조를 주고받았나요?

30초 해결사

정몽주의 시조 「단심가」에는 고려 말 충신 정몽주의 다짐과 의지가 담겨 있어요. 고려를 무너뜨리고 새로운 나라를 세우자고 설득하는 이방원에게 고려에 끝까지 충성하는 선비로 남겠다는 뜻을 담아 보낸 답이었지요.

이 몸이 죽고 죽어 일백 번 고쳐 죽어

백골이 진토되어 넋이라도 있고 없고

임 향한 일편단심이야 가실 줄이 있으랴

– 정몽주, 「단심가」

- 신진 사대부: 새롭게 등장한(신진) 유학자(사대부)라는 뜻으로, 고려 후기에 등장한 세력이에요.

#정몽주 #이방원 #단심가 #하여가 #신진 사대부

이한철, 「포은 정몽주 초상화」
(국립중앙박물관 소장)

신진 사대부는 고려 말 나라를 개혁하자는 의지 아래 모인 유학자들이었어요. 그러나 상황이 점점 더 혼란해지면서 고려 대신 새로운 나라를 세우자는 세력과 고려를 지키며 개혁하자는 세력으로 나뉘었어요. 새 나라를 세우자는 사람들을 '혁명파 사대부', 고려를 지키며 개혁하자는 사람들을 '개혁파 사대부'라고 부르기도 해요. 정몽주는 개혁파 사대부를 대표하는 인물이었어요.

새로운 나라를 세우자는 입장이었던 이방원은 정몽주를 설득하려고 노력했어요. 이방원은 큰 권력을 쥐고 있을 뿐만 아니라 새로운 나라를 세워 왕이 되고자 했던 이성계의 아들이었어요. 이방원이 정몽주에게 뜻을 함께하자는 의미로 시조 「하여가」를 지어 읊자, 숨은 의미를 알아챈 정몽주는 「단심가」를 답으로 읊어 굳은 마음을 전했어요. 정몽주의 뜻을 돌리기 어렵다고 판단한 이방원은 사람을 보내 정몽주를 선죽교에서 암살하지요. 정몽주의 죽음과 함께 고려도 멸망의 길을 걷게 되었어요.

새로운 세상을 만든 신진 사대부

고려 후기에는 유교적 지식을 갖춘 신진 사대부가 공민왕의 개혁에 힘입어 본격적인 정치 세력으로 성장했다. 이들은 대부분 지방의 향리나 하급 관리의 자제들로, 주로 과거를 통해 정치에 참여하면서 성리학을 이정표 삼아 고려 사회의 여러 문제를 해결하고자 했다. 원나라를 등에 업은 권문세족은 공민왕의 개혁 정치를 막고 횡포를 부리기 일쑤였는데, 신진 사대부는 이들에 맞서 고려 사회를 바꾸어 나가고자 노력했다. 고려의 장군이었던 이성계와 힘을 모아 고려를 무너뜨리고 조선을 세운 핵심 세력이기도 하다.

역사 토론

정몽주와 정도전, 여러분의 선택은?

고려를 개혁해 지키자는 정몽주

고려를 바로 세우도록 개혁하고 끝까지 지켜야지!

> 우리는 충과 효를 중시하는 성리학자들이오. 그런데 나라와 왕에 대한 의리를 저버리고 새 나라를 세우자는 말이오? 충신이라면 고려가 바로 서도록 개혁하는 데 힘써서 이 나라를 끝까지 지켜야 하지 않겠소. 새 나라를 세우자는 그대들은 권력 욕심에 가득 찬 것이 분명하오!

정도전과 정몽주는 고려의 신진 사대부를 대표하는 인물이다. 같은 스승에게 성리학을 배운 두 사람은 중국에 명이 들어서자 명과 외교 관계를 맺어야 한다고 주장했다. 반원 정책을 펼치던 공민왕이 목숨을 잃자 권문세족의 친원 정책에 반대하다 귀양을 가기도 했다. 정도전과 정몽주 모두 권문세족의 횡포로 부패한 고려 사회를 개혁해야 한다는 필요성을 느끼고 있었으나 각각 지지하는 방향이 달랐다.

새 나라 조선을 건국하자는 정도전

새 나라 조선을 건국해야 해!

> 새 나라를 세우는 것이 꼭 의리를 저버리는 것은 아니오. 백성들의 지지를 받지 못하는 나라와 임금은 이미 그 자격을 잃었소. 고려는 이미 썩을 만큼 썩었소이다. 고통스러워하는 백성들의 모습이 보이지 않소? 새로운 설계로 좋은 나라를 세우는 것이야말로 옳은 길이오.

기록의 나라, 전통을 만들다

조선

한글을 만든 임금 세종 대왕의 나라,
바다를 누비며 나라를 지킨 이순신 장군의 나라,
예술가이자 훌륭한 교육자였던 신사임당의 나라.
문화를 빛내고 역사의 든든한 뿌리가 되어 준
조선의 역사로 들어가 보자!

- 1392 조선 건국 
- 1434 앙부일구 제작 
- 1446 훈민정음 반포
- 1485 『경국대전』 완성 
- 1592 임진왜란 
- 1636 병자호란
- 1708 대동법 전국 실시 
- 1725 탕평책 실시 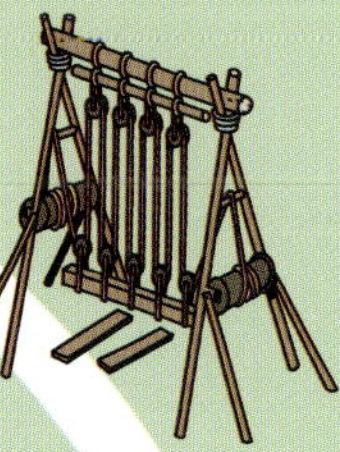
- 1796 수원 화성 완성
- 1811 홍경래의 난

위화도 회군	과전법 실시	조선 건국	한양 천도	『경국대전』 완성
1388	1391	1392	1394	1485

조선은 왜 고조선과 이름이 비슷한가요?

30초 해결사

우리가 '고조선'이라고 부르는 나라의 이름은 원래 '조선'이었어요. 후대 사람들이 뒤에 생긴 조선과 구분하기 위해 '옛 고古'를 붙여 부른 것이지요. 조선을 건국한 왕, 태조 이성계는 고조선의 역사와 전통을 잇겠다는 의지를 담아 나라 이름을 조선이라고 지었어요.

- **화령**: 태조와 신하들은 새로운 나라의 이름으로 '조선'과 '화령'을 두고 고민했어요. 화령은 이성계의 고향이었어요. 이때 명나라가 권유하여 조선으로 최종 결정하게 되었답니다.

#조선 건국   #이성계   #위화도 회군

1388년, 명나라는 고려에게 철령 이북의 땅을 넘겨 달라는 무리한 요구를 해 왔어요. 이에 크게 반발한 고려의 우왕과 최영 장군은 요동 지역을 공격하려 했지요. 처음부터 요동 정벌을 반대했던 이성계는 진군 도중 큰비가 내리고 군사가 도망치는 등 상황이 나빠지자 다시 요동 정벌에 반대해요. 하지만 우왕과 최영 장군이 받아들이지 않자 군대를 이끌고 되돌아가기로 결정하지요. 이 사건을 '위화도 회군'이라고 불러요. 군대를 이끌고 고려의 수도 개경으로 돌아온 이성계는 최영 장군을 유배시키고 우왕을 폐위한 다음 정권을 잡는 데 성공했어요.

이성계와 신진 사대부는 고려의 지배 세력인 권문세족이 불법으로 갖고 있던 땅을 도로 빼앗고 억울하게 노비가 된 사람들을 풀어 주었어요. 민심을 얻고 제도를 정비하면서 새로운 나라를 세울 기틀을 닦은 것이지요. 정몽주를 비롯해 새로운 나라를 세우는 것을 반대하던 세력들을 제거한 후, 이성계는 새 나라 조선을 세우고 왕위에 올라요.

> 태조 이성계의 어진이야! 전라북도 전주에 있는 '경기전'이라는 건물에 있대.

> '어진'이란 임금의 초상화를 말해.

> 조선의 어진들은 6·25 전쟁 때 제대로 보관하지 못한 탓에 모두 훼손되거나 없어졌어. 지금은 태조, 영조, 철종의 것만 남아 있단다. 안타까운 일이지.

조선 태조 어진(1872, 어진박물관 소장)

태조 이성계의 어진을 통해 알아보는 왕의 상징

태조 이성계의 어진을 자세히 보면 조선 시대 왕의 상징들을 발견할 수 있다. 태조가 입고 있는 옷은 왕의 의복인 곤룡포다. 금색 실로 가슴과 양쪽 어깨에 새겨 넣은 용의 무늬가 특징이다. 왕을 상징하는 용이 새겨져 있어 '용포'라고도 부른다. 태조가 쓰고 있는 모자는 익선관이다. 매미 날개 모양의 모자라고 해서 '날개 익翼'에 '매미 선蟬', '모자 관冠'을 쓴다. 옛사람들은 매미가 곡식을 욕심내지 않는 청렴하고 욕심 없는 곤충이라고 생각했다. 그래서 매미처럼 청렴하고 늘 백성을 위하는 왕이 되기를 바라는 마음을 담아 익선관을 만들었다.

공민왕 즉위	조선 건국	한양 천도	제1차 왕자의 난
1351	1392	1394	1398

경복궁이나 광화문 같은 이름은 누가 지었어요?

30초 해결사

정도전은 태조 이성계를 도와 새로운 나라 조선을 세우는 데 큰 공을 세운 정치가였어요. 개국 공신이었지요. 조선의 운영 철학부터 세부적인 질서를 세우는 데 큰 영향을 미쳤어요. 역사학자들은 정도전을 '조선의 설계자'라고 부르기도 해요.

• 개국 공신: 왕을 도와 나라를 세우는 데 공이 컸던 사람을 뜻해요.

#정도전　#조선 건국　#신진 사대부　#성리학　#유교　#조선경국전　#경복궁

"훌륭하십니다, 이성계 장군. 이런 군대면 무슨 일을 못 하겠습니까?"

고려의 장군 이성계의 막사에 찾아온 정도전이 한 말이었어요. 조선을 건국한 태조 이성계와 조선의 설계자 정도전의 강렬한 첫 만남이었지요.

정도전은 고려 후기를 대표하는 신진 사대부로, 성리학을 깊이 공부하며 개혁을 꿈꾼 유학자였어요. 당시 고려는 홍건적과 왜구의 침입, 지배 계층인 귀족들의 부패로 무척 혼란스러운 상황이었어요. 정도전은 세상을 바꾸려면 부패한 고려를 없애고 새로운 나라를 세워야 한다고 생각했어요. 정도전은 이성계를 찾아갔고, 이성계가 권력을 잡고 조선을 건국하는 데 힘을 보탰어요.

정도전을 비롯하여 조선의 건국을 도왔던 신진 사대부들은 성리학의 원리에 기초하여 나라를 운영해야 한다고 믿었어요. 정도전은 고려에서 중시하던 불교의 사회적 폐단을 비판하고, 새 나라 조선의 기틀을 닦을 유교적 규범을 정리해 『조선경국전』을 집필했어요. 군사 제도와 관리들의 직책부터 각 관청의 위치와 이름, 궁궐의 이름을 정하는 데까지, 조선을 설계하는 과정에 정도전의 손길이 닿지 않은 구석이 없었답니다.

경복궁이 조선 최초로 지어진 정식 궁궐이래!

경복궁의 경복(景福)은 복을 많이 받으라는 뜻이란다. 유교 경전에 나와 있는 표현에서 따온 것이지.

경복궁 근정전

유교 경전에서 따온 건물 이름들

경복궁은 아주 큰 궁으로, 경복궁 안에도 여러 건물이 있다. 정도전은 이 건물들의 이름을 유교 경전에서 따와 지었다. 근정전의 '근정勤政'은 '부지런하게 정치하라'는 뜻이다. 근정전은 왕이 업무를 보는 건물이었다. 사정전의 '사정思政'은 '생각하고 정치를 하라'는 뜻이다. 사정전은 왕이 신하들과 논의를 하는 장소로 사용되었다. 강녕전의 '강녕康寧'은 '오복을 누리며 평안하다'는 뜻이다. 강녕전은 왕의 침실로 사용되었다. 이처럼 정도전은 건물의 사용처에 맞는 말을 유교 경전에서 뽑아 조선의 앞날을 축복하고자 했다.

숭례문 완성 1398　숭례문 개축 1447　숭례문 국보 제1호 지정 1962

남대문은 알겠는데, 숭례문은 어디 있는 문이에요?

30초 해결사

조선의 수도인 한양의 남쪽에 있는 문을 숭례문이라고 했어요. 남대문은 숭례문을 생활 속에서 편하게 부르는 이름이에요. 동대문의 원래 이름은 흥인지문興仁之門, 서대문의 원래 이름은 돈의문敦義門, 북대문의 원래 이름은 숙정문肅靖門이랍니다.

• 숭례崇禮: 예를 숭상한다는 뜻이에요.

#숭례문　#흥인지문　#돈의문　#숙정문　#유교

한양은 유교 이념을 충실하게 반영해서 만든 도성이었어요. 도성으로 들어가는 출입문에는 유교 이념에 따라 흥인지문(동쪽), 돈의문(서쪽), 숭례문(남쪽), 숙정문(북쪽)이라는 이름을 붙였어요. 경복궁의 오른쪽에는 토지의 신과 곡식의 신에게 제사를 지내는 사직단을, 왼쪽에는 역대 왕과 왕비의 신주를 모시는 종묘를 세웠지요.

가장 많이 알려진 문은 국보 제1호인 숭례문이에요. 2008년, 화재 사고가 나서 숭례문이 큰 손상을 입었는데, 2013년에 복구되었어요.

숭례문에 붙어 있는 현판은 양녕 대군이 썼다고 알려져 있는데, 다행히 화재 때 무사히 지켜 낼 수 있었어요. 이 현판은 가로로 붙어 있지 않고 세로로 붙어 있는데, 여기에는 이유가 있어요. 풍수지리에 따르면 관악산은 화마(불)와 같은 형상이라 큰 재난을 몰고 올 수 있다고 해요. 관악산의 기운을 땅 아래로 누르기 위해서 현판을 세로로 만든 것이지요.

세로로 붙어 있는 숭례문 현판

와, 한양이다! 수선(首善)은 한양이란 뜻이래.

대동여지도를 만든 김정호 선생님의 또 다른 지도야!

김정호, 「수선전도(首善全圖)」 (1825(추정), 국립중앙박물관 소장)

국보 제1호 숭례문, 가장 중요해서 제1호?

모든 문화재가 소중하지만, 보다 효율적으로 관리하기 위해 나라에서는 국보, 보물, 사적이라는 등급으로 문화재를 분류해 놓고 번호를 매긴다. 우리나라의 국보 제1호는 숭례문이고, 보물 제1호는 흥인지문이다. 이때 매겨진 번호는 문화재의 수준이나, 가치의 높고 낮음과는 아무런 관련이 없다. 일제 강점기 시대에 문화재를 분류하는 체계에서 유래한 것이므로 큰 의미가 없는 숫자다. 지금처럼 문화재에 번호를 매긴 것이 마치 등급을 나눈 것처럼 오해될 수 있다고 걱정하여, 표기 방법을 바꾸자고 주장하는 사람도 있다.

종묘, 사직단 완성
1395

조선의 신하들은 왜 맨날 똑같은 말을 하나요?

30초 해결사

종묘宗廟는 조선의 역대 임금과 왕비의 신위를 모신 사당이에요. 경복궁 동쪽에 있어요. 사직社稷은 토지의 신인 '사社'와 곡식의 신인 '직稷'에게 제사를 지내는 곳으로 경복궁 서쪽에 있어요.

국가의 중요한 일은 반드시 종묘에 먼저 고해야 했고, 천재지변이 일어나면 사직에서 의례를 행했지요. 그만큼 나라를 다스리는 데 중요한 역할을 했기 때문에 신하들은 왕이 잘못된 결정을 하려고 하거나 나라에 위기가 닥치면 "종묘사직을 보전하시옵소서!"라고 외친 것이랍니다.

- 신위: 나무패나 종이에 죽은 사람의 이름을 적어 모신 것이에요. 옛사람들은 죽은 사람의 혼이 신위에 머문다고 믿었어요.

#종묘 #사직 #유교 #종묘 제례악 #유네스코 세계 문화유산

조선 왕조에서 가장 중요하게 여긴 건물은 무엇이었을까요? 바로 '종묘'와 '사직'이었습니다. 종묘는 왕실을 상징하는 건물이고 사직은 조선이라는 국가의 번영을 상징하는 건물이었어요. 종묘와 사직을 지키는 것은 조선을 지키는 것이었지요. 조선 시대에는 음력 12월이 되면 길일을 잡아 종묘와 사직단에 제사를 지내며 한 해를 마무리하고, 나라의 크고 작은 일을 종묘와 사직에 고했어요.

종묘를 대표하는 건물인 정전正殿은 하나로 된 목조 건축물로는 우리나라에서 가장 길고, 비슷한 시기에 세워진 세계의 건축물 가운데 가장 규모가 커요. 건물의 정면이 길고 수평성이 강조되는 독창적인 모양이 돋보이지요. 종묘는 그 의미와 예술적인 가치를 인정받아 1995년 유네스코 세계 문화유산으로 지정되었어요.

종묘 제례 때 의식을 치르며 연주하는 기악과 노래, 춤을 종묘 제례악이라고 하는데, 종묘 제례와 함께 종묘 제례악도 2001년 유네스코 인류 무형 문화유산으로 뽑혔답니다.

종묘의 모습이야! 질서 있게 서 있는 기둥이 인상적이네.

사직은 제단이 있었기 때문에 사직단이라고도 부른대!

유교 원리로 세워진 도시, 한양

조선을 세운 태조는 수도를 한양으로 옮겼다. 조선은 유교 이념을 기틀로 삼아 세워진 나라이므로, 한양 도성에도 유교 이념이 충실히 반영되었다. 한양은 뒤에는 북악산이, 앞에는 남산이 있으며 한복판에는 청계천이 흐르는 명당이다. 북악산 앞에 경복궁을 짓고, 경복궁 동쪽에는 종묘를, 서쪽에는 사직단을 만든 것도 의도한 것이었다. 왕실의 번영을 위해서는 조상을 잘 모시고, 백성들의 생활을 우선적으로 생각해야 한다는 유교 원리가 담겨 있다.

세종 대왕은 성이 '세', 이름이 '종'인가요?

 **30초 해결사**

세종 대왕은 '세'씨가 아니에요. 흔히 우리가 부르는 왕의 이름은 왕이 죽은 다음에 붙여지는 이름이에요. 이것을 '묘호'라고 해요. 왕위에 있을 때는 특별한 이름 없이 임금님으로 불리고, 죽은 뒤 업적과 기록에 따라 묘호가 정해진답니다.

- 묘호 짓는 방법: 신하들이 지어서 바치는 식으로 정해졌어요. 'O종', 'O조'와 같은 형식으로 지어요.

#묘호

세종 대왕의 본명이 무엇인지 알고 있나요? 바로 '이도李祹'예요. '이도'는 왕자의 신분일 때는 '충녕 대군'이라고 불리다가, 승하한 다음에는 업적을 인정받아 '세종'이라는 이름을 갖게 되었어요. 조선 시대의 왕은 이렇게 다양한 이름을 가진답니다.

왕이 승하한 뒤 붙여지는 이름인 묘호는 '조祖'와 '종宗'으로 구분할 수 있어요. 보통 새로운 왕조를 열거나 나라를 다시 일으킨 업적을 세운 왕에게는 '조'를 붙이고, 덕으로 백성을 다스린 왕에게는 '종'을 붙였어요. 그래서 조선을 세운 왕에게 '태조', 덕으로 국민들을 다스린 업적이 드높은 왕에게 '세종'이라는 이름이 붙었어요.

조선의 다른 왕들의 이름도 살펴볼까요?

1대	2대	3대	4대	5대	6대	7대	8대	9대
태조	정종	태종	세종	문종	단종	세조	예종	성종
10대	11대	12대	13대	14대	15대	16대	17대	18대
연산군	중종	인종	명종	선조	광해군	인조	효종	현종
19대	20대	21대	22대	23대	24대	25대	26대	27대
숙종	경종	영조	정조	순조	헌종	철종	고종	순종

그런데 연산군과 광해군은 왜 묘호가 달라요?

왕의 역할을 끝까지 마치지 못하고 쫓겨나면 왕자 시절의 이름 그대로 '군'이 붙는단다. 조선 왕조 500년 역사에서 '군'은 단 두 명뿐이지.

 같은 묘호, 다른 임금

고려의 왕과 조선의 왕을 보면 묘호가 같은 왕이 있다.

고려			조선
이름: 왕건 고려를 건국함	태조	태조	이름: 이성계 조선을 건국함
이름: 왕치 고려의 제도를 정비함	성종 VS 성종		이름: 이혈 조선의 법전『경국대전』을 편찬함 제도를 정비함
이름: 왕순 거란의 침입을 막아 냄	현종	현종	이름: 이원 '예송 논쟁'을 겪음

왕이 되면 공부를 안 해도 되나요?

30초 해결사

조선 시대 왕의 하루는 무척 바빴어요. 나라를 다스리는 업무뿐만 아니라 공부도 계속해야 했지요. 유교 경전과 역사책을 읽고 신하들과 토론하는 자리인 경연에도 매일 참가해야 했어요. 조선은 유교를 기반으로 한 왕도 정치를 추구했기 때문에 왕의 공부가 무척 중요했어요.

- 왕도 정치: 유교에서는 마땅히 덕이 넘치고 학식이 풍부한 지혜로운 왕이야말로 어진 정치를 펼칠 수 있다고 생각했어요. 이것을 두고 왕도王道라고 불렀어요.

#왕의 하루 #경연 #왕도 정치 #유교

조선 시대 왕에게 공부란 어떤 의미였을까요? 조선 시대에 공부란 인격을 갈고닦고 지혜를 기르는 일이었어요. 왕은 인격과 지혜를 풍부하게 갖추어야 비로소 왕이 될 자격을 하늘로부터 받는다고 생각했지요. 왕위에 오르기 전은 물론, 왕이 된 후에도 공부를 게을리할 수 없었어요.

적어도 하루 세 번 이상 경연(經筵)에 참가해 신하들과 나랏일로 토론을 벌이고, 유교 경전을 공부하는 시간을 가졌어요. 경연을 통해 많은 정치 문제를 협의했지요.

그럼 왕의 하루 일과를 그림으로 살펴볼까요?

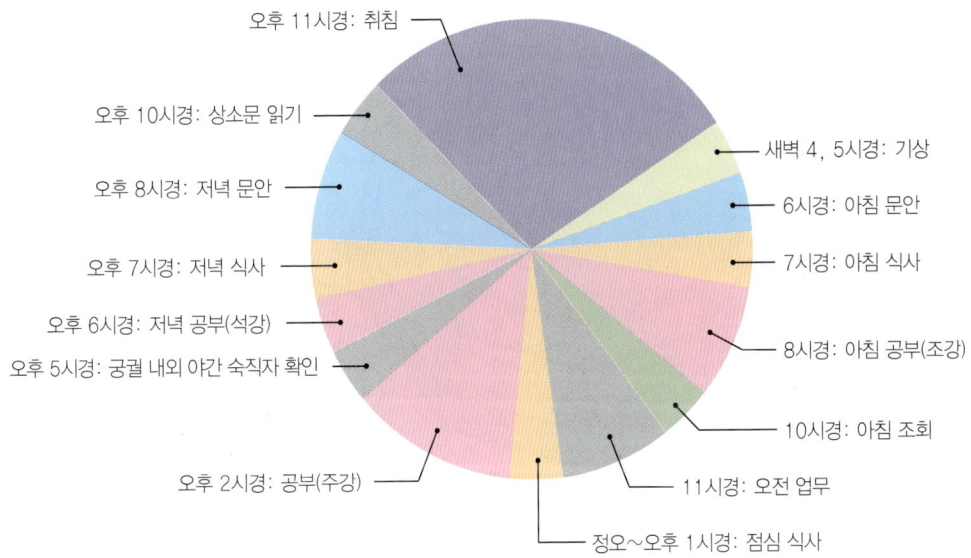

그림으로 보는 효명 세자의 입학식

조선의 왕세자는 『소학』과 『주자가례』를 배울 나이가 되면 성균관 문묘를 참배한 후 입학례(일종의 입학식)를 치렀다. 오른쪽 그림은 1817년 효명 세자(익종)가 여덟 살이 되던 해 치른 입학례를 그린 것이다. 왕세자의 성균관 입학을 축하하는 시가 함께 실려 있다.

「왕세자 입학도」(국립고궁박물관 소장)

태조 이성계
1335~1408

태조 이성계의 무덤은 왜 억새로 덮여 있어요?

30초 해결사

조선의 제1대 임금인 태조 이성계의 무덤의 이름은 건원릉이에요. 지금의 경기도 구리시에 있어요. 태조의 고향은 함경남도 영흥이었는데, 태조는 "영흥에 묻히고 싶다"고 말할 정도로 고향을 그리워했다고 해요. 태조가 승하하자 신하들은 태조의 유언에 따라 함흥의 억새를 가져와 무덤 위에 심었어요. 건원릉이 있는 곳 주변에는 아홉 개의 왕릉이 모여 있어 이 지역을 동구릉(서울 동쪽에 있는 아홉 개의 왕릉)이라고도 부르는데, 억새로 덮여 있는 무덤은 건원릉이 유일해요.

- 승하: 왕의 죽음을 뜻해요.

#조선 왕릉 #이성계 #건원릉 #유네스코 세계 문화유산

2009년 유네스코 세계유산위원회는 조선 왕릉을 유네스코 세계 문화유산으로 지정했어요. 조선 왕조의 왕과 왕비의 무덤 40기가 세계 문화유산으로 지정된 것이에요. 500년 동안 지속된 왕조의 무덤이 잘 보존되어 있고, 서울과 경기 등의 지역에 집단적으로 밀집되어 있다는 점이 특히 주목을 받았지요. 조선 시대 27명의 왕과 왕비, 그리고 추존(죽은 뒤 왕으로 격을 높여 대우하는 것)된 왕과 왕비의 능까지 40기가 포함되었으며, 왕위에서 쫓겨난 연산군묘와 광해군묘, 북한 지역에 있는 왕릉은 제외되었어요.

대한민국의 자랑스러운 세계 유산

우리나라는 2021년 현재 13건의 문화유산과 1건의 자연유산을 보유하고 있다.

세계 문화유산 불국사와 석굴암(1995), 해인사 장경판전(1995), 종묘(1995), 창덕궁(1997), 수원 화성(1997), 경주 역사 유적 지구(2000), 고창-화순-강화의 고인돌 유적(2000), 조선 왕릉(2009), 한국의 역사 마을: 하회와 양동(2010), 남한산성(2014), 백제 역사 유적 지구(2015), 산사, 한국의 산지 승원(2018), 한국의 서원(2019)

세계 자연유산 제주 화산섬과 용암 동굴(2007)

훈민정음 창제　　『용비어천가』 편찬　　훈민정음 반포
1443　　　　　　1445　　　　　　　1446

세종 대왕은 왜 대왕이라고 부르나요?

혹시 키가 엄청 크셔서 대왕이라고 부르나?

우리보다 크신 건 확실한데…

30초 해결사

세종 대왕이 키가 커서 '대왕大王'이라고 불리는 건 아니에요. 많은 업적을 세운 것을 존경하는 마음으로 붙인 호칭이지요. 세종 대왕은 민본주의를 근간으로 백성들이 잘 살 수 있게 하는 데 많은 공을 들인 어진 임금이었어요. 훈민정음이라는 우리 민족 고유의 문자를 만들고, 과학 기술의 발전에도 많은 관심을 기울였지요. 많은 발명품들이 세종의 적극적인 지원을 통해 탄생했어요.

• 민본주의民本主義: 백성이 나라의 근본이라고 여기는 사상을 말해요.

#세종 대왕　#훈민정음　#농사직설　#4군 6진

세종 대왕은 조선의 제4대 임금(재위 1410~1450)이었어요. 대표적인 업적을 살펴볼까요?

우리나라의 조건과 환경에 맞는 정책과 제도를 만들다	• 『칠정산』: 우리나라를 기준으로 하는 달력, 칠정산을 만들게 하여 백성들의 농사에 도움이 될 수 있도록 했어요. • 『농사직설』: 우리나라 고유의 농법을 조사하고 정리해서 『농사직설』을 짓게 했어요.
백성들의 입장을 우선으로 살피다	• 훈민정음: 글자를 모르는 백성들의 삶을 안타깝게 여겨 쉬운 글자를 만들었어요. • 공법: 백성들을 대상으로 여론 조사를 실시해 토지에 매기는 세금 제도를 바꾸었어요.
국경을 튼튼히 하고 문화를 발전시키다	• 4군 6진: 국경선에 군사 기지를 설치하고 백성들을 정착하게 해서 여진족의 침략을 효과적으로 방어했어요. • 악기 및 음악: 우리나라 고유의 악기인 편경을 만들게 하고, 「여민락」, 「아악보」 등 고유한 궁중 음악을 만들게 했어요.

 지폐로 만나는 세종 대왕

세종 대왕은 만 원 지폐의 주인공으로도 친숙하다. 만 원을 자세히 들여다 보자. 세종 대왕과 관련된 여러 정보들이 숨어 있다. 세종 대왕의 초상 옆에는 한글로 창작된 최초의 작품인 『용비어천가』와 백성들의 태평성대를 기원하는 그림 「일월오봉도」가 들어가 있다. 그리고 뒷면에는 조선 태조 때 만들어진 천문 지도인 「천상열차분야지도」와 천문 관측 기구인 '혼천의'가 그려져 있다. 조선의 과학 기술을 눈부시게 발전시킨 세종 대왕의 업적을 상기시킨다.

『삼강행실도』
간행

1434

조선 시대에는 왜 백성들에게 그림책을 나누어 주었나요?

30초 해결사

『삼강행실도』는 '삼강三綱'의 도리를 지킨 사람들의 이야기를 그림과 글로 기록한 책이에요. 이 책은 한자를 잘 모르는 백성들도 읽을 수 있도록 훈민정음으로 쓰였어요. 조정에서는 많은 백성이 『삼강행실도』에 담겨 있는 충신, 효자, 열녀의 이야기를 통해 유교적인 가치를 배우고 익히기를 바랐어요.

- 삼강: 유교에서 기본이 되는 세 가지 강령을 합쳐서 부르는 말이에요.
    - 군위신강君爲臣綱: 임금과 신하 간의 도리
    - 부위자강父爲子綱: 어버이와 자식 간의 도리
    - 부위부강夫爲婦綱: 부부간에 지켜야 할 도리

#삼강행실도 #유교

사회 5-2 1단원 3장 **민족 문화를 지켜 나간 조선**

이 그림은 『삼강행실도』에 나오는 「충개단지」라는 이야기야. 효자 충개가 부모님을 살리기 위해 손가락을 자르고 그 피를 부모님이 마시게 했다는 내용이래.

이 그림은 「왕연약어」라는 이야기에 나오는 그림이네. 한겨울에 잉어를 잡아 부모님에게 음식을 만들어 드리려는 왕연의 이야기래.

『삼강행실도』(국립중앙박물관 소장)

    1428년, 경상도 진주의 '김화'라는 이가 아버지를 살해한 사건이 일어났어요. 조정의 신하들은 이런 행동을 하는 백성에게 큰 벌을 내려야 한다고 입을 모았어요. 그러나 세종 대왕은 "큰 벌을 내리기에 앞서서 본받을 만한 행동을 한 사람들의 이야기를 책으로 펴내고 널리 알리자"고 주장했어요. 그렇게 해서 만들어진 책이 『삼강행실도』예요.

    『삼강행실도』에는 우리나라와 중국에서 전해지는 330편의 충신, 효자, 열녀 이야기가 그림과 함께 이해하기 쉽게 담겨 있어요. 세종 대왕이 처음 편찬할 때는 글이 한자로 적혀 있었지만, 성종이 새로 편찬하면서 글을 훈민정음으로 적어 누구나 읽을 수 있게 했어요.

    『삼강행실도』는 국가에서 제작하고 인쇄하여 신하들과 지방 백성들에게 나누어 주고 읽게 한 책이에요. 조선은 유교에 기초하여 질서를 세운 나라인데, 유교에서는 충과 효를 아주 중요하게 여겨요. 『삼강행실도』는 유교의 가르침을 널리 알리기 위한 수단이었지요.

개념연결 "유교에 따라 고려를 통치하옵소서!" 최승로의 시무 28조

유교는 공자와 맹자 같은 명망 높은 중국 학자들의 가르침을 중심으로 하는 사상이다. 우리나라뿐만 아니라 동아시아의 많은 나라가 나라를 통치하는 데 유교를 활용했다. 고려 시대에도 유교를 통해 나라의 질서를 세우자는 의견이 있었는데, 대표적인 것이 최승로의 '시무 28조'다. 시무 28조는 '나라를 다스리기 위해 지금 바로 해야 하는 28가지 제안'이라는 뜻으로, 유학자 최승로가 정치 개혁에 대한 견해를 정리해 고려의 성종에게 올린 것이다.

앙부일구 제작
1434

『칠정산』 간행
1444

노비 출신 장영실은 어떻게 관리가 될 수 있었나요?

장영실은 노비 출신이었다는데… 신분을 속이고 몰래 과거를 봤나요?

세종 대왕의 안목 덕분이었단다.

30초 해결사

장영실은 동래현(지금의 부산시)에 소속된 관노(국가 기관의 노비)였어요. 기록에 따르면 장영실의 아버지는 귀화한 원나라 사람이었고, 어머니는 관아에 소속된 기녀였다고 해요. 어머니가 천민이었기 때문에 장영실의 신분도 천민이 되었지요. 하지만 세종 대왕은 장영실의 뛰어난 기술과 창의성을 눈여겨보았어요. 벼슬을 내려 나라를 위해 일하도록 했지요.

• 천민 신분의 세습: 노비는 사람이 아니라 재산으로 여겨졌기 때문에 과거에 응시할 수 없었어요. 부모 중 한 명이 천민이면 자식도 무조건 천민 신분이 되었지요.

#장영실 #세종 대왕 #앙부일구 #혼천의 #자격루

1단원 3장 민족 문화를 지켜 나간 조선

> "장영실의 사람됨이 비단 정교한 솜씨만 있는 것이 아니라 성품이 똑똑하기가 보통 사람들보다 뛰어나서 … 이제 자격루를 만들었는데 비록 나의 가르침을 받아서 했지만 만약 이 사람이 아니었다면 결코 만들어 내지 못했을 것이오."
> –『세종실록』세종 15년 9월 16일 기록 중에서

장영실은 세종 대왕을 도와 조선 시대 과학 기술의 전성기를 이끈 발명가였어요. 비록 신분이 낮았지만, 세종 대왕의 인정을 받고 중국으로 떠나 천문 기기를 본격적으로 연구했지요. 돌아온 장영실은 노비 신분에서 벗어나 상의원 별좌라는 관직을 받고 궁중 기술자로서의 삶을 시작했어요. 오늘날 우리가 알고 있는 조선 시대의 해시계 앙부일구와 별을 관측하는 기계인 혼천의, 물시계 자격루는 모두 장영실의 작품이에요.

앙부일구
(1434, 국립고궁박물관 소장)
해가 뜨고 지는 것에 맞추어 움직이는 그림자로 시각과 절기를 알 수 있어요. 백성들이 쉽게 알 수 있도록 시각이 12지신 그림으로 표시되어 있어요.

혼천의
(1433, 국립중앙박물관 소장)
태양과 달의 주기뿐만 아니라 경도, 위도, 적도가 표시되어 있어요. 아침, 저녁, 밤 별의 위치와 움직임을 추적하는 데 쓰인 천문 관측 기구예요.

자격루
(1434, 국립고궁박물관 소장)
물을 이용해 시각을 알려 주는 물시계로, 해가 지면 시각을 알 수 없는 해시계와 달리 24시간 시각을 알 수 있었어요.

종소리와 함께 시작되는 조선의 하루

시계가 널리 보급되지 않은 조선 시대에는 백성들에게 시각을 알려 주는 것이 왕의 중요한 역할 중 하나였다. 왕은 백성들에게 일어날 시각과 쉬는 시각, 자는 시각 등을 알려 주어 사회의 질서를 유지할 의무가 있었다. 세종은 경복궁에 자격루를 설치하고 자격루의 신호에 맞추어 광화문과 종루에서 종을 치게 했다. 새벽을 알리는 33번의 종소리가 울리면 성문이 열리면서 조선의 하루가 시작되었다. 낮 동안에는 광화문과 종묘 앞에 설치된 앙부일구를 통해 시각을 알 수 있었고, 일정 시간마다 종을 쳐서 시각을 알려 주기도 했다. 초저녁이 되면 종루에서 28번의 종소리가 울리고, 성문이 닫혔다. 밤에는 통행이 금지되었고, 백성들은 다음 날을 준비했다.

쓰시마섬 토벌	훈민정음 창제	『용비어천가』 편찬	훈민정음 반포	4군 6진 설치
1419	1443	1445	1446	1449

우리나라의 지도는 언제부터 이런 모양이었어요?

30초 해결사

여러 시대를 거치면서 한반도의 경계선은 계속 달라져 왔어요. 오늘날 우리가 알고 있는 한반도 모양이 자리 잡은 것은 조선 시대 세종 대왕이 4군 6진을 개척하면서부터예요. 원래 조선의 국경 지방에는 여진족들이 거주하고 있었는데, 세종 대왕 때 이들을 몰아내고 중요 지점에 요새와 마을을 설치했지요. 이 지점들을 4군 6진이라고 불러요.

- 여진족: 만주 지역에 터를 잡고 생활하던 부족이에요. 조선의 국경을 자주 침범하여 조선과 갈등 관계에 있었어요.

#4군 6진   #세종 대왕   #여진   #김종서   #최윤덕

사회 5-2 | 1단원 3장 | 민족 문화를 지켜 나간 조선

15세기, 세종 대왕은 북방 국경선을 침범하는 여진족 문제로 골머리를 앓았어요. 여진족은 한반도 북쪽에 있는 만주 지방과 압록강, 두만강 유역에서 주로 생활했는데, 수시로 조선의 국경을 넘어와 백성들을 괴롭혔어요. 세종 대왕은 여진족을 몰아내고 나라를 안정시키기 위해 압록강 부근에 최윤덕 장군을, 두만강 부근에는 김종서 장군을 보내 국경선을 방어하게 했어요. 그렇게 해서 압록강 부근에는 4군이, 두만강 부근에는 6진이 설치되었어요. 우리나라 역사에서 한반도의 국경선이 확정된 것은 이때부터예요.

또 세종 대왕은 국경선을 뚜렷하게 정하고 여진의 공격을 막기 위해 방어선을 따라 성벽을 쌓았고, 백성들을 4군 6진 지역으로 이주하게 했어요. 덕분에 세종 말년에 이르러서는 안정적으로 국경 침입을 방어할 수 있게 되었지요.

그러나 성 건설은 엄청난 인력과 자원이 드는 대공사였어요. 결국 세종 대왕이 죽을 때까지도 건설을 마치지 못했지요. 그리고 국경선 지역으로 강제 이주당한 백성들 중에는 이에 반발하며 몰래 도망을 치는 사람도 있었어요.

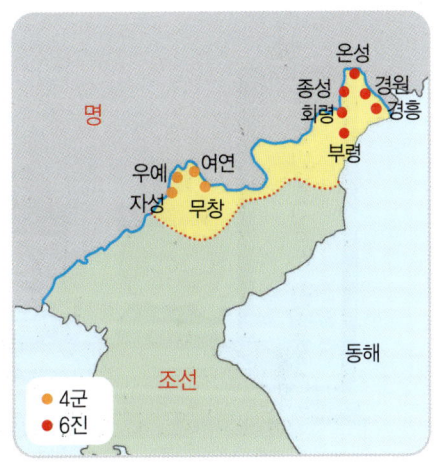

4군 6진

유럽의 보도블록 국경선

현재 우리나라의 국경선은 철책으로 된 휴전선이지만, 유럽 연합에 가입한 유럽의 국가 간에는 국경선이 보도블록으로 간단히 표시되기도 한다. 사진 속 네덜란드와 벨기에의 국경선은 카페 옆을 지나고 있다. 'NL'이 쓰여 있는 쪽이 네덜란드, 'B'라고 쓰여 있는 쪽이 벨기에다.

조선 195

왕도 볼 수 없는 책이 있었다면서요?

30초 해결사

조선 왕조에서 펴낸 역사책 『조선왕조실록』은 기록하는 과정은 물론 책이 나오기까지 아무도 볼 수 없었어요. 심지어는 왕도 미리 자신에 대한 기록을 볼 수 없었지요. 그래야 사관들이 두려움 없이 공정하게 사실만을 기록할 수 있다고 생각했어요.

- 사관: 『조선왕조실록』에 실릴 내용을 기록하는 관리예요. 『조선왕조실록』을 펴내는 관청인 춘추관에 속해 있었지요.

#조선왕조실록 #사관 #사고 #유네스코 세계 기록유산

『조선왕조실록』은 조선의 제1대 왕 태조부터 제25대 왕 철종까지 472년 동안 일어난 정치, 외교, 군사, 제도, 법률, 경제 등의 역사적 사실을 순서대로 꼼꼼하게 기록한 역사서예요. '실록實錄'은 '사실대로 기록한다'는 뜻이에요. 무려 1,800권이 넘는 엄청난 양이지요. 그 귀중한 가치를 인정받아 1997년 유네스코 세계 기록유산으로 등재되었어요.

실록에 들어갈 내용을 기록하는 관리를 '사관'이라고 불렀습니다. 사관은 궁에 머무르면서 왕의 모든 말과 행동, 회의나 행사, 경연에서 있었던 일을 날마다 기록으로 남겼어요. 이런 기록을 '사초'라고 해요. 태종 때의 기록 중에는 이런 것도 있답니다.

태종 4년(1404, 갑신년) 2월 8일
임금이 사냥하다가 말에서 떨어졌으나 사관에게 알리지 못하게 하다.
친히 활과 화살을 가지고 말을 달려 노루를 쏘다가 말이 거꾸러져 말에서 떨어졌으나 상하지는 않았다. 좌우를 돌아보며 말하기를, "사관이 알게 하지 말라." 했다.

말에서 떨어진 것이 부끄러웠던 태종은 사관에게 이 사실을 비밀로 하라고 일렀지만, 사관은 태종이 그렇게 말한 사실까지도 기록했어요.

왕이 죽으면 실록을 만드는 실록청을 임시로 설치하여 사초를 비롯한 다양한 자료를 모으고 실록에 넣을 내용을 정리했어요. 그렇게 해서 실록을 완성한 다음에는 모았던 모든 자료를 없앴지요. 사초에는 해당 기록을 남긴 사관의 이름이 적혀 있었는데, 이 기록을 없애서 사관이 후에 피해를 입는 일이 없도록 하려고 했어요.

개념연결 『조선왕조실록』을 보관한 장소

완성한 실록은 여러 권을 인쇄하여 총 네 곳의 사고史庫에 나누어 보관했다. 사고는 『조선왕조실록』을 비롯한 국가의 중요한 서적과 문서를 보관하는 곳으로, 각각 한양의 춘추관, 충주, 성주, 전주에 있었다. 『조선왕조실록』을 여러 곳에 나누어 보관한 이유는 자료가 파손되거나 없어지는 일을 막기 위해서였다. 하지만 임진왜란 때 춘추관, 충주, 성주의 사고가 모두 불탔고, 전주 사고에 보관된 『조선왕조실록』만 남았다. 전쟁이 끝난 뒤 다시 인쇄하여 다섯 곳의 사고에 나누어 보관했다.

신라, 독서삼품과 실시	고려 광종, 과거 제도 실시	과거 제도 폐지
788	958	1894

양반이 아니어도 과거에 합격하면 관리가 될 수 있었나요?

30초 해결사

노비와 같은 천민은 과거를 볼 수 없었지만, 양인은 누구나 과거를 볼 수 있었어요. 하지만 과거에 합격해 관리가 되려면 여러 단계의 시험을 거쳐야 했고 아주 오랜 시간 공부에만 열중해야 했어요. 대부분의 상민들은 일하지 않고 공부에만 집중할 수 있을 정도로 여유롭지 않았지요. 그 결과 점점 양반과 상민 사이의 격차가 벌어지고, 신분 차이가 굳어졌어요.

- 양반兩班: 과거에 합격하여 관리가 된 사람이나 과거 합격자의 가족을 양반이라고 불렀어요. 양반은 많은 특권을 누렸어요.

#과거 제도   #양반

과거 제도는 능력이 있는 사람들을 뽑아 나라를 위해 일하게 하고 권력에 참여할 기회를 주기 위한 제도였어요. 천민과 여성은 과거에 응시할 수 없었지만 그 외의 양인들은 누구나 과거에 응시할 수 있었지요. 그러나 실제로 과거에 응시할 정도로 여유가 있는 집안이 그렇게 많지 않았기 때문에 한계가 있었어요.

2018년 제24회 조선 시대 과거제 재현 행사 모습(서울시 제공)

조선 시대 과거 제도를 구체적으로 살펴볼까요?

과목	• 문과(관청에서 근무하는 관리를 뽑는 시험) • 무과(장군 등 무인들을 뽑는 시험) • 잡과(의과, 역과 등 기술관을 뽑는 시험)
응시 자격	• 천인(노비 등) 신분은 응시할 수 없었어요. • 여성은 응시할 수 없었어요. • 서얼(첩의 아들)은 문과에 응시할 수 없었어요.
시험 단계	• 문과의 경우 크게 두 단계로 나뉘었어요. 1) 소과: 소과에 합격해야 대과를 볼 수 있었어요. 소과에 합격하면 고등 교육 기관인 성균관에 입학할 수 있었어요. 2) 대과: 초시(지방 예선 시험)-복시(서울에서 치르는 시험)-어전시(임금 앞에서 치르는 시험)를 차례로 치러 최종 합격자가 가려졌어요.
시험 빈도	원칙적으로는 3년에 한 번씩 치러졌어요. 하지만 나라에 기쁜 일이 생기면 특별 시험이 시행되기도 했어요.

개념 연결 과거제는 언제 생겨나고 언제 사라졌을까?

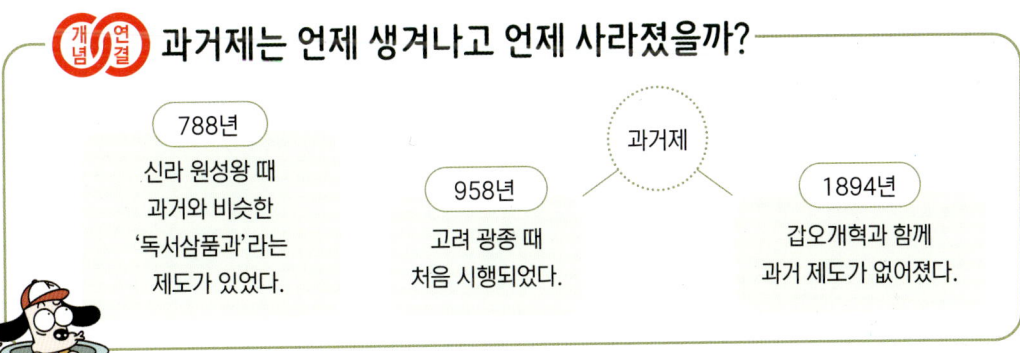

788년 - 신라 원성왕 때 과거와 비슷한 '독서삼품과'라는 제도가 있었다.

958년 - 고려 광종 때 처음 시행되었다.

과거제

1894년 - 갑오개혁과 함께 과거 제도가 없어졌다.

양반은 왜 양반이라고 불렸나요?

30초 해결사

조선 시대 관리는 크게 문반文班과 무반武班으로 나뉘었어요. 이 둘을 모두 합쳐 양반兩班이라고 불렀지요. 처음에는 관리를 양반이라고 불렀지만, 나중에는 관리의 가족을 비롯한 일가친척을 모두 양반이라고 부르게 되었어요. 시간이 갈수록 특권을 가진 신분 계층으로 굳어진 것이지요.

- 문반: 문서를 만들거나 행정적인 일을 하는 문인 관리예요.
- 무반: 국방을 비롯한 군인의 역할을 맡아 보던 무인 관리예요.

#양반   #신분제

조선 시대의 신분제가 강화되면서 양반들은 많은 권리를 누렸어요. 양반들이 어떤 역할을 수행하고 또 어떤 권리가 있었는지 살펴볼까요?

군대를 가지 않았어요	양반은 나라를 위해 일하는 관리였기 때문에 군역(세금의 일종, 일정 기간 군대에서 나라를 지키는 일)이 면제되었어요.
지방의 관리와 감독을 맡았어요	관직에 나아가지 않았거나, 지방으로 발령받은 양반들은 머무는 고을의 백성들에게 예를 가르치고 농사 등 일에 힘쓰도록 지도하는 역할을 했어요.
유향소를 운영했어요	유향소는 고을의 관리를 감시하고 질서를 바로잡는 양반들의 자치 기구였어요. 고을을 다스리는 수령을 돕거나 감시하는 역할을 했어요.
많은 땅을 가졌어요	양반들 중에는 넓은 땅을 가진 지주들이 많았어요. 이들은 노비나 소작농을 부려 대규모로 농장을 경영하고 큰 이익을 얻었어요.

그러나 조선 후기에 들어 가난한 양반이 늘어나고 부유한 상인 세력이 급부상하면서 신분 질서가 흔들렸어요. 몰래 양반 지위를 사고파는 경우도 생겼지요.

김득신, 「노상알현도」(평양 조선미술박물관 소장)

 다른 시대에는 어떤 지배 계층이?

통일 신라의 진골 신라에는 골품제라는 특유의 폐쇄적인 신분 제도가 있었다. 왕족인 성골 다음으로 높은 계급이었던 진골은 나라의 높은 관직을 차지하고 막강한 권력을 휘둘렀다.

고려의 문벌 귀족 고려 초기에서 중기까지 핵심적인 정치 세력으로 활동했다. 권세 높은 가문 간의 혼인으로 권력을 유지했다. 고려 중기 무신 정변으로 인해 몰락했다.

신사임당
1504~1551

5만 원의 주인공 신사임당은 무슨 일을 했나요?

30초 해결사

신사임당은 조선 시대를 대표하는 예술가 중 한 명이에요. 시, 그림, 글씨에 모두 능했지요. 특히 풀과 곤충을 그린 그림인 '초충도'는 신사임당을 따라갈 자가 없었어요. 「초충도」, 「산수도」, 「노안도」를 비롯한 그림과 함께 친정 부모님에 대한 그리움을 표현한 시 「사친思親」 등 빼어난 시도 여러 편 남겼어요.

- 노안도蘆雁圖: 갈대와 기러기를 함께 그린 그림을 노안도라고 불러요. 갈대를 뜻하는 노(갈대 노蘆)와 기러기를 뜻하는 안(기러기 안雁)을 합친 말이에요.

#신사임당 #초충도 #율곡 이이

1단원 3장 **민족 문화를 지켜 나간 조선**

'사임당'은 신사임당이 직접 지은 당호예요. 신사임당은 특유의 섬세하고 뚜렷한 감각으로 많은 그림과 글씨, 시를 남긴 예술가이지요. 신사임당은 곤충과 포도, 꽃과 새, 물고기와 대나무, 매화, 산수와 같이 주로 자연 속에서 그림의 소재를 찾았어요. 살아 있는 것처럼 보일 정도로 섬세한 사실화를 그려 내어 보는 사람들로부터 감탄을 자아냈지요. 명종 때 어숙권이라는 사람은 신사임당의 그림을 두고 "사임당의 포도와 산수는 절묘하여 평하는 이들이 '안견 다음 간다'라고 한다. 어찌 부녀자의 그림이라 하여 소홀히 여길 것이며, 또 어찌 부녀자에게 합당한 일이 아니라고 나무랄 수 있을 것이랴." 하고 칭찬하기도 했어요.

신사임당이 이렇게 훌륭한 예술가가 된 데는 집안의 역할도 컸어요. 신사임당의 아버지는 딸의 교육에도 힘을 쏟았고, 어머니 역시 글을 즐겨 읽었지요. 신사임당은 부모님의 지지 아래 글을 배우고 그림을 그리며 타고난 재능을 발전시킬 수 있었어요.

「포도」(간송미술관 소장)

신사임당이 그린 「초충도」야. 여덟 폭 병풍에 그려진 그림 중 하나지.

와, 포도알이 정말 크고 싱싱해요. 왜 신사임당의 포도 그림이 유명했는지 알겠어요.

「초충도」(국립중앙박물관 소장)

오스트리아 화폐에 그려진 평화 운동가, 베르타 폰 주트너

지금의 유럽 국가들은 대개 유로화를 쓰지만, 유로화로 통일되기 전에는 각각 쓰던 지폐가 있었다. 오스트리아의 지폐에는 평화 운동가 베르타 폰 주트너가 그려져 있었다. 주트너는 전쟁에 반대하는 소설을 쓰는 등 평화를 위해 적극적으로 나섰다. 여성은 투표도 할 수 없었던 시대에, 여러 평화 운동 단체를 설립하고 만국 평화 회의에 참여하는 등 전쟁을 막기 위해 힘썼다. 다양한 활약을 인정받아 여성 최초로 노벨 평화상을 수상하기도 했다.

홍길동은 왜 아버지를 아버지라고 부르지 못했나요?

30초 해결사

『홍길동전』의 주인공 홍길동은 서얼 출신이었기 때문에 아버지를 대감님이라고 존칭해야 했고, 벼슬에도 나아갈 수 없었답니다. 이렇게 서얼들은 조선 사회에서 법적으로 차별을 받았어요.

- 서얼庶孼: 본부인의 자식이 아닌 첩의 자식을 뜻하는 말이에요. 양인 출신 첩이 낳은 자식인 '서자'와 천인 출신 첩이 낳은 자식인 '얼자'를 합친 단어예요.

#적서 차별 #서얼 #홍길동전 #유득공

조선 시대에 쓰여진 『규사』는 '해바라기의 역사'라는 뜻의 책이에요. 해바라기란 서얼을 비유적으로 뜻하는 표현이었지요. 태양만 바라보는 꽃인 해바라기처럼, 임금과 나라를 위해 열심히 일하고 싶지만 신분 때문에 관직에 나아갈 수 없었던 서얼들에 대한 기록을 담은 책이었어요.

사회 질서를 중시하는 성리학의 영향으로 조선 시대에는 각종 차별이 당연시되었어요. 남자와 여자, 양반과 상민, 그리고 적자와 서자를 차별적으로 대우하는 것이 제도로 확립되어 있었지요. '서얼 금고법'이 대표적이었어요. 아무리 양반의 자손이라도, 첩의 소생이면 관직에 나아갈 수 없는 제도였지요. 서얼들은 이 외에도 많은 차별을 받았는데, 이를 '적자'와 '서자'를 차별한다고 해서 '적서 차별'이라고 불렀어요.

서얼들은 제사를 지낼 때도 가족의 일원으로 참여할 수 없었으며 자손에게까지 서얼의 지위가 세습되었지요. 재산 상속에서 아예 배제되는 경우도 흔했어요. 허균의 소설 『홍길동전』에는 이러한 서얼의 설움이 잘 표현되어 있어요.

조선 후기에 접어들면서 서얼들이 기술직 등 관직에 진출하는 사례가 조금씩 늘었어요. 특히 정조는 능력만 있다면 서얼에게도 벼슬을 내려 등용하고자 했지요. 1777년, 정조는 정유절목(정유년에 세운 규칙)이라 해서 제도적으로도 서얼의 관직 진출을 넓히고자 했어요. 박제가, 이덕무, 유득공 등이 정조 때 활약한 대표적인 서얼 출신 관리들이에요.

왕실에도 서얼이 있었다? 후궁과 후궁의 자식들

왕의 정식 부인은 왕비(중전), 첩은 후궁이라고 한다. 후궁은 품계에 따라 빈, 귀인, 소의, 숙의 등 부르는 명칭이 달랐고, 높낮음이 있었다. 왕가에도 적서 차별이 존재했는데, 누구의 자식이냐에 따라 부르는 호칭이 달라졌다.

왕비에게서 태어난 '대군'들은 후궁에게서 태어난 '군'보다 높은 대우를 받았다. 단, 후궁의 아들도 왕자이기 때문에 왕비에게 아들이 없는 경우 후궁의 아들이 왕위에 오를 수 있었다.

	왕과 왕비 사이에 태어난 적손	왕과 후궁 사이에 태어난 서자
아들	대군	군
딸	공주	옹주

우리나라 돈에 그려진 인물들은 어느 시대 사람들인가요?

30초 해결사

우리나라 돈에 새겨진 인물들은 모두 조선 시대의 위인들이에요. 100원 동전에는 임진왜란 때 큰 공을 세운 이순신 장군이, 1,000원 지폐에는 퇴계 이황이, 5,000원 지폐에는 율곡 이이, 만 원 지폐에는 세종 대왕이 새겨져 있어요. 5만 원에 새겨진 신사임당도 조선 시대 사람이지요. 화폐에 들어가는 인물은 국민들에게 존경받는 인품과 업적을 골고루 갖추고 있어야 해요. 한국은행에서 화폐에 들어갈 인물을 선정하여 한국 조폐 공사에서 화폐를 만든답니다.

- 한국 조폐 공사: 조폐造幣는 '화폐를 만든다'는 뜻이에요. 우리나라의 모든 돈을 만들어 내는 곳이지요.

#화폐

화폐를 보면 그 나라의 역사, 경제, 사회, 문화 등 많은 정보를 알 수 있어요. 화폐에는 그 나라를 대표하는 인물과 여러 중요한 문화유산이 등장하지요.

사진 속 지폐에 쓰인 '스페시멘(SPECIMEN)'은 뭐예요?

'견본'이라는 뜻이야. 지폐를 인쇄할 때는 위조를 막기 위해 꼭 견본임을 표기해야 한단다.

1,000원 지폐의 앞면에는 퇴계 이황의 초상이, 뒷면에는 산수화로 유명한 화가 정선의 「계상정거도」가 들어가 있어요. 「계상정거도」는 퇴계 이황이 머물렀던 도산 서원의 풍경을 담은 그림이에요.

5,000원 지폐의 앞면에는 율곡 이이의 초상이, 뒷면에는 신사임당의 「초충도」가 들어가 있어요. 신사임당은 율곡 이이의 어머니이자 빼어난 실력을 지닌 화가였지요. 많은 작품을 남겼지만 그중에서도 특히 풀과 벌을 그린 초충도가 탁월했어요.

만 원 지폐의 앞면에는 세종 대왕의 초상이, 뒷면에는 천체 관측 기구인 혼천의가 그려져 있어요. 혼천의는 세종 때 제작된 여러 과학 기기 중 하나랍니다.

5만 원 지폐의 앞면에는 신사임당의 초상이, 뒷면에는 어몽룡의 「월매도」가 그려져 있어요. 월매도란 사군자 중 하나인 매화를 그린 그림인데, 어몽룡은 일평생 매화를 그린 것으로 유명한 화가예요.

어린이들이 화폐의 주인공인 나라, 카메룬

카메룬에는 어린이가 주인공인 화폐가 있다. 1960년 독립을 맞이한 카메룬은 나라의 희망이 새로운 시대를 열어 갈 어린이들에게 달려 있다는 점을 강조하고자 500프랑 지폐에 교실에서 공부하는 어린이들의 모습을 그려 넣었다. 2002년 발행된 이 지폐는 현재도 카메룬에서 사용되고 있다.

카메룬의 500프랑 지폐 (세계 화폐 박물관 소장)

선조 재위
1567~1608

붕당은 정당 이름 같은 건가요?

30초 해결사

조선 시대에, 지역과 학문 계통에 따라 선비와 관리들이 모여 이룬 정치 집단을 붕당朋黨이라고 했어요. 조선 시대 중기 이후 생겨났지요. 생겨난 과정이나 활동 방식을 볼 때, 오늘날의 정당과는 많은 차이가 있어요. 정당은 국가의 주권자인 시민 중 특정 계층 또는 특정 성향의 사람들을 대변하는 정치 단체인 반면, 붕당의 구성원은 왕에게 충성하는 신하들이라는 점이 가장 큰 차이점이지요. 다만 편을 갈라 세력 다툼을 하며 정치를 한다는 점에서는 비슷한 면이 있어요.

#붕당 #동인 #서인

붕당이 처음 생긴 건 선조 때예요. '이조 전랑'이라는 중요한 벼슬을 놓고 김효원과 심의겸이 크게 대립했는데, 신하들이 각각 김효원과 심의겸을 따르게 되면서 분열이 생겼어요. 당시 한양 도성을 기준으로 김효원의 집은 동쪽 건천동(지금의 서울 동대문시장 인근)에 있었고, 심의겸의 집은 서쪽 정릉동(지금 서울 정동)에 있었는데, 이에 따라 김효겸 지지파를 동인, 심의겸 지지파를 서인이라고 부르게 되었지요.

동인과 서인의 구분은 단순히 지역에 따른 것만은 아니었어요. 모셨던 스승, 출신 지역, 성리학에 대한 해석의 차이 등 다양한 이유로 나뉘었어요. 예를 들어 율곡 이이의 제자들은 대부분 서인 세력에, 퇴계 이황의 제자들은 대부분 동인 세력에 속해 있었어요. 나중에는 동인이 다시 북인과 남인으로, 서인이 소론과 노론으로 나뉘는 등 더 많은 붕당이 생겨 대립하게 되었지요.

처음 붕당 정치는 상대의 잘못을 비판하고 정책을 토론하는 등의 기능을 했지만, 갈수록 갈등이 심화되면서 세력 다툼에 초점을 맞추게 되었어요. 그 결과 나라가 크게 어지러워졌지요.

영국에서 최초의 근대적 정당이 탄생하다

오늘날 민주 정치에서 '정당'이라고 부르는 정치 단체는 17~18세기 영국에서 시작되었다. 영국에 의회 정치가 자리를 잡고, 의원들이 각각 '토리당'과 '휘그당'으로 무리를 나누어 정치를 하던 것에서 유래했다.

토리당		휘그당
땅을 가진 지주들을 대표		상공업자, 공장주들을 대표
아일랜드어로 '폭도, 도적'이라는 뜻 (상대 휘그당에서 비난하며 붙인 호칭)	VS	스코틀랜드어로 '도둑, 반란자'라는 뜻 (상대 토리당에서 비난하며 붙인 호칭)
후에 '보수당'으로 발전		후에 '자유당'으로 발전

허난설헌
1563~1589

조선의 뛰어난 시인 허난설헌은 왜 그렇게 슬퍼했나요?

30초 해결사

허난설헌은 "나에게는 세 가지 한이 있다"고 말한 적이 있어요. 첫 번째는 여자로 태어난 것, 두 번째는 작은 나라인 조선에 태어나 큰 뜻을 펼치지 못한 것, 세 번째는 사랑하지 않는 남편의 아내가 된 것이었지요. 약소국에서 멸시받는 여성으로 태어난 그의 설움을 짐작할 수 있는 내용이에요. 천재적인 재능을 가진 시인으로 빼어난 작품을 여러 점 남겼지만, 허난설헌의 삶은 고통스러웠지요.

#허난설헌 #나혜석

허난설헌의 본명은 허초희예요. 난설헌은 호랍니다. 허난설헌의 집안은 대대로 많은 학자와 문장가를 배출했고, 남동생 허균은 유명한 『홍길동전』의 작가였어요. 이런 재능은 허난설헌에게도 이어졌어요. 여덟 살의 나이로 「광한전 백옥루 상량문」이라는 시를 지어 신동이라는 말을 들었고, 당대의 여성으로는 흔치 않게 한시를 공부하는 등 학식도 높았지요.

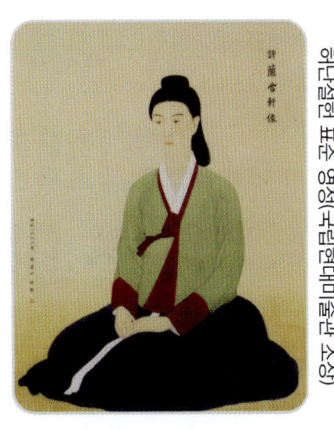
허난설헌의 표준 영정(국립현대미술관 소장)

15세 무렵 결혼한 허난설헌은 새 가족에 잘 적응하지 못했어요. 남편은 가정에 소홀했고 시어머니와도 사이가 좋지 않았지요. 설상가상으로 아이까지 잃으면서 급격히 쇠약해진 허난설헌은 결국 27세라는 이른 나이에 숨을 거두었어요.

허난설헌은 213수에 달하는 시를 짓는 등 작품 활동을 활발히 했지만, 유언에 따라 모두 태우는 바람에 지금까지 전해지는 작품은 많지 않아요. 당시 중국과 일본에까지 퍼져 널리 사랑받을 정도로 작품성이 높았다고 해요. 허난설헌이 살아갔던 조선 시대에는 여성들의 사회 활동이 무척 제한적이었을 뿐만 아니라 여성들이 많은 차별을 감내해야 했어요. 허난설헌의 마음을 담은 시를 함께 읽어 볼까요?

하늘거리는 창가의 난초 가지와 잎 그리도 향그럽더니
가을 바람 잎새에 한번 스치고 가자 슬프게도 찬 서리에 다 시들었네
빼어난 그 모습은 이울어져도 맑은 향기만은 끝내 죽지 않아
그 모습 보면서 내 마음이 아파져 눈물이 흐르고 옷소매를 적시네
– 허난설헌, 「감우感遇(느낀 대로 노래한다)」

시대에 맞서 성 평등을 외친 화가, 나혜석

조선 시대에 허난설헌이 있었다면 일제 강점기에는 나혜석(1896~1948)이 있었다. 우리나라 최초의 서양화가이자, 시인이기도 한 예술인으로 시대에 맞서 스스로의 능력을 펼치려고 한 인물이다. 나혜석은 화가로서도 훌륭했지만 불합리한 결혼 제도 등 만연한 성 차별을 비판하는 글을 써서 유명해졌다. 「이혼 고백서」, 「인형의 가家」와 같은 글들이 대표적이다.

내가 인형을 가지고 놀 때 기뻐하듯
아버지의 딸인 인형으로
남편의 아내 인형으로
그들을 기쁘게 하는
위안물되도다
– 나혜석, 「인형의 가」 중에서

임진왜란	행주 대첩	정유재란
1592	1593	1597

임진왜란을 일본과 중국에서는 다른 이름으로 부른다면서요?

30초 해결사

1592년 일본의 조선 침략으로 시작된 전쟁을 우리나라에서는 임진왜란이라고 불러요. 하지만 중국에서는 임진왜란을 '항왜원조降倭援朝'라 부르고, 일본에서는 '분로쿠·게이초노에키(분로쿠와 게이초 시대의 싸움)'라고 불러요. 이름의 뜻을 살펴보면 각 나라의 입장을 알 수 있어요.

- 임진왜란(조선): '임진년(1592)에 일어난 일본의 난'이라는 뜻으로, 일본의 침략을 강조하는 이름이에요.
- 항왜원조(중국): '일본에 맞서 조선을 구원한다'는 뜻으로, 명나라의 관점에서 지은 이름이에요.
- 분로쿠·게이초노에키(일본): '조선을 침략한 것은 명나라를 공격하기 위해서'라는 의미로, 일본의 입장을 보여 주는 이름이에요.

#임진왜란 #항왜원조 #분로쿠·게이초노에키

사회 5-2 **1단원 3장** 민족 문화를 지켜 나간 조선

「평양성 탈환도」라는 그림에는 당시 임진왜란의 모습이 생생하게 담겨 있어. 조선, 일본, 명나라의 군사를 모두 찾을 수 있겠니?

작자 미상, 「평양성 탈환도」(국립중앙박물관 소장)

조선군

명나라군

일본군

임진왜란 초기에는 일본이 훨씬 우세했어요. 조선에 상륙한 일본군은 동래성(지금의 부산)을 점령한 지 한 달 만에 수도인 한양 도성(지금의 서울)까지 파죽지세로 점령했지요. 일본군이 빠른 속도로 한양을 향해 밀려오자 선조는 신하들과 함께 의주성(지금의 평안남도 의주)으로 피란을 갔어요. 따라가지 못하고 남은 백성들은 고스란히 전쟁을 겪어야 했지요. 조선이 반격에 나선 것은 이순신 장군이 이끄는 조선 수군이 바다에서 승기를 잡으면서부터예요. 전국 각지에서 일어난 의병들도 큰 활약을 벌였고, 명나라에서도 원군을 보냈지요. 그렇게 임진왜란은 7년여 긴 시간 동안 지속되었어요. 동아시아 전체에 큰 영향을 미친 전쟁이었지요. 이러한 점을 고려하여 임진왜란을 '임진전쟁'이라는 중립적인 이름으로 부르자는 의견도 있답니다.

개념연결 '임진전쟁' 이후의 변화

나라	변화
중국	명나라가 전쟁으로 많은 비용을 쓰고 힘이 약해진 틈을 타 만주족이 성장했다. 만주족은 청나라를 세우고 명나라를 멸망시켰다.
일본	도요토미 히데요시를 따르던 세력이 힘을 잃고 그의 경쟁자였던 도쿠가와 이에야스가 권력을 잡아 에도 막부를 세웠다.
한국	전쟁으로 대다수 토지가 황폐해졌고 나라의 살림은 어려워졌다. 이에 조선은 제도를 개혁하는 등 나라를 회복하기 위해 노력했다. 결국 정치, 군사, 세금 제도 분야에서 큰 변화가 일어났고 그 결과 조선은 역사를 이어 갈 수 있었다.

도요토미 히데요시 일본 통일	임진왜란
1590	1592

도요토미 히데요시는 왜 임진왜란을 일으켰나요?

30초 해결사

일본의 권력자 도요토미 히데요시(1536~1598)는 혼란하던 전국 시대를 통일한 후 조선을 정벌하고, 명(중국)을 건너 천축국(인도)까지 정복하려는 야심을 가지고 있었어요. 도요토미 히데요시가 임진왜란을 일으킨 이유에는 여러 설이 있어요. 일본 내부의 갈등을 전쟁으로 돌리기 위해서였다는 이야기도 있고, 조선을 명나라를 정복하기 위한 발판으로 삼기 위해서였다는 이야기도 있어요. 또 자신을 도운 다른 다이묘들에게 영토를 주기 위해서였다는 이야기도 있지요.

- 다이묘大名: 일본의 각 지역을 다스리던 영주를 말해요. 전국 시대가 되자 다이묘들은 정부의 통제를 받지 않는 지방 세력으로 진화했어요.

#임진왜란 #도요토미 히데요시

도요토미 히데요시는 100여 년간 혼란했던 전국 시대를 통일하고 최고 권력자의 자리에 오른 인물이에요. 우리나라에는 임진왜란을 일으킨 사람으로 잘 알려져 있지요. 도요토미 히데요시가 임진왜란을 일으킨 이유로는 여러 가지 설이 있는데, 그중 하나는 도요토미 히데요시에게 조선, 명나라는 물론이고 천축국(인도)까지 정복할 뜻이 있었다는 것이에요. 그는 임진왜란을 일으키면서 조선 정부에 "명을 침략해야 하니 길을 비켜 달라"는 말을 전하기도 했지요.

또 일본을 통일하는 데 성공했지만 여전히 그에게 불만을 가진 세력이 많았다는 것도 한 가지 이유로 제시되고 있어요. 내부 세력의 불만을 바깥으로 돌리기 위해서 전쟁이 필요했던 것이지요. 실제로 도요토미 히데요시에게 불만을 품었던 몇몇 다이묘들은 임진왜란을 일으키는 것에 끝까지 반대했다고 해요.

여러 가지 추측에도 확실한 한 가지는 임진왜란이 다분히 정치적인 이유로 발발한 전쟁이었다는 사실이에요. 7년간의 긴 전쟁으로 조선은 물론 일본도 큰 피해를 감수해야 했어요. 1598년 도요토미 히데요시가 사망하자, 무리하게 전쟁을 이어 가던 다이묘들이 철수하면서 마침내 긴 전쟁이 끝났어요.

도요토미 히데요시 초상화

중국의 전국 시대, 일본의 전국 시대

도요토미 히데요시는 지방 영주들을 중심으로 세력이 나뉘어 있던 일본의 전국 시대를 통일한 인물이다. 전국 시대는 한 나라 안에서 여러 세력이 나뉘어 싸운다는 뜻으로 종종 쓰이는데, 이 표현은 중국의 시대 구분 중 기원전 770년경 있었던 '춘추 전국 시대'에서 나온 말이다. 두 전국 시대는 어떻게 다른지 살펴보자.

중국의 춘추 전국 시대(B.C. 770~221) 주나라 말기, 중국 각 지역 제후들을 중심으로 100여 개의 나라가 세워져 힘 겨루기를 했던 혼란한 시대를 일컫는다. 기원전 221년 진나라의 진시황이 중국 최초로 통일을 이룩하면서 막을 내린다.

일본의 전국 시대(1467~1573) 무로마치 막부 말기, 일본 각지의 다이묘들이 나뉘어 싸운 시대를 일컫는다. 일본식 발음을 옮겨 '센고쿠 시대'라고 부르기도 한다.

곽재우
1552~1617

곽재우 장군은 왜 홍의 장군이라고 불렸어요?

30초 해결사

곽재우는 임진왜란 때 활약했던 의병장이에요. 흔히 '홍의 장군 곽재우'라고 불렸지요. '홍의 장군'은 곽재우가 붉은 갑옷(붉을 홍紅, 옷 의衣)을 즐겨 입어 붙은 별명이었어요.

- 의병: 임진왜란 당시, 많은 백성과 선비 들이 나라를 지키기 위해 군대를 만들어 싸웠어요. 이들은 정식 군대에 소속된 군인은 아니었지만, 나라 곳곳에서 일어나 큰 활약을 했지요. 의롭게 일어난 군대라고 해서 '의병'이라고 불렸어요.

#임진왜란 #의병 #곽재우 #홍의장군

임진왜란이 닥치자 전국 각지에서 의병이 일어났어요. 전국적으로 일어난 의병의 수가 관군을 능가할 정도였고 양반, 상민, 천민 등 신분도 가리지 않았지요. 자기 고장을 지키기 위해 일어난 의병들은 지리에 익숙하고 민첩하게 움직일 수 있었기 때문에 적은 병력으로도 일본군에게 큰 타격을 입혔어요. 유명한 의병장으로 경상 지역의 곽재우, 호남 지역의 고경명, 충청 지역의 조헌, 함경 지역의 정문부 등이 있었어요. 사명 대사와 서산 대사를 비롯한 승려들도 나라를 지키기 위해 의병을 이끌고 전투에 참가했고 큰 공을 세웠지요. 사명 대사는 임진왜란이 끝난 뒤 조선을 대표하는 협상단으로서 일본에 방문하여 마무리를 맡는 등 큰 역할을 수행하기도 했어요.

충청남도 금산에는 칠백의총七百義塚이라는 큰 무덤이 있는데, 이곳은 청주성을 수복하고 금산으로 진격하던 중 사망한 700여 명의 의병을 기리기 위해 만들어진 곳이에요. 충청도에서 활동하던 의병장 조헌과 승려 영규가 이끌던 의병들이 여기에 모셔져 있어요.

임진왜란 때의 대표적인 의병장들

의병장을 처벌한 선조

전쟁이 끝난 뒤, 무장한 의병들이 행여 반란을 일으킬까 두려워했던 선조는 상을 주어 의병장을 칭찬하는 대신 역모죄를 씌워 죽이기도 했다. 전국에 명성을 떨친 의병장 곽재우 역시 몇 차례에 걸쳐 관직에 나갔지만 관직 생활을 오래 이어 가지는 못했던 이유가 김덕령과 같은 훌륭한 의병장이 모함을 받아 목숨을 잃는 모습에 크게 염증을 느꼈기 때문이었다. 결국 곽재우는 관직을 내려놓고 고향에 내려 살다가, 1617년 4월 숨을 거두었다.

임진왜란으로 운명이 바뀐 사람이 있나요?

30초 해결사

임진왜란은 많은 것을 바꾸어 놓았어요. 그중에는 운명이 바뀐 사람들도 있었지요. 일본군이었지만 항복하고 조선군이 되어 싸운 항왜들도 있었고, 명나라 장수였지만 귀화하여 조선인이 된 사람도 있었지요. 전투 끝에 포로가 되어 일본에 끌려간 조선인도 아주 많았어요. 이들 중 많은 수가 돌아오지 못했어요.

- 항왜: 일본군 중에도 일본이 부당하게 전쟁을 일으켰다고 생각하는 사람들이 있었어요. 이들은 조선에 항복하고 조선의 편이 되어 일본과 맞서 싸웠는데, 이들을 항왜라고 해요.

#임진왜란 #항왜 #김충선 #귀화

사회 5-2 **1단원 3장** **민족 문화를 지켜 나간 조선**

"지금 제가 조선에 귀화하려 함은 지혜가 모자라서도 힘이 모자라서도 아니며 용기가 없어서도 아니고 무기가 날카롭지 않아서도 아닙니다. 저의 병사와 무기의 튼튼함은 백만의 군사를 당할 수 있고 계획의 치밀함은 길고 긴 성곽을 무너뜨릴 만합니다. … 다만 저의 소원은 예의의 나라 조선에서 백성이 되고자 할 뿐입니다. …"
– 항복을 청하는 김충선의 편지 중에서

대표적인 항왜 김충선(1571~1642)은 원래 '사야가'라는 이름을 지닌 일본인 장군이었어요. 임진왜란이 일본의 부당한 침략이라고 생각한 그는 조선에 항복하고, 조선군이 되어 일본군과 맞서 싸웠지요. 김충선은 여러 전투에서 공을 세웠을 뿐만 아니라 조선에 일본의 신식 무기였던 조총을 소개하고 훈련하는 일을 돕기도 했어요. 일본군의 조총을 두려워하던 조선군에게 아주 큰 도움이 되었지요. 당시 조선의 임금이었던 선조는 그에게 '충성스럽고 선한 사람'이라는 뜻을 담아 '충선'이라는 이름을 내려 주었어요.

한편 임진왜란에서 조선을 돕기 위해 파견되었다가 조선인으로 귀화한 '두사충'이라는 명나라 장수도 있었어요. 지금의 대구에 정착한 두사충은 고국을 기리는 마음을 담아 자신이 정착한 동네에 대명동大明洞이라는 이름을 붙였는데, 이것이 지금 대구 남구 대명동의 유래랍니다.

일본 도자기의 시조가 된 이삼평

전쟁 중 일본에 포로로 잡혀간 조선인 중에는 기술자가 상당수를 차지했다. 특히 도자기 분야에서 뛰어난 솜씨를 발휘하던 도공이 많았다. 그중에서도 이삼평(?~1656)은 일본의 도자기 기술을 크게 발전시킨 인물로 평가받는다.

일본의 아리타라는 지역에 자리를 잡은 이삼평은 함께 납치된 도공들과 함께 아리타를 일본 도자기의 중심지로 발전시켰다. 이삼평이 만든 아리타 자기는 일본 여러 지방의 자기 중에서도 단연 제일로 꼽혔을 뿐만 아니라 유럽으로 수출되어 큰 인기를 끌었다.

아리타는 오늘날에도 자기 생산으로 유명한 지역이며, 아리타에는 이삼평을 모신 사당이 남아 있다. 도자기의 시조라는 의미로 일본에서 '도조陶祖'로 모셔지고 있는 이삼평은 많은 업적을 남겼으나 평생 조국을 그리워하며 살았다.

한산도 대첩	명량 대첩	노량 대첩
1592	1597	1598

이순신 장군이 가장 큰 승리를 거둔 전투는 무엇인가요?

30초 해결사

1592년 7월 조선 수군은 이순신 장군의 지휘 아래 경상남도 통영시 앞바다에 있는 섬, 한산도 부근에서 큰 승리를 거두었어요. 이곳은 지형이 좁고 활동이 불편했는데, 이순신 장군은 이런 지형을 이용해 일본 수군을 유리한 장소까지 유인한 뒤 학익진 전법을 펼쳐 크게 승리할 수 있었지요. 이 전투를 '한산도 대첩'이라고 불러요.

- 학익진 전법: 학의 날개 모양으로 펼쳐져서 적군을 둘러싼 다음 공격하는 전법이에요.

#임진왜란 #이순신 #한산도 대첩 #학익진

한산도 달 밝은 밤에 수루(바다 옆 누각)에 혼자 앉아
큰 칼 옆에 차고 깊은 시름을 하는 차에
어디서 한 곡조의 피리 소리가 마음을 애끓게 하는구나.
– 이순신, 「한산도 달 밝은 밤에」

무과 시험을 통해 관직에 오른 이순신 장군은 강직한 성품으로 처음에 많은 어려움을 겪었어요. 하지만 임진왜란이 일어나자 뛰어난 자질을 인정받아 전라좌도 수군절도사에 임명되었어요. 전쟁을 예견하고 있었던 이순신 장군은 조선 수군의 배인 판옥선을 개량하여 거북선을 만들었어요. 이순신 장군의 지휘 아래 조선 수군은 한산도에서 큰 승리를 거두었어요(한산도 대첩). 이 승리로 이순신 장군은 삼도 수군통제사의 자리에 오르지요.

그러나 이순신 장군을 미워한 세력에 의해 모함을 받고 1597년 옥에 갇혔다가 백의종군(벼슬을 그만두고 병사로 전쟁에 참가하는 것)을 하게 돼요. 이순신 장군을 대신해 삼도 수군통제사를 맡았던 원균이 일본과의 전투에서 대패하자, 선조는 다시 이순신 장군을 통제사로 임명해요. 일본 수군이 서해로 진출하기 위해 진도 앞바다로 들어오자, 이순신 장군은 13척의 함선을 이끌고 적선 200여 척에 맞서 싸워 승리를 거두지요(명량 대첩).

일본 수군은 식량, 무기 등을 바닷길로 공급받으려는 계획을 세우고 있었는데, 이순신 장군이 이끄는 조선 수군의 연이은 승리로 인해 그 계획은 좌절되었어요. 그런 의미에서 한산도 대첩은 무척 의미가 큰 전투로 꼽혀요. 육지에서 연이어 승리를 거두던 일본의 기세가 크게 꺾였고, 조선이 반격할 수 있는 기회가 마련되었기 때문이지요.

개념연결 임진왜란의 3대 대첩

대첩大捷이란 크게 승리하는 것을 말한다. 임진왜란 당시 일본군을 크게 무찌른 3대 대첩이 있다.

한산도 대첩 1592년 7월, 이순신 장군이 이끄는 조선 수군이 한산도 앞바다에서 일본군을 크게 무찔러 전세를 역전하는 계기를 만들었다.

진주 대첩 1592년 11월, 진주성에서 김시민 장군이 이끄는 조선군과 백성들이 일본군을 크게 물리친 전투다.

행주 대첩 1593년 2월, 권율 장군이 이끄는 조선군과 백성들이 행주산성에서 일본군을 크게 쳐부수며 승리한 전투다.

한산도 대첩	명량 대첩	노량 대첩
1592	1597	1598

이순신 장군의 군대는 어떻게 계속 이길 수 있었나요?

30초 해결사

임진왜란 당시, 조선의 수군을 이끈 사람은 이순신 장군이었어요. 바다에서 이순신 장군의 군대는 천하무적이었지요. 이순신 장군은 일본과 23번 전투를 벌여 23번 모두 승리를 거두었어요. 물론 이순신 장군의 뛰어난 지도력 덕분이기도 했지만 철저한 준비로 전투에 임한 수군들과 지형을 이용하는 영리함, 그리고 놀라운 배 거북선이 있었기에 큰 승리를 거둘 수 있었어요.

#임진왜란 #이순신 #거북선 #난중일기 #유네스코 세계 기록유산

사회 5-2 | 1단원 3장 | 민족 문화를 지켜 나간 조선

이순신 장군이 주로 전투를 벌였던 남해안은 해안선이 무척 복잡하고, 조수 간만의 차가 컸어요. 이순신 장군은 이런 지형을 적극적으로 활용하여 많은 일본군을 무찔렀어요. 조선 수군의 연전연승에는 이순신 장군이 새롭게 개량한 배인 거북선도 큰 몫을 했지요.

원래 조선 수군이 사용하던 배는 판옥선이었어요. 판옥선은 바닥이 평평한 선체 위에 2층으로 갑판을 올려 만든 배로, 조선 수군의 핵심 전력이었지요. 노 젓는 공간과 전투 공간을 두 층으로 분리했기 때문에 공간을 넓게 활용할 수 있었어요. 총통과 같은 화약 무기를 직접 쏠 수도 있었지요.

거북선은 이러한 판옥선 위에 튼튼한 덮개를 올려 적의 공격을 막고, 사면으로 포와 총구를 배치해 공격력을 높인 배였어요. 두꺼운 등껍질을 덮은 모양이 꼭 거북 같다고 해서 붙여진 이름이었지요. 아군을 보호하고 적의 접근을 막을 수 있어 아주 강력한 전력이 되었답니다.

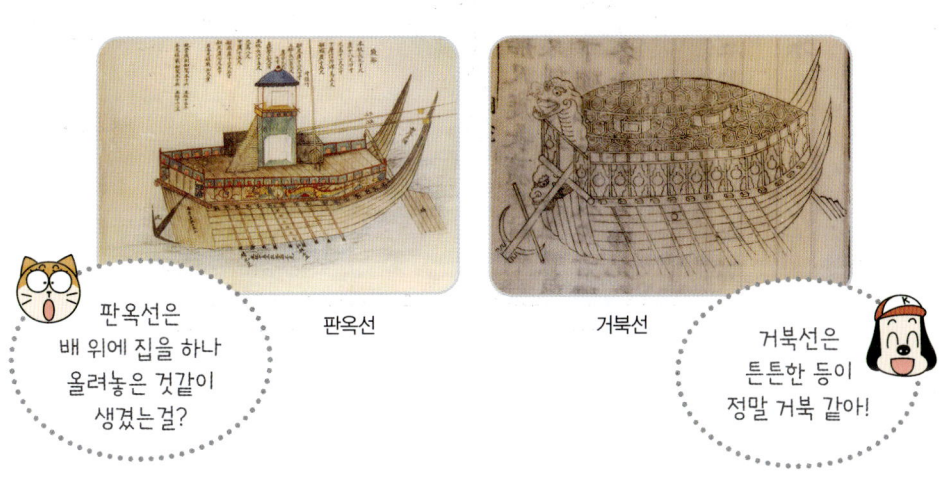

판옥선

거북선

판옥선은 배 위에 집을 하나 올려놓은 것같이 생겼는걸?

거북선은 튼튼한 등이 정말 거북 같아!

개념연결 이순신 장군과 마주할 수 있는 소중한 기록 『난중일기』

『난중일기』는 이순신 장군이 임진왜란이 일어난 1592년부터 전사한 1598년까지 7년여 동안의 상황을 일기로 담은 것이다. 『난중일기』에는 이순신 장군이 본 전투 상황과 부하들의 모습은 물론 백성들에 대한 사랑과 가족에 대한 염려 등 인간적인 모습도 잘 드러나 있다. 이순신 장군이 돌아가신 뒤 일기를 펴내면서 '전란 중에 쓴 일기'라고 하여 『난중일기』라는 이름을 붙였다. 『난중일기』는 그 가치를 세계적으로도 인정받아, 2013년 유네스코 세계 기록유산에 등재되었다.

"어머니가 평안하심을 알았다. 다행이다, 정말 다행이다."
– 『난중일기』 1593년 6월 1일 기록 중에서

유성룡
1542~1607

유성룡은 왜 『징비록』을 썼나요?

30초 해결사

조선 중기의 학자이자 정치가인 유성룡은 임진왜란과 정유재란을 겪으며 『징비록』을 썼어요. 과거를 반성하고, 미래를 대비하려는 의도로 쓴 책이었지요.

- 정유재란: 정유년(1597)에 시작되어 이듬해인 1598년에 끝난 조선과 일본의 전쟁이에요. 임진왜란이 발발한 뒤 휴전 협상에 실패하자 일본이 다시 조선을 침공하면서 일어났지요. 임진왜란에 이어 벌어진 전쟁이므로 정유재란까지를 임진왜란 시기에 포함하기도 해요.

#유성룡 #징비록 #임진왜란 #정유재란

『징비록懲毖錄』은 지나간 일을 뉘우치고(징계할 징懲) 나중에 일어날지도 모를 일을 조심하기 위한(삼갈 비毖) 기록(기록할 록錄)이라는 뜻이에요. 조선 시대 학자인 유성룡이 지었어요. 이순신 장군의 『난중일기』와 함께 임진왜란에 대해 알 수 있는 중요한 사료예요.

유성룡은 선조 임금 때 영의정(조선 시대의 가장 높은 관직)을 지내기도 한 정치가예요. 임진왜란이 일어났을 때도 전쟁을 수습하는 관직인 도체찰사를 맡아 활약했지요. 충무공 이순신 장군을 추천한 것도 유성룡이었어요. 전쟁이 끝난 뒤 고향으로 내려간 유성룡은 전쟁을 겪은 기록을 책으로 남기고자 했어요. 총 16권으로 구성된 이 책이 바로 『징비록』이에요.

『징비록』은 출간된 뒤 일본에도 전해졌어요. 외교 사절단인 조선 통신사로서 일본에 간 신유한이라는 관리의 기록에 '조선의 기밀이 많이 담긴 『징비록』 같은 책이 일본 오사카에서 널리 출판되어 걱정스럽다'는 내용이 나와요. 일본에서 『징비록』이 얼마나 널리 읽혔는지 알 수 있어요.

아래는 일본에서 『징비록』이 출간될 때 일본인이 덧붙인 글이에요.

징비록(한국국학진흥원 소장)

"조선인이 나약하여 일찍 전투에서 지고 기왓장과 흙이 무너지듯 한 것은 평소 대비하지 않아 방어를 제대로 하지 못했기 때문이다. … 전쟁을 너무 좋아하는 것과 전쟁을 잊는 것 모두 경계해야 한다. 도요토미 히데요시 가문은 전쟁을 너무 좋아했기에 망했고, 조선은 전쟁을 잊었기에 망할 뻔했다." - 『징비록』 일본어판 서문 중에서

개념연결 일본에 대해 경계했던 또 다른 책 『해동제국기』

유성룡은 『징비록』의 서문에서 조선 전기의 학자이자 외교관인 신숙주의 유언을 소개하며 조선이 신숙주의 뜻을 받아들이지 않고 100년간 일본의 변화를 살피지 못했기 때문에 임진왜란을 겪었다고 반성한다. 신숙주는 세종, 문종, 세조, 예종, 성종 등 여러 임금을 섬긴 신하로, 죽기 전에 성종에게 『해동제국기』라는 책을 지어 바쳤다. 신숙주는 이 책에서 "이웃 나라와 사귀고 방문하는 것은 풍속이 다른 나라를 달래고 높게 대우해 주는 것이므로 반드시 그 나라의 실제 모습을 알아야 예를 다할 수 있고, 그 예를 다한 연후에야 그 마음을 다할 수 있다"라고 말한다. 그러면서 "원컨대 일본과의 화평을 잊지 말라"고 덧붙였다. 어쩌면 신숙주는 100년 뒤에 일어날 임진왜란을 예견하고 있었을지도 모르겠다.

임진왜란	행주 대첩	정유재란
1592	1593	1597

임진왜란 이전에는 김치가 빨갛지 않았다고요?

30초 해결사

우리나라에는 고춧가루가 들어가는 음식이 많아요. 김치도 그렇지요. 그런데 고추가 우리나라에 들어온 것은 임진왜란 이후의 일이에요. 원래 고추는 아메리카 대륙에서 자라던 작물이었는데, 포르투갈 상인을 통해 일본에 먼저 전해졌지요. 그 후 임진왜란을 통해 조선에도 전해졌답니다.

- 고추의 옛 이름: 조선 사람들은 '일본에서 온 겨자처럼 매운 작물'이라는 뜻으로 고추를 왜겨자라고 불렀어요.

#임진왜란 #김치 #고추

우리나라의 대표적인 음식을 한 가지만 꼽으라면 아마도 많은 사람이 주저 없이 김치를 말하겠지요. 예전에는 냉장고가 없어서 채소를 오래 보관하기가 어려웠어요. 그래서 사람들은 채소를 소금물에 절여 보관했지요. 이렇게 절인 채소를 '침채'라고 불렀는데, 많은 학자가 침채를 김치의 유래로 보고 있어요.

지금은 김치 하면 빨간 색깔부터 떠올리지만, 처음에는 백김치나 동치미 같은 형태였을 것으로 추정해요. 임진왜란 이전까지는 고추가 없었기 때문이에요.

전쟁은 많은 사람에게 돌이킬 수 없는 피해를 입히는 끔찍한 사건이에요. 하지만 한편으로는 서로 다른 두 나라 사이에 문화를 전파하는 기회가 되기도 했어요. 임진왜란을 겪으며 조선과 일본은 여러 문물을 주고받았어요. 우리나라는 일본으로부터 고추, 감자, 담배 등의 작물을 전해 받았어요. 일본에는 전쟁 중 납치된 조선인 도공들을 통해 백자 등 조선의 도자기 제작 기술이 전파되었지요.

호떡, 호주머니 그리고 병자호란

병자호란은 만주 지역의 여진족이 세운 나라인 청淸이 조선을 공격하며 일어난 전쟁이다. 우리나라 사람들은 당시 여진족을 호胡, 즉 오랑캐라고 낮추어 불렀는데, 병자호란 이후 여진족에서 전해진 문물에도 '호' 자를 붙여 불렀다. 대표적인 것으로 여진족이 즐겨 먹던 '호떡'과 옷에 다는 '호주머니'가 있다.

호떡

호주머니

태종, 일본에 사절 파견	최초의 통신사 파견
1404	1429

조선 통신사는 새로 생긴 통신사 이름인가요?

30초 해결사

조선 통신사는 조선에서 일본으로 파견한 외교 사절단을 말해요. 통신은 '통할 통通', '믿을 신信'으로 쓰는데, 서로를 신뢰한다는 의미예요. 300~500여 명의 조선 외교 사절단이 일본을 방문해 일본의 쇼군(최고 통치자)을 만나고 왔는데, 주로 정치·외교적인 목적이 있었어요. 하지만 그 과정에서 문화 교류도 활발하게 이루어졌어요.

#조선 통신사   #조사 시찰단

약 10개월이 걸리는 2,000킬로미터의 머나먼 길, 그것이 일본과 조선 간에 믿음이 통하도록 노력하는 외교 사절단, 조선 통신사의 여정이었습니다. 일본 정부에서는 이 조선 통신사를 맞이하는 데 많은 예산과 정성을 쏟았어요. 조선과 일본의 평화를 유지하는 것이 중요한 문제였고, 또 조선 통신사의 방문이 일본의 권위를 높여 준다고 생각했기 때문이에요.

조선 통신사는 자주 오지 않았기 때문에 많은 일본인이 통신사와 교류하고자 했어요. 특히 조선의 서예는 무척 인기가 많았지요. 조선과 일본의 문인들은 필담을 나누고 시문을 지으며 교류하기도 했어요. 성리학도 통신사를 통해 일본에 전해졌어요. 일본에 간 화원과 의원들을 통해 조선의 그림과 의학이 일본에 전해지기도 했어요.

한편, 조선 땅에 고구마가 들어온 것도 통신사를 통해서였는데, 사절단이었던 조엄이라는 인물이 1763년 일본에서 아메리카 대륙의 작물인 고구마 종자를 들여와 조선의 농민들에게 전했어요.

조선 통신사의 행로

일본의 발전을 살펴보러 간 조사 시찰단

조선 통신사처럼 우리나라에서 일본에 보냈던 또 다른 시찰단이 있었다. 조사 시찰단이다. 강화도 조약으로 개항을 한 조선은 서양의 문물과 정책을 받아들이기 위해 1881년 조사 시찰단을 일본에 파견했다. 당시 서양 문물에 비판적이었던 사람들을 피하기 위해 암행어사처럼 몰래 파견되었다. 이들은 조선보다 먼저 서양 문물을 받아들인 일본의 사례를 직접 살펴보고 돌아왔다.

임진왜란	행주 대첩	정유재란	인조반정
1592	1593	1597	1623

광해군은 왜 중립 외교를 했을까요?

30초 해결사

광해군이 나라를 다스리던 때 조선은 명나라와 후금 사이에서 무척 난처한 위치에 있었어요. 후금과 싸우던 명나라가 조선에 지원을 요청하자 광해군은 지원군을 보내면서 비밀스러운 명령을 내렸고, 조선군은 후금과 싸우는 시늉만 하고 항복했어요. 그 결과 명나라와 후금의 분노를 모두 피할 수 있었지요.

- 후금: 만주 지역에 있던 여진족들이 추장 누르하치에 의해 통일되면서 세워진 나라예요. 훗날 중국을 통일하고 '청'이라는 나라를 세워요.

#광해군 #중립 외교 #명나라 #후금 #강홍립

"명나라 장수들의 명령을 그대로 따르지 말고 우리 군대가 패배하지 않을 방법을 생각하시오."

광해군은 명의 요청으로 군대를 보내며 강홍립에게 이렇게 말했어요.

조선은 전통적으로 명나라와 사대 외교를 하던 나라였어요. 사대 외교에 따르면 큰 나라인 명나라는 조선에 은혜를 베풀고, 조선은 명나라를 존중하고 따라야 했어요. 하지만 조선 후기가 되면서 동아시아 국제 질서에 변화가 일어났고, 광해군은 외교 방식을 바꿀 필요성을 느꼈지요. 명나라와 돈독한 관계를 유지하는 것도 중요했지만 날로 강성해지는 후금의 위협을 무시할 수도 없었어요. 1619년 명나라가 후금을 칠 지원군을 요청하자, 광해군은 1만 3,000명의 군사를 보내면서 도원수 강홍립에게 형세가 어떤지 살피고 결정하라는 명령을 내렸어요. 그 명령에 따라 강홍립은 후금과 싸우는 대신 항복했지요. 광해군은 때에 따라 명나라를 돕는 한편, 후금에게는 싸울 의지가 없다는 것을 표명하며 평화를 지켰던 것이에요.

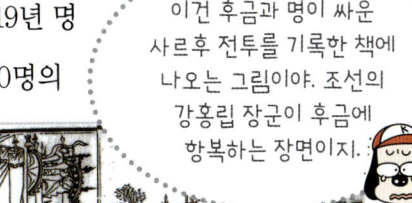

이건 후금과 명이 싸운 사르후 전투를 기록한 책에 나오는 그림이야. 조선의 강홍립 장군이 후금에 항복하는 장면이지.

저기 맨 앞에 엎드린 사람이 강홍립이겠구나.

개념연결 폐위된 조선의 임금들

폐위란 임금을 자리에서 쫓아내고 그 지위를 없애는 것을 말한다. 조선의 역사 중 폐위된 임금은 광해군과 연산군, 두 명이었다. 그러나 오늘날 사람들은 두 사람을 새롭게 바라보려 시도하고 있다.

	연산군	광해군
폐위 이유	두 차례의 사화(무오사화, 갑자사화)를 일으켜 많은 신하를 죽였다. 또 충신들의 조언을 귀찮게 여겨 각종 기관을 없애 버렸다.	오랫동안 따른 명나라를 배신하고 후금의 편을 들었다고 여기는 반대 세력이 많았다. 즉위 당시 왕권 강화를 위해 친족을 죽였다.
오늘날 평가	폭군인 것은 사실이지만, 어머니인 폐비 윤씨의 죽음으로 인한 정신적 불안이 영향을 미쳤을지도 모른다는 의견이 있다.	임진왜란이 끝난 뒤 나라 복구를 위해 힘썼으며, 중립 외교를 통해 불필요한 전쟁을 피했다. 대동법을 실시했다.

역사 토론

광해군을 어떤 왕으로 평가해야 할까?

'폭군' 광해군

광해군은 폭군이야. 폐위될 만해!

" 광해군은 폭군이었어. 새어머니인 인목 대비를 궁에 가두고, 이복동생 영창 대군을 죽였잖아. 그뿐이야? 교하(지금의 경기도 파주)에 큰 궁을 짓고 수도를 옮기려고 해서 많은 백성이 고통받았어. 정치에서도 공정하지 못했지. 자기편인 대북파 신하들하고만 국정을 논하려 했으니 말이야. "

광해군은 강해진 후금과 약해진 명 사이에서 적절한 거리를 유지하는 중립 외교를 펼쳤다. 달라진 국제 환경을 이용한 정책을 환영하는 사람들도 있었지만, 명분과 의리를 중시하는 세력은 명나라를 배신하는 행위라고 이를 비판했다.

광해군을 견제하기 위해 영창 대군을 지지하는 움직임이 일자 광해군은 인목 대비를 폐위하고 이복동생인 영창 대군의 목숨을 빼앗았다. 이 사건으로 인해 광해군은 왕위에서 쫓겨나고 인조가 왕위에 오른다(인조반정).

'훌륭한 왕' 광해군

광해군은 훌륭한 왕이었어. 폭군은 억울한 평가야!

> 광해군은 지혜로웠어. 후금과 명나라 사이에 싸움이 일어났을 때, 광해군의 중립 외교가 아니었다면 조선은 온전하지 못했을 거야. 또 나라를 아끼는 마음도 깊었어. 임진왜란을 겪으며 어지러워진 조선을 바로 세우기 위해 많은 정책을 펼쳤지. 광해군을 왕으로 인정하지 않고 왕위를 노리는 세력이 있었기 때문에 자기편인 신하들을 믿을 수밖에 없었던 것이 아닐까?

인조반정	정묘호란	병자호란	제1차 나선 정벌
1623	1627	1636	1654

병자호란 당시 김상헌과 최명길은 왜 다투었나요?

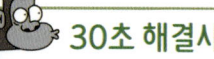

병자호란 당시, 남한산성에서는 신하들이 두 무리로 갈려 팽팽하게 맞섰어요. 예조 판서 김상헌은 청나라 군대와 끝까지 싸울 것을 주장했고, 이조 판서 최명길은 그만 전쟁을 멈추고 화해하자는 주장을 폈지요. 이때 끝까지 싸울 것을 주장한 무리를 주전파, 싸움을 멈출 것을 주장한 무리를 주화파라고 불러요.

- 남한산성: 지금의 경기도 광주시에 있는 성곽으로, 조선의 수도 한양을 지키는 역할을 했어요. 병자호란 때 청나라 군대가 빠른 속도로 쳐들어오자 인조와 신하들은 남한산성으로 몸을 피했어요.

#병자호란 #주전론 #주화론

김상헌: "오랑캐인 청나라의 신하가 되느니 최후의 결전을 벌여 떳떳이 싸우십시오!"

최명길: "나라와 백성을 생각해야 할 임금께서 함부로 싸움을 결정하시면 아니 되옵니다!"

병자호란 당시 주전파였던 김상헌과 주화파였던 최명길이 벌인 논쟁의 한 장면이에요. 대체 병자호란은 왜 일어났고, 두 사람은 어쩌다 논쟁을 벌이게 되었을까요?

조선은 일찍부터 명나라를 형의 나라로 여기며 긴밀한 관계를 맺어 왔어요. 반면 청나라를 세운 후금(만주족)은 오랑캐로 여겨 무시했지요. 17세기가 되자 명나라가 차츰 쇠퇴하고 청나라가 강성해졌지만 조선은 여전히 청과의 군신 관계를 거부했어요. 결국 1836년 청나라가 조선을 침략했어요. 이 전쟁을 병자호란이라고 불러요.

병자호란은 조선 역사상 가장 큰 패배였어요. 인조는 청나라 태종에게 삼배구고두三拜九叩頭(세 번 절하고 아홉 번 머리 조아리기)를 하며 치욕스럽게 항복했어요. 이후 조선 백성들은 청나라로부터 많은 괴롭힘을 당했어요.

청나라에 항복하기 전 인조와 신하들은 남한산성에 갇힌 채 포위되었어요. 주전파의 대표 격인 김상헌은 "살아서 수치스럽기보다는 명예를 지키며 죽어야 한다"고 주장했고, 주화파의 대표인 최명길은 "백성들을 고통스러운 죽음으로 내몰기보다는 수치스럽더라도 살아야 한다"고 주장했어요. 두 세력 사이에서 혼란스러워하며 고민하던 인조는 결국 항복을 선택했지요.

병자호란으로 고통받았던 백성들

병자호란과 이어진 청나라의 무리한 요구로 백성들은 많은 고통을 받았다.

- 피로인被擄人 '적에게 사로잡힌 포로'라는 뜻으로, 수십만 명의 조선 백성들이 포로가 되어 청나라로 끌려갔다.
- 환향녀還鄕女 청나라로 끌려갔다 고향으로 돌아온 여인을 환향녀라고 불렀다. 간신히 풀려나 돌아온 이들을 가족과 친척들은 치욕을 겪은 여인들이라며 비난했고, 이는 이중의 고통이 되었다.
- 해동청海東靑 우리나라(해동)에서 기른 사냥용 매를 뜻한다. 청나라는 해동청을 많이 요구했는데, 이 때문에 백성들이 매를 잡느라 많은 고생을 했다.

인조반정	정묘호란	병자호란
1623	1627	1636

청나라는 왜 조선에 삼전도비를 세웠나요?

30초 해결사

병자호란에서 승리를 거둔 청나라는 조선에게 '큰 나라 청 황제의 공과 덕을 기리는 비'를 세우게 했어요. 이 비석을 세운 장소는 삼전도(지금의 서울 송파구)인데, 조선이 청나라에게 항복을 맹세하는 조약을 맺은 곳이지요. 아픈 역사의 흔적이에요.

- 병자호란: 1636년 조선 인조 때 청나라 태종이 직접 군을 이끌고 조선을 침략했어요. 전쟁 준비가 되어 있지 않았던 조선은 패배했고, 그 결과 백성들이 포로로 끌려가는 등 피해가 컸어요.

#병자호란 #삼전도비

사회 5-2 1단원 3장 **민족 문화를 지켜 나간 조선**

병자호란에서 패배하고 2년이 지나, 조선은 청 태종의 지시에 따라 삼전도비를 세웠어요. 삼전도비에는 청 태종의 승전을 찬양하는 내용이 담겨 있었지요. 비석은 인조가 굴욕적으로 항복한 장소인 삼전도에 세워졌는데, 그 후 조선에 오는 청나라 사신들은 반드시 삼전도에 들렀다고 해요.

청일 전쟁(1894~1895) 이후 전쟁에서 패배한 청나라의 힘이 약해지자 고종 32년(1895) 치욕스러운 과거를 묻기 위해 비석을 철거하고 강 아래로 던져 버렸어요. 그러나 일제 강점기(1913)가 되면서 일제가 조선 민족은 원래 힘이 없어 다른 민족에게 지배되어 왔다는 논리를 펴기 위해 다시 삼전도비를 건져 냈지요. 1945년 8월 광복을 맞이하자마자 지역 주민들은 비석을 도로 땅속 깊이 묻어 버렸어요. 삼전도비는 1963년 대홍수와 함께 다시 모습을 드러냈는데, 정부는 치욕적인 역사를 되새기자는 취지로 다시 비석을 복구해 놓았어요. 지금은 서울 송파구 석촌 호수 인근에 자리 잡고 있어요.

2007년 한 시민이 스프레이를 뿌려 삼전도비를 훼손했대.

아픈 역사이긴 하지만, 기억은 해야 하지 않을까?

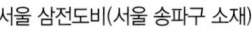
서울 삼전도비(서울 송파구 소재)

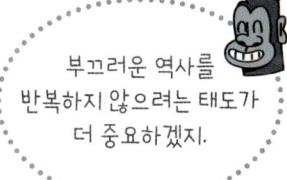

부끄러운 역사를 반복하지 않으려는 태도가 더 중요하겠지.

부끄러운 역사 유적, 어떻게 해야 할까?

철거하자!	보존하자!
조선 총독부 건물 철거	군산 근대 문화유산 관광
조선 총독부 건물은 일제가 식민 통치의 정당성과 위엄을 내세우고자 경복궁 앞에 지은 것이었다. 1945년 광복 후 국립중앙박물관 등으로 사용되다가 1993년 결국 완전 해체 및 철거가 결정되었고 1995년에 시행되었다.	일제 강점기 당시 어업과 물류의 전진 기지였던 군산에 근대 문화유산 거리가 조성되었다. 일제의 잔재인 일본식 가옥, 사찰, 세관, 은행, 거리 등이 고스란히 보존되어 있어 많은 방문객이 찾고 있다.

조선 **237**

영조, 탕평비 건립	영조, 균역법 실시
1742	1750

영조의 뜻이 담긴 음식이 있다고요?

잡채 같기도 하고, 묵무침 같기도 하고…

탕평채라는 음식이래. 어때, 영조의 뜻이 뭔지 알겠어?

30초 해결사

탕평채는 청포묵에 여러 채소와 계란 지단, 쇠고기나 김 등을 버무린 요리예요. 여러 색깔의 다양한 재료가 어우러져 조화를 이루는 음식이지요. 탕평채에는 여러 붕당으로 나뉘어 대립하는 신하들이 분쟁을 그만두고 화합하기를 바라는 영조의 마음이 담겨 있어요. 영조가 실시한 정책인 탕평책에서 따온 이름이지요.

- 탕평책: 붕당들의 다툼을 막기 위해 여러 세력의 인재를 고르게 등용하여 균형을 잡으려 한 정책이었어요. 조선 후기 영조, 정조 대에 시행되었어요.

#탕평책 #영조 #붕당 #사도 세자

조선 시대의 붕당 정치는 여러 정치 세력이 균형을 이루며 발전해 나갔던 정치 운영 방식이었어요. 그러나 조선 후기로 접어들면서 붕당 간의 갈등이 심화되고 당쟁이 본격적으로 발생하여 큰 사회 문제가 되었지요.

즉위 과정에서 붕당 간의 극심한 대립으로 피해를 겪은 영조는 당쟁을 해결하고, 약해진 왕권을 다시 강화하기 위해 탕평책을 본격적으로 추진했어요. 탕평책이 효과를 발휘해 붕당 간의 세력 균형이 어느 정도 자리를 잡자, 영조는 본격적으로 백성들의 생활을 안정시키기 위한 개혁에 나섰지요. 영조의 뒤를 이어 즉위한 정조도 탕평책을 실시하면서 붕당과 신분을 가리지 않고 능력 있는 인재를 두루 등용해 나라를 발전시켰어요.

하지만 정조가 갑자기 죽고, 순조가 어린 나이에 즉위하자 세력 균형이 다시 깨지고 극심한 대립이 나타났어요. 그 결과 왕권이 크게 약해지고, 몇몇 외척 세력이 권력을 독점하는 세도 정치가 등장하게 되었지요.

영조 어진(국립고궁박물관 소장)

붕당 정치에 희생당한 사도 세자

사도 세자는 아버지 영조의 명으로 뒤주에 갇혀 목숨을 잃었다. 이 끔찍한 사건의 배경에는 노론과 소론의 정쟁이 있다. 노론의 도움으로 왕위에 오른 영조와 달리, 아들인 사도 세자는 소론 세력과 가까웠다. 노론은 이런 사도 세자를 껄끄럽게 여겼다. 여기에 탕평책에 대한 영조와 사도 세자의 견해 차이, 그리고 외척 간 갈등 문제가 더해져 영조와 사도 세자 사이는 더욱 멀어졌다. 사도 세자가 비행을 저지르고 다닌다는 보고를 받은 영조는 명을 내려 사도 세자를 작은 뒤주에 가두었고, 사도 세자는 결국 목숨을 잃고 말았다.

정조는 왜 수원에 화성을 세웠나요?

30초 해결사

1789년 정조는 원래 양주에 있던 사도 세자의 묘, 현륭원을 수원 팔달산 아래로 옮겼어요. 그리고 아버지를 기리는 마음으로 수원에 화성을 지었지요. 또 아버지의 묘를 방문할 때 머무를 행궁을 화성 안에 두고, 아버지의 묘를 자주 들여다보고자 했어요.

정조가 화성을 지은 데는 아버지를 향한 각별한 애정뿐만 아니라 실용적인 이유도 있었어요. 화성을 중심으로 수원을 신도시로 성장시키려고 했던 것이지요. 이에 정조는 많은 예산과 인력을 들여 도시를 축조했어요.

- 사도 세자: 비극적인 죽음을 맞이한 정조의 아버지예요. 영조의 아들이기도 해요.

#수원 화성 #정조 #사도 세자 #거중기 #정약용 #유네스코 세계 문화유산

1776년에 즉위한 정조는 개혁 정책을 펼치기 위해 규장각이라는 기관을 설치하고 강력한 정치 기구로 만들었어요. 규장각은 도서관의 기능과 정책 연구 기관의 역할을 함께 했지요. 젊고 유능한 관리를 뽑아 개혁 세력으로 키우고, 친위 부대인 장용영을 설치하여 왕권을 뒷받침하는 군사적 기반도 다졌어요. 수원에 화성을 건설한 것도 이러한 개혁 정치의 일부였어요.

화성 건축 책임자는 실학자 정약용이었어요. 정약용은 빠르게 공사를 마무리하기 위해 도르래를 활용하는 '거중기'를 만들었어요. 거중기의 도움과 정조의 전폭적인 지지로 화성은 무척 빠르고 튼튼하게 지어졌어요.

화성은 조선의 전통적인 성곽 건축 기술을 바탕으로 여러 나라의 성곽을 연구한 끝에 만들어진 건축물이었어요. 그 결과 군사 방어 기능은 물론, 상업 기능도 함께 갖춘 성이 되었지요. 정조는 화성이 자급자족할 수 있도록 농사를 권장하고 상인들이 자유롭게 드나들 수 있도록 하여 화성을 활발한 상업 도시로 키우려 했어요. 화성은 과학적이고 실용적인 구조의 가치를 인정받아 1997년 유네스코 세계 문화유산으로 등록되었지요.

와, 엄청난 행렬이다!

정조의 어머니인 혜경궁 홍씨의 회갑연 때의 행차란다. 무려 7박 8일간 진행되었지. 동원된 인원만 해도 6,000명이 넘었어.

「화성 행행도 병풍」 중 일부
(리움미술관 소장)

정조의 화성 행차

정조는 매년 화성으로 행차해 아버지를 기리고, 신하들과 백성들에게 개혁의 뜻을 알리고자 했다. 정조의 화성 행차 기간은 마치 잔치와도 같았다. 어마어마한 수의 사람들이 동원되어 그 자체로도 굉장한 볼거리였으며, 왕의 행차를 직접 보기 위해 몰려든 백성들로 주변이 늘 붐볐다. 정조의 어머니인 혜경궁 홍씨의 회갑을 맞았을 때 정조는 혜경궁 홍씨를 모시고 7박 8일 동안 화성으로 행차했는데, 그 기록이 「화성 행행도」와 『화성성역의궤』에 고스란히 남아 있어 당시 행차의 모습을 선명하게 살펴볼 수 있다.

만약에 역사

역사에는 만약이 없다고 하지요. 하지만 상상의 날개를 펼쳐 다양한 역사를 생각해 본다면 더욱 깊이 있게 역사를 이해할 수 있을 거예요.

정조가 죽지 않고 개혁을 계속했더라면?

정조는 정치와 경제 질서를 바로잡는 개혁을 많이 실시했어. **만약에** 조선 시대 정조가 갑작스럽게 죽지 않고 개혁을 계속했더라면 역사는 어떻게 되었을까?

정조가 조금만 더 오래 살았더라면 조선 사회가 달라졌을 거야! 짧은 즉위 기간 동안에 많은 개혁을 펼쳐 성공을 거두었잖아. 힘 있게 개혁을 밀어붙여서 완전히 새로운 역사가 펼쳐졌을지도 몰라.

그래? 나는 정조의 개혁이 왕권을 강화하기 위한 수단이었다고 생각하는데.

그렇지만은 않아. 정조는 규장각을 설치하여 인재를 키우고 학문을 발전시킨 왕이야. 백성들의 생활 안정을 위해 노력했고, 상공업을 발전시키고 서얼에 대한 차별도 없앴지. 다 조선 사회의 발전을 위한 정책들이었어.

정조는 어렸을 때 아버지 사도 세자의 죽음을 목격하고, 숱한 위기를 겪어 내며 왕위에 올랐다. 왕위에 오른 정조는 백성들의 생활에 도움이 되는 여러 정책을 시행했다. 당파에 상관없이 유능한 인재를 적극적으로 기용하고, 서얼 가운데서도 능력 있는 인물들을 발굴했다. 계획 도시인 화성을 건설하여 왕권도 크게 강화했다. 하지만 그 과정에 안동 김씨와 같은 유력 가문과 손을 잡으면서, 이후 오랜 시간 백성들을 고통스럽게 한 세도 정치의 기반이 마련되었다.

그래. 하지만 정조는 왕권을 강화하기 위해 안동 김씨 등 힘센 가문과 손을 잡기도 했잖아? 결국 정조 이후 몇 대에 걸쳐 조선은 세도 정치로 몸살을 앓았어. 어느 정도는 정조에게 책임이 있다고 생각해.

그만큼 당시 조선의 상황이 만만치 않았으니… 어쩔 수 없는 선택이었는지도 몰라. 그리고 정조가 갑작스럽게 죽지 않았더라면 힘센 가문들과 적절히 힘의 균형을 맞출 수 있었을 거야. 세도 정치가 시작된 것은 순조가 11세라는 어린 나이에 즉위하면서 정순 왕후가 수렴청정을 했기 때문이잖아. 정조가 오래 살아서 성공적으로 개혁을 이끌었다면 조선의 역사는 크게 달라졌을 거야.

정조는 분명 훌륭한 왕이었지만, 난 여전히 정조 혼자만의 노력으로는 나라를 변화시킬 수 없었을 것이라고 생각해. 조선이 몰락해 간 데는 정말 많은 이유와 변수가 있었잖아.

1778	1780
박제가, 『북학의』 저술	박지원, 『열하일기』 저술

『열하일기』는 누가 쓴 일기예요?

30초 해결사

『열하일기熱河日記』는 정조 때의 실학자 박지원이 연행사로 청나라에 건너갔을 때 보고 느낀 것을 기록한 책이에요. 일기보다는 여행기에 가까워요. 청나라의 발전 모습, 당시 조선의 문제와 개혁 방안을 유쾌한 문장으로 기록했어요. 제목의 열하熱河는 청나라의 지명으로, 청나라 건륭제의 피서지이기도 했어요.

- 연행사燕行使: 청나라의 수도인 연경에 다녀오는 조선의 외교 사절단을 말해요. 약 200여 명의 신하가 파견되었지요.

#열하일기 #박지원 #실학

1780년 청나라로 가는 외교 사절단인 연행사에 참여하게 된 박지원은 약 5개월 동안 청나라를 여행했어요. 원래 목적은 연경(지금의 베이징)을 방문하여 청나라 황제인 건륭제를 만나는 것이었지만, 박지원 일행이 방문했을 때는 건륭제가 '열하'라는 곳으로 휴가를 떠난 상태였어요. 덕분에 박지원의 여행은 계획보다 길어졌어요.

박지원은 여행 동안 청나라의 여러 지역을 살펴보고 다양한 계층의 사람들을 만나 대화를 나누었어요. 그러면서 청나라의 상황을 파악해 나갔는데, 특히 상공업과 기술이 발전된 모습들을 인상 깊게 보았지요. 조선으로 돌아온 박지원은 여행을 통해 얻게 된 경험과 깨달음을 바탕으로 『열하일기』를 썼어요.

박지원은 『열하일기』에 연행사 경험을 통해 보고 들은 청나라의 다양한 문물과 이야기를 소개하며 조선에서도 수레와 배를 활발히 이용하고, 화폐를 사용하자고 주장했어요. 조선 양반 사회의 문제점을 비판하기도 했지요. 『열하일기』는 박지원 특유의 유쾌한 문체로도 유명해요. 하층민들과 주고받은 농담이나 재미있는 속담을 그대로 쓰는 등 당시로서는 파격적인 글솜씨를 선보여 사회적으로 큰 영향을 미쳤어요.

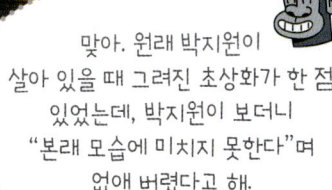

이 초상화는 20세기에 그려진 거라면서요?

맞아. 원래 박지원이 살아 있을 때 그려진 초상화가 한 점 있었는데, 박지원이 보더니 "본래 모습에 미치지 못한다"며 없애 버렸다고 해.

박지원이 지은 책들

박지원은 뛰어난 사상가이자 문학가로, 『열하일기』 외에도 많은 책을 썼다. 매력적인 문장과 내용 때문에 오늘날에도 널리 읽히는 작품들이다.

『양반전』 양반들의 위선과 모순을 풍자하고 비판하는 소설이다.
『호질』 호랑이가 주인공으로 등장해 위선적인 인간들을 풍자하는 소설이다.
『과농소초』 농사법과 관련한 개혁안을 다룬 책이다.
『허생전』 이치에 밝은 선비 허생의 이야기를 그린 책으로, 박지원의 개혁 사상을 살펴볼 수 있다.

서당에서는 무엇을 배우나요?

30초 해결사

서당은 조선 시대의 초등, 중등 교육 기관이었어요. 서당에서 아이들은 『천자문』으로 기본적인 한자를 익히고, 『동몽선습』으로 중국과 조선의 역사를 배웠지요. 또 『명심보감』, 『소학』 등 선현의 말씀에서 사람으로 살아가며 지켜야 할 올바른 도리에 대해 배웠답니다. 서당에 다니는 아이들은 주로 7~8세에 입학하여 15~16세쯤이면 교육을 마쳤어요.

- 『천자문』: 처음 한자를 배우는 사람을 위한 교재였어요. 중요한 한자 1,000자로 구성되어 있어요.

#서당 #초등학교 #김홍도

조선 시대 서당은 어떤 모습이었을까요? 조선 시대의 유명한 화가, 단원 김홍도는 서당에서 공부하는 학동(공부하던 어린이와 학생을 일컫는 말)들의 모습을 「서당」이라는 그림에서 익살스럽게 표현했어요. 이 그림을 통해 우리는 학동들의 모습을 엿볼 수 있답니다.

너희가 다니는 초등학교, 중학교처럼 학년 구분이 있었던 것은 아니었단다.

같은 공간에서 같은 훈장님과 공부하지만, 진도에 따라 저마다 공부하는 책이 달랐지.

어, 같이 공부하는 학동인데, 어떤 학동은 갓을 쓰고 있고 어떤 학동은 댕기를 드렸네요. 나이가 다 달랐나 봐요.

김홍도, 「서당」(국립중앙박물관 소장)

조선 시대의 서당은 요즘으로 보면 초등학교, 중학교와 비슷한 교육 기관이지만, 당시에는 양반이나 넉넉한 평민 집안의 남자아이들만 서당에 다닐 수 있었어요. 서당에서 공부를 마친 학동들은 사부 학당이나 향교로 올라가 공부를 계속했지요. 사부 학당과 향교는 같은 등급의 교육 기관으로, 이곳에서 열심히 공부하여 과거를 치르고 관직에 나아가거나, 고등 교육 기관인 성균관에 입학할 수 있었어요.

초등학교는 언제부터 있었을까?

서당은 조선 시대의 초등학교라고 할 수 있는 기관이다. 그렇다면 지금 우리가 다니는 초등학교는 언제 생겨났을까? 오늘과 같은 초등학교가 생긴 지는 채 30년이 되지 않았다. 시대에 따라 초등학교를 부르는 말도 달랐다.

조선 후기~대한 제국	일제 강점기	대한민국
소학교(1895~1906) 보통학교(1906~1910)	보통학교(1910~1938) 소학교(1938~1941) 국민학교(1941~1945)	국민학교(1945~1996) 초등학교(1996~)

최초의 서원, 백운동 서원 건립	흥선 대원군, 서원 철폐 시작
1543	1864

서원과 향교는 무엇을 하는 곳이었어요?

30초 해결사

서원書院은 학문 연구를 하는 조선의 교육 기관 중 하나였어요. 개인이 세운 교육 기관이라는 점에서 오늘날의 사립 학교와 비슷해요. 지방의 선비들이 학문적 전통을 이어 가기 위해 후배들을 교육하고, 또 모여서 성리학을 연구하는 장소였지요. 향교鄕校는 나라에서 각 지역에 세운 국가 교육 기관이었어요. 오늘날의 국·공립 학교와 비슷해요.

- **성리학**: 유학의 여러 갈래 중 하나로, 조선의 기틀을 다진 학문이에요. 중국 송나라에서 전래했지만 조선만의 방식으로 발전했지요. 퇴계 이황과 율곡 이이는 성리학을 깊이 연구한 대표적인 학자였어요.

#서원 #향교 #성리학

서원은 성리학을 공부하는 학자들이 세운 교육 기관이었어요. 명망 높은 학자의 제사를 지내는 사당, 교육과 집회를 여는 강당, 유생들이 숙식하는 동재와 서재로 구성되어 있었어요. 이 외에도 책을 펴내고 보관하는 공간 등이 따로 마련되어 있었지요.

향교는 국가에서 관리하는 교육 기관으로, 고을마다 한 개의 향교를 세우는 것이 원칙이었어요. 향교는 공자를 비롯하여 뛰어난 유학자들의 위패를 모신 문묘와 공부하는 공간인 명륜당, 그리고 유생들이 숙식하는 기숙사로 이루어져 있었어요.

서원과 향교 모두 조선의 건국 이념이었던 성리학을 공부하는 교육 기관이었어요. 서원은 개인이 지은 교육 기관이지만 그 기능을 인정받아 나라에서 경제적인 지원을 해 주었지요. 또 서원과 향교에서 공부하는 학생들은 군역에서 면제되기도 했어요. 서원과 향교는 교육 기관인 동시에 지방 선비들이 여론을 모아 나가는 중심지로 자리 잡았어요.

전라남도 지역의 유생들이 공부하러 왔을 나주 향교야.

나주 향교(전라남도 나주시 소재)

'유성룡'이라는 선비를 기리기 위해 만들어진 병산 서원이야. 풍경이 멋져서 공부도 잘되었겠어!

병산 서원(경상북도 안동시 소재)

서원을 대폭 없앤 흥선 대원군

서원은 교육과 선현 제사를 위해 조선 중기에 만들어졌다. 하지만 조선 후기가 되자, 서원이 누리는 여러 특권들로 인해 국가의 재정이 악화되고 백성들이 많은 고통을 받았다. 흥선 대원군은 이런 문제를 바로잡기 위해 서원을 대폭 정리했다. 그 결과 전국 각지에 있던 서원들은 47개소만 남고 모두 사라졌다. 흥선 대원군의 서원 정리는 왕권을 강화하고 국가 재정을 늘리는 데 큰 도움이 되었을 뿐만 아니라 유생들의 횡포로부터 농민들을 보호하는 데도 효과가 있었다. 하지만 보수적인 유생들은 크게 반발했고, 이는 훗날 흥선 대원군이 물러나는 데 영향을 미쳤다.

정조, 규장각 설치	박제가, 『북학의』 저술	수원 화성 완성	정약용, 신유박해로 유배됨
1776	1778	1796	1801

정약용은 어떻게 그렇게 많은 책을 썼어요?

정약용이 지은 대표적인 책들: 1표 2서

1표	『경세유표』: 제도 개혁에 관한 구상을 담았어요.
2서	『흠흠신서』: 재판과 형법에 대해 다루었어요. 『목민심서』: 고을을 다스리는 수령(목민관)이 백성들을 위해 올바른 통치를 할 수 있도록 돕는 내용이에요.

30초 해결사

다산 정약용은 조선 시대를 대표하는 실학자예요. 정치적인 이유로 18년 동안 집을 떠나 귀양 생활을 했는데, 이때 좌절하는 대신 제자들과 함께 『목민심서』를 비롯해 500여 권이나 되는 책을 썼어요.

- 정약용의 호, 다산: '다산'은 정약용의 호예요. '차 다茶', '산 산山'을 써요. 유배 생활을 하던 곳에 차나무가 많아서 이런 호가 붙었답니다.

#정약용 #목민심서 #실학

정약용은 뛰어난 능력 덕분에 정조의 사랑을 듬뿍 받았어요. 정조의 숙원 사업이었던 수원 화성 설계에 관여했을 뿐만 아니라, 사도 세자의 묘로 향하는 배다리를 만든 업적으로 널리 알려져 있지요.

정조가 승하한 뒤 천주교에 대한 반감이 거세지자(신유박해, 1800) 천주교와 많은 관련이 있었던 정약용의 집안에도 영향이 미쳤어요. 정약용의 형 정약종은 자신이 천주교 신자임을 숨기지 않고 저항한 끝에 처형되었고, 다른 형 정약전은 전라남도의 섬 흑산도에 유배되었지요. 정약용도 경상도 장기(지금의 경상북도 포항), 전라도 강진(지금의 전라남도 강진) 등을 떠돌며 18여 년 동안 귀양 생활을 했어요. 귀양 기간에 정약용은 지방관이 지켜야 할 행정 지침서인 『목민심서』와 국가 기구의 개혁 방향을 담은 『경세유표』 등 500여 권의 저서를 남겼어요. 이 밖에도 지리학, 의학 등을 다룬 책을 펴내며 백성들의 삶에 도움이 되는 학문 연구에 힘썼지요. 오늘날 정약용은 실학을 집대성한 대학자로 높은 평가를 받아요. 정약용의 사상과 활동은 후대에 큰 영향을 미쳤고, '다산학'이라 할 수 있을 정도로 방대한 학문 세계를 열었어요.

김호석, 「다산 정약용 초상」(다산박물관 소장)

다산 정약용을 그린 영정이네요! 그런데 조선 시대에도 안경이 있었어요?

안경과 같은 서양 문물이 청나라를 통해 조선에도 전해졌단다. 이 그림은 최근에 그려진 것인데, 서양 문물에 관심이 많았던 정약용을 표현하기 위해 안경을 그려 넣었지.

해양 생물의 백과사전 『자산어보』를 쓴 정약전

정약용의 형 정약전이 유배된 곳은 한번 들어가면 다시는 나올 수 없다는 검은 섬, 흑산도였다. 힘겨운 유배 생활에도 정약전은 어부들과 스스럼없이 어울리고 아이들을 가르치는 등 삶을 찾기 위해 애썼다. 특히 흑산도 일대 물고기들과 해양 생물들을 조사하고 분류하여 종류별 명칭과 분포, 형태와 그 특징들을 자세히 기록하여 남겼는데, 이 책이 『자산어보』다. 『자산어보』는 당시 조선의 해양 생태계를 두루 살필 수 있는 소중한 기록이다.

김홍도
1745~?

신윤복
1758~?

조선 사람들이 살았던 모습을 어떻게 알 수 있나요?

30초 해결사

조선 시대에는 풍속화가 다양하게 발달했어요. 풍속화를 통해 당시 사람들의 풍속과 생활 모습을 생생하게 볼 수 있지요. 특히 조선 후기에는 신분 사회가 흔들리면서 서민들의 풍속화가 많이 그려졌어요. 노동하는 모습, 놀이하는 모습, 사회 문제 등 다양한 주제의 그림들이 남아 있어요. 조선 시대 사람들의 생활에 대한 많은 정보를 담고 있는 소중한 자료예요.

• 조선 후기: 임진왜란(1592)과 병자호란(1636)이 일어난 시기를 기준으로 그 이전을 조선 전기, 그 이후를 조선 후기로 나누어요.

#풍속화 #김홍도 #신윤복

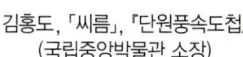

풍속화는 그림 자체로도 훌륭할 뿐만 아니라 당시 생활상을 들여다볼 수 있는 중요한 문화유산이기도 해요. 조선 후기 가장 유명한 풍속화 화가는 김홍도(1745~?)와 신윤복(1758~?)이었어요.

김홍도의 「씨름」이라는 그림이야. 그려진 인물들의 표정 하나하나가 모두 달라서 재미있네.

김홍도, 「씨름」, 「단원풍속도첩」 (국립중앙박물관 소장)

신윤복의 「단오풍정」은 색이 무척 예뻐! 조선 시대에는 단오에 그네를 뛰고 머리를 감았나 봐.

신윤복, 「단오풍정」, 「혜원풍속도첩」(간송미술관 소장)

김홍도는 도화서(왕실 화가들이 근무하는 관청) 최고 화원으로, 당대 최고의 예술가였어요. 정조의 명을 받아 백성들의 생활 모습을 생생하게 그려 냈지요. 김홍도가 그린 풍속화에는 조선 후기 백성들의 희로애락이 고스란히 담겨 있어요. 구도가 탁월하고 표정 하나하나가 생동감 넘치지요. 대표작으로 「씨름」, 「서당」 등이 있어요.

신윤복은 대담하고 화려한 색깔을 사용해 사람들의 감정을 풍부하고 솔직하게 표현했어요. 가늘고 섬세한 선과 세밀한 묘사가 특징이지요. 「미인도」, 「단오풍정」 등이 특히 유명해요.

조선의 양반들, 사군자를 그리다

조선 시대 양반들은 '사군자四君子'를 특히 즐겨 그렸다. 사군자란 군자라고 부를 만한 네 가지 식물로, 각각 매(매화), 난(난초), 국(국화), 죽(대나무)이다. 유교에서는 '덕과 학식을 갖춘 사람'을 군자라고 부르는데, 조선 시대 양반들은 사군자를 보면서 군자의 덕목을 떠올렸던 것이다. 매화는 이른 봄 추위를 무릅쓰고 가장 먼저 꽃을 피우며, 난초는 깊은 산에서 은은한 향기를 낸다. 국화는 늦은 가을 추위를 이겨 내며, 대나무는 모든 식물이 잎을 떨군 겨울에도 푸른빛을 유지한다.

강세황, 「사군자와 행서」 일부 (국립중앙박물관 소장)

순조 즉위	헌종 즉위	철종 즉위
1800	1834	1849

왕보다 힘이 센 신하도 있었어요?

30초 해결사

세도 정치란 왕을 대신해 외척이나 권세가 강한 가문이 국가를 운영하는 것을 말해요. 조선 후기, 특히 19세기 무렵 왕들이 어린 나이에 즉위하면서 소수의 외척 가문들이 권력을 쥐었어요. 안동 김씨 가문, 풍양 조씨 가문, 반남 박씨 가문 등이 대표적이었지요. 세도 정치는 순조, 헌종, 철종에 이르기까지 계속되었어요.

- 세도: 원래 세도世道는 유교 정치 이념에 입각하여 세상을 다스리는 도리를 뜻해요. '세상 세世'에 '길 도道'를 쓰지요. 그러나 19세기 말이 되자 일부 권세가들의 횡포가 극심해졌고, 이를 두고 '권세 세勢'에 '길 도道'를 써서 세도勢道라고 표현했어요.
- 외척: 외가 친척을 말해요. 왕의 외척이면 왕비의 가문을 뜻해요.

#세도 정치   #정약용

소수의 가문에 권력이 집중되면서 권력을 빌려 비리를 저지르는 일이 크게 늘어났어요. 세도 가문은 고위 관직의 대부분을 독점했을 뿐만 아니라 뇌물을 받고 관직을 파는 등 많은 불법을 저질렀어요. 관리들이 부패하자 자연스럽게 제도도 부패했고, 그 피해는 고스란히 백성들이 입게 되었어요. 세도 정치 시기의 백성들은 부당한 세금을 부담해야 했을 뿐만 아니라 관리들에게 가혹한 수탈을 당하기 일쑤였지요. 정약용은 이를 두고 아래와 같은 시를 쓰기도 했어요.

떵떵거리는 수십 집안이
대를 이어 가며 국록을 먹는다
서로들 돌아가며 싸우고 죽이면서
약한 이를 고기 삼아 힘센 놈이 먹어 치우네
세력을 휘두르는 대여섯 집안
재상 자리, 대감 자리 모두 다 차지하고
관찰사, 절제사까지 다 차지하네
– 정약용, 「여름날 술을 마시며 夏日對酒」 중에서

유럽의 세도 가문, 합스부르크

합스부르크 가문은 한때 유럽 전역을 주름잡았다. 신성 로마 제국의 황제를 배출한 것을 시작으로 오스트리아, 보헤미아, 헝가리 등 중부 유럽은 물론 강대국이었던 스페인, 포르투갈의 왕도 모두 합스부르크 가문에서 나왔다. 프랑스 왕가와도 연관이 있었는데, 당시 유럽 각국의 왕가는 모두 친척이라고 해도 틀린 말이 아닐 정도였다. 그러나 잦은 근친혼으로 인해 후대로 갈수록 유전병이 발현하는 등의 문제가 있었다.

순조 즉위	헌종 즉위	철종 즉위
1800	1834	1849

자꾸 삼정이 문란해졌다고 하는데, 삼정이 뭐예요?

30초 해결사

'삼정三政'은 조선 후기에 백성들이 부담해야 했던 세 가지 세금을 말해요. 바로 전정, 군정, 환정이에요. 조선 후기 순조-헌종-철종 시기에 이 세 가지 세금 제도가 혼란스럽게 운영되었던 것을 두고 흔히 '삼정의 문란'이라고 하지요. 삼정을 이용해 배를 불리는 탐관오리들의 횡포가 심각했기 때문에 백성들의 삶은 크게 어려워졌어요.

- 전정田政: 토지, 즉 땅에 매기는 세금 제도였어요.
- 군정軍政: 군대에 가는 대신 군포를 내는 세금 제도였어요.
- 환정還政: 흉년이 들거나 식량이 떨어졌을 때 국가에서 곡식을 빌려주는 제도였어요. 환곡이라고도 했어요.

#삼정의 문란 #전정 #군정 #환정

조선 시대 후기에는 세도 정치와 함께 나라가 혼란해지면서 관리들에 의한 착취와 비리가 많이 발생했어요. 삼정은 그중에서도 특히 백성들을 괴롭게 한 세금 제도였어요. 제도가 미비한 틈을 타 많은 착취가 이루어졌지요.

전정은 토지에 매기는 세금이었어요. 그러나 농사를 지을 수 없는 땅, 소유하지 않은 땅에도 세금을 매기는 등 폐단이 많았어요. 그 결과 농민들은 실제로 내야 하는 세금보다도 훨씬 많은 세금을 냈어요. 군정은 평민들에게 군역을 면제해 주는 대신 군포(베, 옷감)를 내게 했던 제도예요. 어려운 살림살이에 군포는 큰 부담이었어요. 게다가 아직 군대에 갈 나이가 아닌 젖먹이 어린아이에게도 군포를 징수하고, 이미 죽은 사람에게도 군포를 징수하는 일이 많았어요. 심지어 세금 부담으로 도망친 사람이 생기면 그 사람의 이웃이나 친척에게 도망친 사람의 몫까지 군포를 내게 했지요. 흉년이 들거나 굶주리는 시기에 나라에서 곡식을 빌려주고, 추수기에 다시 환수하는 제도였던 환정은 듣기에는 좋은 제도 같지만 삼정 중 가장 폐단이 컸어요. 농민이 원하지 않는데도 억지로 곡식을 빌려주고, 여기에 비싼 이자를 붙였기 때문이에요.

미국, 세금 때문에 탄생한 나라

미국 독립 혁명(1775~1783)이 일어난 직접적인 이유는 바로 세금 때문이다. 영국은 아메리카 지역도 영국의 식민지이므로 본토의 경제에 기여하기 위한 세금을 내야 한다고 주장했다. 그러면서 '설탕세', '인지세(문서에 매기는 세금)', '차茶세' 등 각종 물품에 세금을 부과했는데, 이 결정은 아메리카 식민지 대표들이 참여하지 않은 상황에서 이루어졌다. 아메리카 식민지인들은 대표들의 참여가 없었으므로 세금도 무효라고 외치며 저항에 나섰다. 미국 독립 혁명은 그렇게 시작되었다.

홍경래의 난	임술 농민 봉기
1811	1862

홍경래는 왜 반란을 일으켰나요?

30초 해결사

1811년(순조 12년), 평안도에서 홍경래(1771~1812)와 그를 따르는 농민들이 반란을 일으켰어요. 오랜 생활고와 차별에 시달린 끝에 벌인 반란이었지요. 반란군은 평안도 전역을 휩쓸었지만, 결국 관군(조선 정부가 이끄는 군대)에 진압되었어요.

- 평안도 차별: 조선 시대에는 평안도를 비롯한 서북 지역 사람들이 많은 차별을 받았어요. 평안도 사람들은 과거를 보아도 합격하기 어려웠고, 합격하더라도 높은 관직에 나아갈 수 없었지요. 또 세금 수탈도 무척 가혹했어요.

#홍경래 #서북 차별 #평안도

평안도는 지리적 특성 때문에 중국 사신의 왕래가 잦았는데 이들을 접대하느라 다른 지역에 비해 지역민의 부담이 컸어요. 하지만 정부로부터 별다른 혜택을 받지 못했지요. 게다가 서북 사람들은 높은 벼슬을 하기도 쉽지 않았기 때문에 더욱 차별을 받는다고 느꼈어요. 세도 정치와 관리들의 부정부패로 삶이 갈수록 어려워지자, 평안도 사람들의 불만은 더욱 쌓여 갔어요. 서북인이자 몰락한 양반 출신이었던 홍경래도 마찬가지였어요.

홍경래는 원래 관직에 뜻이 있었지만 많은 시도에도 불구하고 결국 관리가 되지 못했어요. 홍경래는 서북 지역의 부유한 농민, 상인 그리고 조정에 불만을 가진 몰락한 양반들을 모아 평안도 가산에서 봉기를 일으켰어요. 봉기군은 평안도를 차별하지 말고, 탐관오리들을 처벌할 것을 요구했어요. 봉기 초기에는 거침없는 기세로 청천강 이북 지역을 대부분 점령하는 데 성공했으나, 관군이 반격하면서 세력을 확대하지 못하고 결국 진압되었어요. 1812년 4월, 정주성에서 봉기군이 패배하며 홍경래의 난은 막을 내려요.

홍경래의 난이 실패로 끝난 뒤에도 조선에는 종종 "홍경래가 아직 죽지 않고 살아 있다"는 소문이 퍼졌어요. 그만큼 조선 후기 백성들의 삶이 힘들었다는 뜻이겠지요. 비록 난은 실패로 끝났지만, 양반, 상인, 농민이 모두 힘을 합쳐 사회를 바꾸려고 시도했다는 점에서 큰 의미가 있어요.

홍경래 봉기군이 점령한 지역

홍경래의 난을 이끈 사람들

홍경래의 난을 이끈 사람들은 어떤 계층이었을까? 홍경래의 난에는 다양한 계층과 신분의 사람들이 참여했다. 이들의 구성을 살펴보면 당시 조선 후기의 사회 모습을 짐작할 수 있다.

- 홍경래(대원수, 총지휘 담당)   과거 급제에 실패한 몰락 양반
- 우군칙(농민군 조직 담당)   떠돌아다니며 풍수지리를 공부하고 점을 치는 유랑 지식인
- 김창시(작전을 계획하는 책사 담당)   경제적으로 몰락한 양반 출신
- 이희저(물자 공급 및 지원 담당)   천한 대우를 받던 역졸 출신이나, 상인으로 크게 성공한 대부호

홍경래의 난	최제우, 동학 창시	임술 농민 봉기
1811	1860	1862

임술년, 조선의 농민들은 왜 벌 떼처럼 일어났나요?

30초 해결사

세도 정치로 혼란했던 1862년(임술년), 관리들의 행패와 가혹한 세금을 견디다 못한 농민들이 전국적인 규모로 봉기를 일으켜요. 이를 임술 농민 봉기라고 해요. 경상도, 전라도, 충청도를 비롯해 전국 70여 개 고을에서 일어난 대규모 항쟁이었지요.

- 봉기蜂起: 벌 떼(벌 봉蜂)처럼 사람들이 곳곳에서 일어난다(일어날 기起)는 뜻이에요.
- 세도 정치: 왕족의 친척이나 신하가 왕 대신 권세를 잡고 정치하는 것을 말해요.

#임술 농민 봉기 #세도 정치

"임술년 2월 19일, 진주의 백성들 수만 명이 머리에 흰 수건을 두르고 손에는 나무 몽둥이를 들고 세금을 걷는 관리들의 집 수십 곳에 불을 질렀다. 흰 수건을 두른 백성들이 병사를 빙 둘러싸고 백성들의 재물을 횡령한 사건들, 아전들이 세금을 포탈하고 강제로 징수한 일들을 여러 번 항의했다. 그들은 그 행동에 조금도 거리낌이 없었다."
– 임술 농민 봉기를 기록한 책 『임술록』중에서

조선 후기, 세도 정치와 관리들의 부정부패로 백성들의 삶이 무척 어려워졌어요. 세금도 큰 부담이었어요. 백성들은 전정, 환정, 군정이라는 세금을 냈는데, 제도가 잘 정비되지 않아 수탈이 자주 발생하고 부당하게 징수되는 경우가 많았어요. 견디다 못한 백성들은 지방 관리들의 부정을 고발하는 벽보를 붙이고, 횃불을 들고 시위에 나섰어요. 저항은 집단적이고 적극적으로 변했고 대규모 봉기로 발전했지요.

백성들은 세금 제도를 개혁하고, 부패한 관리들을 처벌하라고 요구했어요. 정부에서는 봉기를 진압하기 위해 주모자들을 붙잡아 처형하기도 했지만, 상황이 심각해지자 제도를 개혁하겠다고 약속했어요. 그러나 약속은 지켜지지 않았고, 농민들의 봉기는 이어졌어요.

1800년대 농민 봉기

민란, 부패한 권력에 맞선 백성들

부패한 권력의 억압에 순순히 따르는 대신, 백성들이 나서서 목소리를 내고 저항하는 것을 '민란'이라고 한다. 역사 속에 나타난 다양한 민란을 알아보자.

원종과 애노의 난(신라) 신라 말, 혼란한 정치와 무거운 세금에 저항한 농민 반란이었다.

망이·망소이의 난(고려) '소'와 '부곡'에 살던 백성들은 고려 사회에서 차별을 받았다. 이에 저항해 공주 '명학소'에서 망이, 망소이 형제가 주도하여 반란을 일으켰다.

홍경래의 난(조선) 평안도 사람들에 대한 차별과 세도 정치에 맞선 반란이었다. 임술 농민 봉기와 함께 조선 후기의 큰 민란으로 꼽힌다.

조선 후기 역관들은 다 부자였다면서요?

 **30초 해결사**

조선 시대의 해외 무역은 국제 외교 사절단을 보낼 때 함께 이루어졌어요. 사절단을 따라 해외로 나갈 수 있었던 역관들이 해외 무역을 도맡게 되었는데, 그 과정에서 많은 부를 쌓았지요.

- 역관: 조선 시대에 번역, 통역 등 외국어와 관련된 업무를 담당했던 관리예요. 주로 중국, 일본, 몽골, 여진 등과 교류할 때 통역을 맡았어요. 기술관이었기 때문에 주로 중인들이 맡았던 벼슬이에요.

#역관 #변승업 #사상

"역관 변승업은 아내가 세상을 떠나자 당시 가장 비싸고 고급스러운 관을 마련하여 장례를 치렀다. 관에 옻칠을 할 정도로 성대했다. 이 소식이 전해지자 조정 대신들이 너 나 할 것 없이 모두 들고 일어났다. 관에 옻칠을 하는 것은 일반 백성들에게는 허가되어 있지 않은데 어찌 낮은 역관 신분에 그런 행동을 하는가. 큰 벌을 내려야 한다는 조정 대신들을 일일이 찾아다니며 변승업은 용서를 구하고 돈을 주기도 했다."
-『공사 견문록』 중에서

역관 변승업의 일화예요. 당시 역관들이 사회적으로 낮은 대우를 받았다는 사실을 알 수 있는 동시에, 변승업이 얼마나 부유했는지를 알 수 있지요.

조선 정부는 잡과(중인들이 보는 과거)를 통해 중국어, 몽골어, 일본어, 여진족어 등의 통역을 전문적으로 하는 관리들을 양성했어요. 조선 시대에는 오늘날처럼 상인들이 해외 무역을 자유롭게 할 수 없었는데, 역관들에게 인삼과 같은 상품을 사고팔 수 있는 권한을 주었어요. 이 기회를 적극적으로 활용한 역관들은 경제적인 이득을 누렸어요. 역관 중에는 청나라나 일본을 상대로 인삼을 가져가 팔고 해외의 사치품을 들여와 큰돈을 버는 사람도 있었어요.

역관들은 행정과 기술을 전담하면서 양반 못지않은 지식과 부를 쌓았지만 신분이 달랐기 때문에 차별 대우를 받았어요. 이에 대한 불만이 쌓이면서, 조선 후기에 전개되는 신분 해방 운동에서도 큰 역할을 하게 돼요. 또 근대화의 과정에도 앞장섰어요.

조선 후기 해외 무역에 뛰어든 상인들, 사상

조선 시대 후기에는 해외 무역을 통해 큰 부자가 된 상인 집단들이 등장했다. 역관과는 달리 국가를 거치지 않고 사사로이 무역을 한 상인들을 사상私商이라고 한다. 대표적인 사상들을 살펴보자.

만상 의주 상인. 청나라와의 무역을 주도했다.
유상 유경(평양) 상인. 청나라 사신이 드나드는 지역 특성을 활용했다.
경강상인 한성(서울) 중심으로 활동한 상인. 배를 운용하거나 한강에 드나드는 사람들을 상대로 숙박업을 했다.
내상 동래(부산) 상인. 일본과의 무역을 주도했다.
송상 개성 상인. 인삼 무역을 주도했다. 청나라 물건을 일본에, 일본 물건을 청나라에 파는 중계 무역을 했다.

경기도, 대동법 실시	영정법 실시	김육, 대동법 확대 건의	균역법 실시
1608	1635	1638	1750

대동법이 실시되는 데 왜 100년이나 걸렸나요?

30초 해결사

대동법大同法은 공납의 부담을 덜어 주기 위한 제도였어요. 처음 대동법을 시행한 것은 광해군 때(1608)였지만, 전국적으로 실시된 것은 숙종 때(1708)였어요. 100여 년이나 걸린 셈이에요. 대동법은 토지를 기준으로 세금을 매겼기 때문에 토지를 많이 가진 부유한 양반일수록 더 많은 세금을 내야 했어요. 양반들의 반발이 워낙 거셌기 때문에 전국적으로 확대되는 데 아주 오랜 시간이 걸렸지요.

- 공납: 대동법 이전에는 백성들이 각 지역의 토산물을 세금으로 냈어요. 그러나 해산물, 과실, 농산물 등의 토산물을 매년 내는 것은 큰 부담이었어요. 토산물을 마련하지 못하면 따로 사서 세금으로 내야 했는데, 그 과정에서 많은 비리가 생겨났어요.

#대동법 #공납 #김육

경기도 평택에 있는 '대동법 시행 기념비'란다. 대동법이 좋은 성과를 거두자 이를 기념하기 위해 세운 것이지.

김육이 아니었으면 이 비석을 세우기까지 더 오래 걸렸을 수도 있었겠네요!

대동법 시행 기념비(경기도 평택시 소재)

대동법을 전국적으로 실시하는 데는 김육(1580~1658)의 공이 무척 컸어요. 여러 벼슬을 지내면서 백성들의 어려운 형편을 이해한 김육은 여러 차례 대동법 시행을 건의하는 상소를 올렸어요. 김육은 상소에 "대동법은 세금 부담을 고르게 하여 백성들을 편하게 하니, 충청도와 전라도에 대동법을 시행하면 백성들이 안정되고, 나라에 이익이 된다"고 썼지요. 김육이 상소를 쓸 무렵에는 경기도와 강원도에서만 대동법이 시행되고 있었는데, 그의 노력으로 충청도에서도 대동법을 시행하게 되었어요. 김육은 죽기 전까지도 계속해서 대동법을 전국으로 확대할 것을 주장했고, 이런 노력 덕분에 많은 반대에도 불구하고 대동법 실시가 전국적으로 확대될 수 있었어요. 대동법의 시행으로 기존의 공납제가 가진 문제점이 많이 해결되었고, 백성들의 부담도 한결 줄어들었어요.

조선 시대의 세금 제도

조선 시대에는 조세, 공납, 역이라는 세 가지 세금이 있었는데, 종류에 따라 내야 하는 것이 달랐다.

- **조세** 땅에서 농사를 짓는 대가로 내는 세금. 수확한 작물을 바쳤다.
- **공납** 물건으로 내는 세금. 지역 토산물을 왕실이나 관청에 바쳤다. 지금처럼 시장 등 물물 교환이 활발하지 않던 조선 시대에는 큰 부담이었다.
- **역** 노동력으로 내야 하는 세금. 군대에 입대하는 군역, 궁궐 공사와 같이 나라의 큰 공사에서 노동하는 요역이 있었다.

김만덕
1739~1812

조선 시대 가장 유명한 여성 CEO는 누구인가요?

30초 해결사

김만덕은 제주도 출신의 상인이었어요. 1794년 태풍으로 제주도에 큰 흉년이 들자 전 재산을 들여 육지의 곡식을 구매했어요. 이로써 수많은 사람을 구휼했지요. 이런 선행에 깊이 감명받은 정조는 김만덕의 소원대로 섬에서 나와 금강산을 관람할 수 있도록 해 주었어요.

- 구휼: 곡식이나 돈 등을 풀어 사람들에게 나누어 주는 것을 말해요.

#김만덕 #강정일당

제주도에서 태어난 김만덕은 어렸을 때 부모님을 여의었어요. 이후 갈 곳이 없어 늙은 기생에게 몸을 의탁했는데, 그 때문에 자연스럽게 기생 목록에 이름을 올리게 되었지요. 김만덕은 자신이 억울하게 기생이 되었다는 사실을 꾸준히 나라에 호소한 끝에 다시 양민 신분을 회복하는 데 성공했어요. 이후 장사를 시작한 김만덕은 뛰어난 재능을 발휘했어요. 객주를 차리고 각지의 상인들에게 얻은 정보를 이용해 큰 이익을 남겼지요. 오늘로 치면 성공한 CEO(기업의 최고 경영자)가 된 셈이었어요.

1790년(정조 14년)부터 제주도에 흉년이 들어 많은 사람이 굶주렸어요. 1794년 태풍으로 인해 피해가 더욱 커지자 김만덕은 선뜻 재산을 내놓아 배를 마련하고 육지에서 곡물을 사들였어요. 많은 사람의 목숨을 구했지요. 이 소식을 들은 정조는 김만덕을 기특하게 여겨 큰 상을 내리고자 했어요. 조선 시대에 제주도 사람들은 제주도를 떠날 수 없다는 법이 있었어요. 김만덕은 정조에게 한양의 대궐을 구경하고 금강산을 유람하게 해 달라고 부탁했고 정조는 그 소원을 들어주었지요. 사회를 위해 나눔을 실천한 김만덕의 행동은 오늘날 사람들에게도 많은 깨달음을 주어요.

조선 시대 여성들에 대한 선입견을 깬 학자, 강정일당

조선 시대에는 여자아이에게 글을 가르치는 일이 드물었다. 여자아이들은 글을 배우는 대신 바느질과 같은 집안일을 배웠다. 여자는 그저 남편을 돕고 아이만 잘 키우면 된다는 잘못된 생각이 널리 퍼져 있었기 때문이다.

조선 후기의 유학자 강정일당(1772~1832)은 이런 편견에 맞선 학자였다. 강정일당은 슬하에 5남 4녀를 두었으나 모두 어린 나이에 떠나보냈다. 강정일당 부부는 공부를 통해 아이들을 잃은 아픔을 이겨 냈다. 강정일당은 남편의 스승이 되어 책을 30여 권 가까이 지으며 삶과 학문에 힘썼다. 강정일당의 성리학은 다른 학자들에 비해 일상적인 실천을 중요하게 여겼는데, 아마도 강정일당이 살아온 삶과도 관련이 있었을 것이다. 강정일당이 61세의 나이로 먼저 세상을 떠나자, 남편 윤광연은 아내이자 스승을 잃은 것에 크게 슬퍼하며 강정일당의 작품을 모아 문집을 냈다. 조선 시대에는 무척 드문 사건이었다. 이 책이 바로 오늘날 유일하게 남아 있는 강정일당의 책 『정일당 유고靜一堂遺稿』다.

허준,	안정복,	김정호,
`동의보감』 저술	『동사강목』 저술	대동여지도 제작
1610	1778	1861

대동여지도는 한 장에 그려진 지도가 아니라면서요?

 **30초 해결사**

대동여지도大東輿地圖는 '큰 조선의 지도'라는 뜻으로, 1861년(철종 12년)에 실학자 김정호가 편찬한 분첩절첩식 지도예요. 접고 펼 수 있게 만든 22첩의 책으로 되어 있어요. 이 책들을 모두 펼쳐 연결하면 커다란 우리나라 지도가 되지요.

- **분첩절첩식**分帖折疊式: 들고 다니기 쉽고 보기 쉽도록 병풍처럼 접고 펼 수 있게 만든 방식을 말해요. 주로 지도를 만들 때 쓰이지요.

#대동여지도 #김정호

김정호(1804~1866, 호는 고산자)는 우리 땅 구석구석에 관심을 갖고 많은 지도를 만든 실학자이자 지리학자였어요. 김정호가 만든 대동여지도는 세로 약 7미터, 가로 약 4미터의 아주 큰 지도예요. 병풍처럼 접고 펼 수 있어 들고 다니기도 쉽고, 보기도 쉽지요. 많은 사람이 편리하게 이용할 수 있는 지도를 만들고자 했던 김정호는 지도책을 만들기 전에 지도를 목판에 새겨 넣어 한 번에 많이 인쇄할 수 있도록 했어요.

또한 이전에 나온 다른 지도들과 비교했을 때 대동여지도는 이런 특징들이 있답니다.

- 10리마다 찍힌 점: 지도에 붉은 선으로 거리를 표시하고 10리(약 4km)마다 점을 찍어 표시했어요. 거리를 쉽게 알 수 있지요.
- 다양한 정보들이 쏙쏙: 당시의 관청, 각종 시설, 문화재 등을 함께 표기했어요.
- 자세한 묘사: 산맥, 강, 하천 들을 구체적으로 표시했을 뿐만 아니라 산길까지 그렸어요.

대동여지도 목판(국립중앙박물관 소장)

조선 전기를 대표하는 '혼일강리역대국도지도'

대동여지도가 조선 후기에 제작된 대표적인 지도라면, 혼일강리역대국도지도混一疆理歷代國都之圖(1402)는 조선 전기에 제작된 대표적인 지도다. 줄여서 '강리도'라고 부르기도 하는 이 지도는 태종 임금 때의 문신인 김사형, 이무, 이회에 의해 제작되었다. 중국과 우리나라 중심으로 제작되었지만, 아시아와 유럽, 아프리카 대륙이 지도에 함께 그려져 있어 의미가 있다.

서울 서대문구에 있는 독립문(1897년 완공)

임술 농민 봉기	고종 즉위, 흥선 대원군 집권	경복궁 중건 시작
1862	1863	1865

흥선 대원군은 왕이 아니었나요?

30초 해결사

흥선 대원군 이하응은 고종의 아버지이지만 선왕은 아니었어요. 조선 시대의 왕위는 세습직이었기 때문에 왕의 아버지도 왕인 경우가 보통이었지만, 아버지가 왕이 되지 못한 왕족인 경우도 있었습니다. 1863년 철종이 아들 없이 세상을 떠나자 이하응의 둘째 아들(고종)이 왕이 되었어요. 어린 고종을 대신해 정권을 잡은 이하응은 안동 김씨를 비롯한 세도 가문을 몰아내는 등 다양한 개혁을 실시했어요.

• 대원군: 조선 시대 왕이 형제나 자손 등 후사(後嗣) 없이 죽고 종친 중에서 왕위를 계승하는 경우, 왕의 아버지를 대원군이라고 불러요.

#흥선 대원군 #의정부 #서원 철폐 #경복궁 중건 #당백전 #명성 황후

조선 후기는 안팎으로 무척 혼란스러운 시기였어요. 외부에서는 서양 열강이 배를 보내 통상을 요구해 왔고, 내부에서는 세도 정치가 60여 년째 이어지고 있었지요. 몇몇 가문들이 중요한 관직을 독차지하고 권력을 휘두른 까닭에 나라 곳곳에는 비리가 넘치고 왕의 권위는 바닥으로 떨어진 상태였어요. 철종의 뒤를 이어 왕위에 오른 고종의 나이는 고작 12세였어요. 아버지인 흥선 대원군이 나이 어린 왕을 대신해 나라를 다스리게 되었지요.

흥선 대원군은 혼란한 민심과 나라 안팎의 위기를 수습하기 위해서는 먼저 세도 가문의 세력을 약화시켜야 한다고 생각했습니다. 그래서 당파와 지역과 신분을 가리지 않고 인재를 뽑았으며 세도 가문이 주도하던 정무 기관인 비변사를 무력화시켰어요. 의정부를 회복하여 정치·군사 제도를 개혁하고, 법전을 새로 펴내 나라를 바로 세우려 했지요. 또 많은 특권을 누리며 백성들에게 부담을 주던 전국 각지의 서원을 47개소만 남기고 모두 없애는가 하면 문란해진 세금 제도를 바로잡는 등 백성들을 생각한 정책을 펼쳤어요.

하지만 왕실의 권위를 높이기 위해 임진왜란 때 타 버렸던 경복궁 중건을 강행하며 많은 반발을 샀어요. 공사 비용을 마련하기 위해 당백전이라는 화폐를 발행하여 물가가 크게 올랐을 뿐만 아니라 세금을 거두고 노동력을 끌어들였기 때문이지요.

말년에 찍은 흥선 대원군의 사진이야. 고집도 있어 보이고, 의지가 강해 보이는걸?

서원 철폐를 반대하는 유생들에게 "백성을 해치는 자는 공자가 다시 살아난다 해도 용서하지 않겠다!"고 했대. 성격이 드러나지?

시아버지와 권력을 다툰 며느리, 명성 황후

흥선 대원군이 권력의 자리에서 물러나게 된 것은 고종의 나이가 23세 되던 해인 1873년의 일이다. 고종이 성년이 되었음에도 흥선 대원군이 물러날 기색을 보이지 않자 고종의 아내인 명성 황후(중전 민씨, 1851~1895)는 고종에게 직접 정치할 것을 강력하게 권했다. 이 과정에서 명성 황후와 흥선 대원군 간의 갈등이 심해졌다. 서원 철폐와 경복궁 중건 등의 일로 입지가 좁아져 있던 흥선 대원군은 결국 정치적으로 패하고 물러났으며, 이후 명성 황후와 그의 친척들인 민씨 일족이 권력의 중심에 서게 되었다.

병인양요	오페르트 도굴 미수 사건	신미양요, 척화비 건립
1866	1868	1871

병인양요 때 프랑스가 훔쳐 간 보물은 무엇인가요?

30초 해결사

병인양요(1866) 때 조선의 많은 보물이 파괴되거나 약탈되었어요. 『조선 왕조 의궤』도 그중 하나였어요. 『조선 왕조 의궤』는 조선 왕실의 중요한 행사 때마다 그 모습을 그림으로 기록해 놓은 문서로, 당시 왕실의 모습을 생생하게 들여다볼 수 있는 귀중한 문화유산입니다. 프랑스군에 빼앗겼던 『조선 왕조 의궤』는 프랑스 국립 도서관에 보관되어 있다가 박병선 박사를 비롯한 많은 이의 노력으로 2011년 우리나라로 돌아오게 되었어요.

• 『의궤』: 왕실이나 국가 행사의 전 과정을 보고서 형식으로 기록한 책을 말해요.

#병인양요 #조선 왕조 의궤 #직지심체요절 #박병선

프랑스 선교사를 통해 프랑스 세력을 끌어들임으로써 러시아의 위협을 막고자 했던 흥선 대원군은 초기에는 천주교에 관대했어요. 하지만 러시아가 뜻대로 견제되지 않고, 천주교를 금지해야 한다는 여론이 갈수록 높아지자 수많은 천주교 신자와 프랑스 선교사 일곱 명을 처형했어요(병인박해).

프랑스는 이를 구실로 1866년 조선의 강화도를 침략했어요(병인양요). 조선군은 문수산성과 정족산성에서 프랑스군에 맞섰고, 프랑스군은 약 1개월 만에 강화도에서 철수했어요. 병인양요를 계기로 흥선 대원군의 통상 수교 거부 정책은 더욱 강화되었고, 천주교 탄압도 심해졌지요.

프랑스군은 철수하는 과정에서 강화도에 있는 외규장각 건물에 불을 지르고, 각종 도서와 보물들을 약탈해 갔어요. 세계에서 가장 오래된 금속 활자로 인쇄한 『직지심체요절』, 왕실의 행사를 기록한 『의궤』 등은 2011년이 되어서야 우리나라에 반환되었지요.

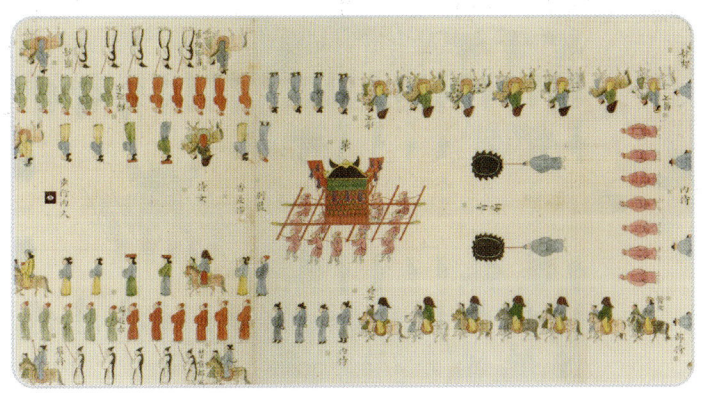

프랑스에서 돌아온 외규장각 『의궤』 중
숙종과 인현 왕후의 혼인 의식을 기록한 것의 일부(국립중앙박물관 소장)

병인양요 때 빼앗긴 문화재들의 지킴이, 박병선 박사

박병선 박사(1923~2011)는 우리나라 여성 최초로 프랑스에서 유학한 학자였다. 1979년, 근무하던 프랑스 국립 도서관에서 『직지심체요절』과 『조선 왕조 의궤』를 비롯해 병인양요 당시 프랑스군이 조선의 외규장각에서 약탈해 간 도서들을 발견하고 이를 세상에 알렸다. 이 일로 박병선 박사는 직장인 프랑스 국립 도서관에서 쫓겨났다.

어려운 상황에도 박병선 박사는 개인 자격으로 외규장각 도서 열람을 신청해 내용을 정리했고 자신이 발견한 보물들을 우리나라로 반환하기 위해 힘썼다. 마침내 2011년 『조선 왕조 의궤』가 반환되었다. 현재는 국립중앙박물관에 보관되어 있다.

병인양요	오페르트 도굴 미수 사건	신미양요, 척화비 건립
1866	1868	1871

왜 절두산이라는 이름이 붙었나요?

30초 해결사

절두산은 오늘날 서울 마포구 합정동 양화진 한강변에 있는 언덕의 이름이에요. 조선 후기 수많은 천주교 신자가 처형당했던 장소예요. '사람의 머리를 자르는(끊을 절絕, 머리 두頭) 산'이라고 해서 절두산이라는 이름이 붙었어요.

- 병인박해(1866): '박해'란 못살게 굴고 해친다는 뜻이에요. 병인년인 1866년, 조선 정부는 천주교도들을 핍박하고 처형했는데 병인년에 일어난 박해라고 하여 이를 '병인박해'라고 불러요.

#병인박해 #병인양요 #신미양요 #절두산 #천주교

"모친상을 치르면서 제사를 거부하고 조상들의 신주를 불태우다니!"
"어찌 이런 일이 일어날 수 있단 말인가?"

천주교를 믿는 사람들이 늘면서 조상에게 지내는 제사를 거부하는 일이 잦아지자 조선 정부는 전통과 질서를 해친다는 이유로 천주교를 금지했어요. 외세의 침입에 대한 불안이 커지던 때였지요. 1866년 초 흥선 대원군은 프랑스 신부와 조선인 천주교 신자 수천 명을 처형했어요(병인박해). 이 사건을 구실로 1866년 9월 프랑스군이 함대를 이끌고 조선을 침략했는데, 이를 '병인양요'라고 해요.

프랑스군을 격퇴한 뒤 조선의 천주교 박해는 더욱 심해졌어요. 흥선 대원군은 "오랑캐가 이곳 양화진까지 침입하게 된 것은 천주교도 때문이고, 우리의 강물이 서양의 선박에 의해 더럽혀진 것 역시 그들 때문이니, 그들의 피로써 이 더러워진 곳을 깨끗이 씻어 내야 한다"며 수많은 천주교 신자를 처형했어요. 이 장소가 바로 양화진에 있는 언덕, 절두산이에요. 오늘날 절두산은 우리나라의 대표적인 천주교 순교 성지로 손꼽히는 장소예요.

서울 마포구 합정동 절두산 순교 성지

통상을 요구하며 조선을 공격한 사건, '신미양요'

1866년 미국의 상선 제너럴 셔먼호는 통상을 요구하며 대동강으로 들어와 난동을 부리다 공격을 받았다. 미국은 이 사건을 구실로 배상과 통상을 요구하면서 1871년 강화도를 공격했다. 어재연 장군이 이끄는 조선군은 광성보에서 용감하게 맞서 싸웠지만 패배했다. 그러나 조선의 강한 저항을 겪은 미국은 통상의 목적을 이루지 못한 채 물러났다. 이 사건을 신미양요라고 한다. 미군이 광성보 전투에서 빼앗은 어재연 장군의 깃발은 미군 해군사관학교에 보관되어 있다가, 2007년 10월 한국으로 돌아왔다.

어재연 장군의 깃발

병인양요	오페르트 도굴 미수 사건	신미양요, 척화비 건립
1866	1868	1871

척화비에는 어떤 내용이 새겨져 있나요?

30초 해결사

양이침범 비전즉화 주화매국 洋夷侵犯 非戰則和 主和賣國:
서양 오랑캐가 침범하는데 싸우지 않는 것은 화친하는 것이요, 화친을 주장하는 것은 나라를 파는 일이다.

프랑스와 미국이 조선을 침략한 병인양요와 신미양요가 발생하자, 흥선 대원군은 나라 곳곳에 위와 같은 문구를 새긴 척화비를 설치했어요. 서양과의 통상을 금지하고, 쇄국 정책을 강력히 추진하겠다는 의지를 나타내기 위해 서였어요.

- 척화비: '물리칠 척斥', '화할 화和', '비석 비碑'로, 서양 오랑캐와 화친하자는 제의를 물리칠 것을 뜻하는 이름이에요.

#척화비 #병인양요 #신미양요 #흥선 대원군

사회 5-2 2단원 1장 **새로운 사회를 향한 움직임**

『르 프티 주르날(Le Petit Journal)』에 실린 만평(1898. 1. 15.)

당시 프랑스 신문에 실렸던 만평이란다. 그림 왼쪽부터 영국의 빅토리아 여왕, 독일의 빌헬름 2세, 러시아의 니콜라이 2세, 프랑스의 상징인 자유의 여신, 일본의 상징인 사무라이가 '중국'이라고 쓰인 파이를 칼로 나누고 있네.

청나라 옷을 입고 있는 사람은 뒤에서 지켜만 보고 있어요!

 영국, 프랑스 등 서양 제국주의 국가들은 통상을 빌미로 세계 여러 나라를 침략했어요. 위 그림은 당시 프랑스 신문에 실린 만평으로, 강대국들이 청나라를 차지하기 위해 서로 힘을 겨루고 있는 모습이에요. 청일 전쟁에서 패하고 크게 세력이 약해진 청나라를 얻기 위해 여러 나라가 달려들었던 당시 상황을 잘 표현하고 있지요.

 조선 역시 이 혼란스러운 상황에서 예외가 아니었어요. 병인양요(1866), 신미양요(1871) 두 차례에 걸쳐 서양의 침략을 받고 서양에 대한 반감과 경계심이 한껏 높아진 흥선 대원군은 무력을 앞세워 통상을 요구하는 서양 세력에 단호히 대응하기 위해 한양을 비롯한 전국 각지에 척화비를 세웠어요. 흥선 대원군의 이런 정책은 국가의 주권을 지키기 위한 노력으로 평가되기도 하지만, 국제 정세의 변화를 잘 읽어 내지 못했다고 평가하는 시선도 있어요.

개념 연결 서양의 침략에 맞선 청나라의 의화단 운동

철도를 파괴하는 의화단 (『르 프티 파리지앵』, 1900. 6. 17.)

1899년 중국에서는 서양의 침략에 맞서 의화단이 조직되었다. 의화단은 '청나라를 되살려 서양 세력을 없애자(부청멸양)'라고 외치며 서양 선교사와 외교관을 공격했고, 교회와 철도, 전신 등 서양 시설을 파괴했다. 의화단이 베이징까지 진출하여 기세를 올리자, 청나라에서도 이들을 지원하며 서양 열강에 선전 포고를 했다. 하지만 영국, 프랑스 등 8개국이 보낸 연합군에 의화단은 진압되고 말았다. 이후 청나라는 열강과 조약을 맺어 거액의 배상금을 지불하고 외국 군대의 베이징 주둔을 허용했다.

강화도 조약은 왜 불평등 조약인가요?

| 운요호 사건 1875 | 강화도 조약 체결 1876 | 조미 수호 통상 조약 체결 1882 |

30초 해결사

강화도 조약은 우리나라가 1876년에 맺은 최초의 근대적 조약이에요. 정식 이름은 '조일(조선-일본) 수호 조규'예요. 강화도에서 맺었기 때문에 강화도 조약이라고 불러요. 강화도 조약은 일본에 유리하게 맺어진 불평등 조약이었어요. 조항들을 살펴보면 대부분이 조선에게는 불리한 내용이지요. 강화도 조약에 담긴 내용을 바탕으로 일본은 본격적으로 조선을 침략할 기반을 마련하게 됩니다.

- 독소 조항: 공식적인 문서에서 본래 의도를 교묘하게 막는 내용이 포함되어 있는 조항을 말해요.

#강화도 조약 #운요호 사건

1875년, 일본은 군함 운요호를 강화도 앞바다로 보냈어요. 몇 차례의 경고에도 운요호가 물러서지 않자 조선 수비병은 포를 쏘았지요. 이를 핑계 삼아 운요호는 대항 포격은 물론 무장한 일본군을 영종도에 상륙시켜 공격하는 등 조선에 큰 피해를 입혔어요. 이 사건을 운요호 사건이라고 해요. 일본은 운요호 사건으로 큰 피해를 입었다며 보상금을 요구하고 조선의 개항을 강요했지요. 그렇게 해서 맺은 조약이 바로 강화도 조약이에요. 어떤 조항들이 있었는지 살펴볼까요?

제1조 조선국은 자주국이며, 일본국과 평등한 권리를 가진다.
⇨ 조선의 권리를 보장해 주는 것처럼 보이지만, 당시 조선에 강력한 영향력을 행사하고 있던 청나라와의 관계를 약화시키기 위한 조항이에요. 조선국은 자주국이니 청나라가 조선의 일에 관여할 수 없다는 것이지요.

제4조 조선국은 부산 외에 두 곳의 항구를 개항하고 일본인이 와서 통상을 하도록 허가한다.
⇨ 조선의 항구를 강제로 개항하게 하여 정치적, 군사적으로 침략하고자 했어요.

제7조 조선국 연해의 섬과 암초를 조사하지 않아 매우 위험하므로 일본국 항해자가 자유로이 해안을 측량하도록 허가한다.
⇨ 다른 나라가 해안선을 측량하는 것은 군사적으로 위협이 될 뿐만 아니라, 우리나라의 주권을 침해하는 행위예요.

제10조 일본국 국민이 조선국 항구에서 범한 죄가 조선국 국민에게 관계된 것일 때는 모두 일본국 관원이 심판한다.
⇨ 조선에서 일본인이 조선인을 대상으로 범죄를 저질러도 조선이 직접 심판할 수 없게 한 조항이에요. 이를 '치외 법권'이라고 해요. 우리나라의 주권을 침해하는 조항이에요.

미국, 일본을 강제 개항하다

1853년, 미국의 함대가 일본 바다에 나타났다. 함포를 쏘며 무력 시위를 한 미국의 함대는 일본 황제에게 개항을 요구하는 편지를 보냈다. 영국과 아편 전쟁을 치러 크게 패배한 청나라를 보면서 서양의 군사력을 경계하고 있었던 일본은 200여 년간 이어 온 쇄국 정책을 끝내고, 결국 미국과 불평등 조약을 맺었다. '가나가와 조약'이다. 이처럼 제국주의 국가들은 개항을 요구하면서 함포를 쏘고 위협적으로 조약을 맺곤 했다. 이후 일본은 미국이 자신들에게 했던 것과 같은 방식으로 조선을 무력으로 위협하고 강제로 강화도 조약을 맺었다.

|1883| 고종의 명으로 태극기가 국기로 제정됨

|1949| 지금의 태극기가 대한민국 정식 국기로 공포됨

태극기는 언제 만들어졌나요?

30초 해결사

19세기가 되어 개항을 하고 다른 나라와 교류하게 되면서 우리나라를 상징하는 국기가 필요하게 되었어요. 1883년 고종의 명으로 국기의 제정을 공식적으로 결정하면서 태극기가 처음 만들어졌어요. 이후 태극기는 역사의 중요한 변곡점마다 약간씩 모양의 변화를 거치며 우리나라를 상징해 왔지요. 우리가 알고 있는 모양의 태극기가 대한민국 정식 국기로 공포된 것은 1949년 10월 15일의 일이에요.

- 태극기에 담긴 뜻: 가운데 태극 문양의 빨간색과 파란색은 음과 양의 조화를 상징하고, 네 모서리의 건곤감리 4괘는 각각 하늘, 땅, 물, 불을 상징해요.

#태극기

태극기는 우리나라를 대표하는 상징이에요. 처음 만들어진 태극기와 지금 우리가 아는 태극기를 비교해 보면 모양이 달라요. 이것은 역사 속에서 그리는 사람에 따라 약간씩 모양이 변해 왔기 때문이에요. 그래도 이 모든 태극기가 우리 민족을 상징한다는 점은 변함이 없지요.

(국립중앙박물관 소장)

(국립중앙박물관 소장)

(대한민국역사 박물관 소장)

(독립기념관 소장)

데니 태극기: 1890년 고종이 조선 정부의 외교 고문으로 일하던 미국인 '데니'에게 하사한 태극기로, 현재까지 전해 내려오는 태극기 중 가장 오래된 것이에요.

1900년에 개최된 파리 만국 박람회를 다룬 프랑스의 일간지 『르 프티 주르날』의 삽화에 태극기가 등장해요.

대한민국 임시 의정원 태극기: 1923년 대한민국 임시 정부의 임시 의정원에 걸렸던 태극기예요.

한국광복군 서명문 태극기: 1945년 대한민국 임시 정부 소속 광복군들의 서명이 담겨 있는 태극기예요.

 다른 나라의 국기들

미국의 성조기

프랑스의 삼색기

남아프리카 공화국의 국기

1777년 공식 국기로 정해졌다. 희고 붉은 13개의 줄무늬는 독립 전쟁 당시 연방국에 가입한 13개 주를 뜻한다. 50개의 흰 별은 오늘날 미국 총 연방주의 수를 뜻한다.

1794년 공식 국기로 정해졌다. 파랑, 하양, 빨강은 각각 프랑스 혁명의 정신인 자유, 평등, 박애를 상징한다.

1994년 최초의 흑인 대통령인 넬슨 만델라 때 공식 국기로 정해졌다. 국기의 다양한 색과 모양은 흑인과 백인, 그리고 남아프리카의 9개 부족이 서로 더불어 화합한다는 의미로, 여기에는 오랜 인종 갈등을 끝내고 새로운 나라로 서겠다는 뜻이 담겨 있다.

임오군란	갑신정변	거문도 사건
1882	1884	1895

갑신정변은 왜 일어났나요?

30초 해결사

1884년 김옥균, 박영효, 홍영식을 비롯한 개화파는 청나라의 간섭에서 벗어나 독립적인 정부를 세우기 위해 정변을 일으켰어요. 갑신년에 일어난 정변이라 해서 이를 갑신정변이라고 해요.

• 정변: 반란이나 쿠데타 등 비합법적인 방법으로 생긴 정치상의 큰 변동을 뜻해요.

#갑신정변 #김옥균 #박영효 #홍영식 #개화파 #우정총국

1884년 10월 17일, 우정총국 개국 축하 행사 중 갑자기 "불이야!" 하는 소리가 들렸어요. 이 소란 속에 김옥균 등 개화파는 민영익을 비롯한 정부의 주요 인물들을 처단했어요. 개화파가 일으킨 정변, 갑신정변이에요. 혼란을 틈타 정변에 성공한 개화파는 새로운 개혁 정부의 수립과 14개조 정강을 발표했어요.

하지만 이 소식을 들은 청나라가 군대를 보내 개화파를 진압하면서 갑신정변은 3일 만에 막을 내렸습니다. 백성들은 일본의 힘을 빌린 개화파를 지지하지 않았고, 개화파를 돕기로 약속했던 일본군도 철수해 버렸지요. 결국 정변은 실패했고 박영효와 김옥균을 비롯한 주동자들은 일본으로 망명해 겨우 목숨을 건졌어요.

갑신정변은 실패했지만, 청나라의 간섭에서 벗어나 자주적인 근대 국가를 건설하려 한 첫 시도였다는 점에서 역사적 의의가 있어요. 또한 이후 조선의 개혁 방향에도 큰 영향을 미쳤답니다.

> 갑신정변을 주도했던 개혁파 관리들의 사진이야. 오른쪽부터 박영효, 서광범, 서재필, 김옥균의 모습이지.

우정총국과 갑신정변

우정총국은 지금의 정보 통신부와 비슷한 기관으로, 근대적인 우편 업무를 위해 설치되었다. 1884년 음력 10월 1일에 공식적으로 문을 열었다. 우정총국 개설 축하연 자리에서 박영효 등이 정변을 일으켰고, 정변이 실패하자 이후 폐쇄되었다가 1893년 전우총국이라는 이름으로 다시 설치되었다. 1972년 건물 일부가 복원되어 현재는 우정 기념관으로 쓰이고 있다. 처음으로 근대식 우편 제도를 도입한 유서 깊은 기관이자 개화파가 갑신정변을 일으킨 장소로, 역사적 가치가 높다.

서울 우정총국 전경(문화재청 제공)

광혜원 설립	우편 업무 재개	전차 개통, 경인선 개통
1885	1895	1899

김구 선생은 어떻게 사형 직전 목숨을 구했나요?

30초 해결사

1896년 궁 안에 처음 설치된 전화기는 김구 선생의 목숨을 구했어요. 당시 김구 선생은 을미사변의 책임을 물어 일본인을 살해한 혐의로 인천에 수감되어 있었는데, 사형이 집행되기 직전 이 사실을 안 고종이 전화를 걸어 사형 집행을 멈춘 것이에요. 이 일화는 김구 선생의 자서전인 『백범 일지』에 기록되어 있어요.

- 덕률풍德律風: 전화기의 영어 표현인 '텔레폰'을 한자식으로 바꾼 단어예요. 처음 전화기가 들어왔을 때는 덕률풍이라는 이름으로 불렸답니다.

#근대 문물 #김구 #덕률풍 #철도

우와, 자전거다! 지금 우리가 타는 자전거와 똑같이 생겼네요.

1899년 7월 13일 『독립신문』에 실린 개리양행의 자전거 광고

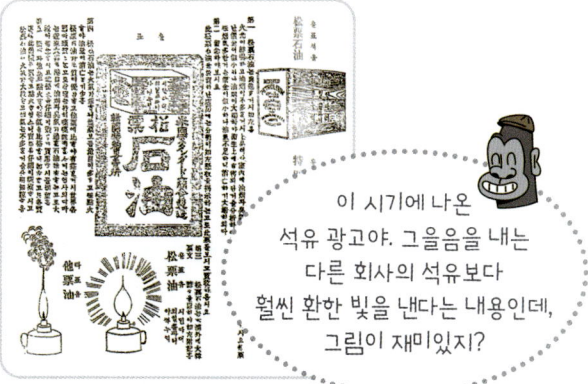

이 시기에 나온 석유 광고야. 그을음을 내는 다른 회사의 석유보다 훨씬 환한 빛을 낸다는 내용인데, 그림이 재미있지?

1903년 10월 28일 『황성신문』에 실린 솔표 석유 광고

개항 이후 새로운 문물이 많이 들어오면서 조선에는 변화의 바람이 불었어요. 개량 한복이 등장했고, 커피와 케이크 같은 새로운 음식이 유행했지요. 여성들은 외출할 때 장옷과 쓰개치마 대신 양산을 썼어요. 당시 사람들은 서양에서 들어온 문물들에 '양'을 붙여 불렀는데, 오늘날에도 흔히 쓰이는 양복, 양식, 양말, 양동이 같은 단어들이 이때 생겨났답니다. 서울의 거리에는 선로가 깔려 전차가 운영되었고, 이층집이나 성당과 같은 서양식 건축물이 세워졌어요. 명동 성당도 이 시기에 세워진 건물이에요. 당시의 신문 광고를 보면 자전거를 비롯하여 안경, 성냥, 모자, 구두 등 다양한 물건들이 많은 사람의 관심을 받았다는 것을 알 수 있어요. 석유와 전기, 그리고 근대 의료 시설이 들어온 것도 이 시기였지요.

그러나 좋은 점만 있는 것은 아니었어요. 철도를 깔고 전기를 보급하는 등의 일에서 외세의 힘을 빌릴 수밖에 없었기 때문에 서구 열강에 많은 권리를 내주어야 했을 뿐만 아니라, 그렇게 해서 도입된 철도 등은 침략 도구로 이용되기도 했어요.

개념연결 철도의 빛과 그림자

1899년, 서울과 인천을 오가는 경인선 철도가 개통되었다. 철도는 사람과 물자의 이동을 편리하게 하고 시간과 공간을 새롭게 바꾸었다. 하지만 철도를 놓는 과정에서 많은 토지를 빼앗기고 강제 노동에 동원되었다. 이렇게 놓인 철도는 일본의 대륙 침략을 위한 토대이자 일본이 우리나라를 효율적으로 수탈하는 수단이 되었다. 전국적으로 항일 의병이 일어났을 때는 철도가 의병을 진압하기 위한 군대 수송과 약탈 물자 수송에 이용되기도 했다.

역사 토론

조선의 개항은 바람직한 일이었을까?

피할 수 없는 세계화

개항은 세계화를 위해 꼭 필요한 과정이었어!

> 당시 아시아 국가들은 개항을 피할 수 없는 상황이었잖아. 일본도 미국에 의해 개항된 뒤 서양 문물을 받아들이고, 많은 발전을 이루었어. 조선이 개항을 늦게 한 것이 어쩌면 일본의 식민지가 된 이유였을지도 몰라. 서양 문물을 적극적으로 받아들여 산업을 발전시키고 제도도 개혁했더라면 우리나라도 더 빠르게 발전할 수 있었을 거야.

19세기 들어 조선은 나라 안팎으로 큰 어려움을 맞았다. 안으로는 세도 정치로 인해 백성들의 삶이 무너지고, 왕권이 갈수록 약화되었다. 고통받는 농민들은 전국 각지에서 봉기를 일으켰고 사회는 더욱 혼란스러워졌다. 밖으로는 우리나라 연해에 '이양선'이라고 부르는 서양 선박들이 나타나 해안을 측량하거나 통상을 요구해 왔다. 청과 일본이 서양 세력에 의해 문호를 개방했다는 소식이 들려오고, 러시아가 연해주를 차지해 조선과 국경을 접하게 되자 민심이 크게 불안해졌다. 조선 내에서는 개항 여부를 두고 의견이 크게 엇갈렸다.

또 다른 침략

조선이 겪은 개항은 침략이었어!

> 서구 열강들은 우리나라의 발전을 위해서 개항을 강요한 것이 아니었어. 자기들의 이익을 위해서였어. 실제로 조선은 강제로 개항을 하면서 서구 열강들에게 많은 권리를 빼앗겼지. 그 과정에서 백성들은 높은 세금을 부담해야 했고. 개항이 단순히 더 나은 문화를 받아들이는 과정이라는 생각은 좀 순진한 것 같아.

공주 집회, 삼례 집회	보은 집회	동학 농민 운동, 청일 전쟁, 갑오개혁
1892	1893	1894

동학 농민 운동은 왜 일어났어요?

30초 해결사

동학 농민 운동은 1894년 전라도 농민들을 중심으로 시작되어 전국적으로 확산된 사회 개혁 운동이에요. 조선 말 부패한 관리들의 횡포가 계속되면서 농민들의 생활은 크게 어려워졌어요. 특히 전라도 고부 군수의 악행이 극심했는데, 이를 견디다 못한 농민들이 들고 일어난 것이 전국으로 퍼져 나갔어요. 동학 농민 운동에 참가한 백성들은 차별 없이 평등한 나라, 그리고 외국의 간섭 없이 당당한 나라를 꿈꾸었어요. 농민군은 '보국안민'이라는 기치를 내세워 신분제 폐지와 세금 감면, 그리고 외세가 물러날 것을 외쳤어요.

• 보국안민輔國安民: 나라를 보호하고 백성을 평안하게 한다는 뜻이에요.

#동학 농민 운동 #동학 #최제우 #전봉준 #사발통문 #청일 전쟁

- 동학 농민 운동을 이끌었던 전봉준 장군의 모습이야.
- 카메라를 노려보는 전봉준 장군의 눈빛을 봐. 우리에게 무언가를 말하는 것 같지 않아?
- 일본으로부터 조사받는 중에 고문을 받아 다리를 쓸 수 없게 되었어. 그래서 한성(서울)까지 가마를 타고 가야 했단다.

동학은 1860년 최제우가 창시한 종교로, 보국안민과 만민 평등의 이념이 기본 뼈대였어요. 차별에 반대했기 때문에 신분이 낮아 설움을 겪던 백성들 사이에서 빠르게 퍼져 나갔지요.

동학 농민 운동이 일어날 무렵에는 청나라와 일본이 조선을 사이에 두고 세력을 겨루고 있었는데, 예상보다 거센 농민군의 기세에 조선 정부는 청나라에 도움을 요청했어요. 청나라가 조선 정부를 도와 농민군을 진압한다는 명분으로 군대를 보내자 일본 역시 조선에 머무르는 일본인을 보호한다는 구실로 군대를 보냈지요. 외국 군대가 들어오자 동학 농민군은 청나라군과 일본군의 철수를 조건으로 스스로 해산했어요. 그러나 조선에 들어온 청나라군과 일본군은 물러나는 대신 전쟁을 시작했어요. 이 전쟁이 청일 전쟁이에요.

청일 전쟁에서 승리를 거둔 일본은 이전보다 훨씬 강도를 높여 조선에 간섭하기 시작했어요. 그에 맞서 동학 농민군이 다시 한 번 '반외세'를 외치며 일어났지만, 신식 무기로 무장한 군인들에게 진압되고 말아요. 농민들의 봉기는 결국 실패로 돌아갔지만, 흩어졌던 동학 농민군은 훗날 항일 의병 항쟁의 중심 세력으로 성장해요.

개념 연결 동학 농민군의 뜻이 담긴 사발통문

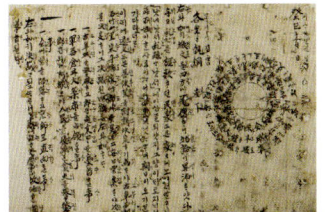

사발통문(동학농민혁명기념재단 소장)

전봉준 장군을 비롯한 동학 농민군의 지도자들은 봉기의 명분을 밝히면서 주동자를 알아보지 못하도록 이름을 둥글게 돌아가며 적었다. 이를 '사발통문'이라고 부른다. '통문'은 어떤 일이 일어날 것을 알리는 통지문을 뜻한다. '사발'은 사기로 만든 둥근 그릇으로, 이 사발을 엎어 놓고 글씨를 쓴 것 같다고 해서 '사발통문'이다. 왼쪽의 사발통문에는 전주 감영을 함락시키자는 내용과 함께 전봉준 장군의 이름도 있다. 사발통문에는 시대를 비판하고 새로운 사회를 꿈꾼 농민들의 바람이 담겨 있었다.

을미사변,
단발령,
을미의병

1895

명성 황후는 왜 일본에 죽임을 당했나요?

30초 해결사

일본의 간섭이 갈수록 심해지자 명성 황후는 일본을 견제하기 위해 러시아 세력을 끌어들였어요. 당시 러시아와 일본은 동아시아에 세력을 뻗으려 팽팽히 대립하고 있었는데, 이를 이용한 것이었지요. 조선에서 일본 세력이 위축되자 일본은 군대와 낭인을 동원해 궁에 무단으로 침입했고, 명성 황후를 시해하고 그 시신을 불태우는 끔찍한 일을 저질렀어요.

• 시해弒害: 부모나 임금, 국가 원수의 생명을 해친다는 뜻이에요.

#을미사변 #명성 황후

을미사변이 일어난 장소인 옥호루 앞을 찍은 사진이야.

경복궁 안 건청궁 내에 있는 부속 건물이었다고 해.

우리나라 한복판에서 왕비님이 칼에 찔려 돌아가셨다니…

고종과 중전 민씨는 러시아의 압박에 일본이 주춤하는 상황을 보면서 러시아 세력에 기대어 왕권을 회복하려 했어요. 중전 민씨를 조선 침략의 큰 걸림돌로 여긴 일본은 민씨를 제거하여 조선 정부에서 러시아 세력을 몰아내고자 했지요.

1895년 10월 8일 새벽, 무장한 일본군과 낭인 무사들이 경복궁 광화문을 통해 들이닥쳤어요. 고종과 중전 민씨의 처소인 건청궁에 침입한 이들은 고종을 가두고, 상궁으로 변장해 달아나던 중전 민씨를 붙잡아 처참하게 살해해요. 당시 궁에 있었던 러시아인 건축 기사 사바틴의 목격담에 따르면 사건 현장에는 군인뿐만 아니라 양복을 잘 차려입은 일본인들이 있었고, 그들이 나서서 현장을 지휘했다고 해요. 우발적인 범죄가 아니라, 치밀한 계획하에 조직적으로 일으킨 만행이었던 것이지요.

이후 고종은 대한 제국의 황제로 즉위하면서 을미사변으로 시해된 중전 민씨에게 '명성 황후'라는 호칭을 내려요.

을미사변을 도운 아버지 우범선, 한국을 위해 일한 아들 우장춘

을미사변 때 훈련 대대장을 맡았던 우범선은 일본군과 무사들이 궁에 침입할 수 있도록 도운 사람이었다. 이후 일본으로 도망쳤지만 끝내 암살당했다.

우범선의 아들 우장춘(1898~1959)은 일본에서 태어났다. 동경제국대학(지금의 도쿄대학교)에서 농학 박사 학위를 취득하며 뛰어난 과학자로 성장한 그는 광복 이후 대한민국으로 귀국했고, 한국농업과학연구소 초대 소장으로서 우리나라 농업 기술 발전에 크게 이바지했다.

을미사변, 단발령, 을미의병
1895

백성들은 왜 머리 자르는 것을 거부했어요?

30초 해결사

1895년, 정부는 성인 남자들의 상투를 서양식으로 짧게 자르도록 단발령을 내렸어요. 위생적이고 편리하기 때문이라는 이유였지요. 그러나 유교 윤리가 배어 있던 조선 사회에서는 부모로부터 물려받은 신체와 머리털을 훼손하라는 명령이 극심한 반감을 불러일으켰어요. 또한 일본의 압력으로 시행된 명령이었기 때문에, 을미사변으로 부풀어 있던 반일 감정을 자극하는 계기가 되었어요.

- 신체발부 수지부모 불감훼상 효지시야 身體髮膚 受之父母 不敢毀傷 孝之始也:
 "몸과 머리카락, 피부는 부모에게서 받은 것이니 감히 훼손하지 않는 것이 효도의 시작이다"라는 뜻으로, 유교의 가르침 중 하나였어요.

#단발령 #유교 #을미의병 #을미사변

사회 5-2 **2단원 2장** 일제의 침략과 광복을 위한 노력

왼쪽은 단발 전 고종의 모습을 그린 어진(왕의 초상화), 오른쪽은 광무개혁 이후 황제가 된 고종의 모습이야. 단발한 모습이지.

1895년이면 을미사변이 있은 지 한 해도 지나지 않았을 때네! 일본의 강요에 화가 날 수밖에 없었겠어.

고종 황제의 어진
(국립전주박물관 소장)

일본식 대례복을 입은 고종

"내 머리는 자를 수 있을지언정 머리털은 자를 수 없다."

전국의 유생들이 단발령에 반대하며 이렇게 외쳤어요.

일본이 단발령을 실시한 데는 우리의 전통을 끊고 민족정신을 약화시키려는 숨은 뜻이 있었어요. 머리카락을 자르라는 명령은 조선 사람들의 자존심을 송두리째 무너뜨렸어요. 최익현을 비롯한 전국의 유생들은 단발령을 거부했고, 관리들은 사임하거나 단발령을 철회해 달라는 상소를 올렸어요. 고향이 지방인 사람들은 서둘러 귀향했고, 그 외에도 문을 걸어 잠그고 손님을 거부하는 등 많은 백성이 단발령을 강경하게 거부했지요. 을미사변으로 인해 그렇지 않아도 좋지 않았던 일본에 대한 감정이 단발령으로 폭발하고 말았어요. 전국 각지에서 의병이 대규모로 일어나게 되었답니다.

개념연결 단발령 당시 모습은 어떠했을까?

단발령이 내려지자 관리들이 지나가는 사람들을 잡아 상투를 잘라 냈다. 백성들은 이를 피하기 위해 아예 바깥 출입을 하지 않고, 손님을 맞아들이지도 않았다. 기록을 통해 당시 상황을 알 수 있다.

"경무사 허진은 순검들을 지휘하여 가위를 들고 길을 막고 있다가 사람만 만나면 갑자기 머리를 깎아 버렸다. 그들은 사람들 집에까지 들어가 모두 단속하고 찾아냈으므로 깊이 숨어 있는 사람이 아니면 머리를 깎이지 않는 사람이 없었다. 서울에 온 시골 사람들이 문밖을 나섰다가 상투가 잘리면 대개 그 상투를 주워 주머니에 넣고 통곡을 하며 도성을 빠져나왔다."

– 황현, 『매천야록』 중에서

개항기 **295**

군국기무처 설치	을미사변, 단발령, 을미의병	아관 파천
1894	1895	1896

고종은 일본군을 피해 어디로 갔나요?

러시아로 도망갔다고?

러시아가 아니라 러시아 공사관! 러시아 외교관이 머무는 곳이야.

그 새벽에 비행기를 어떻게 탔지?

30초 해결사

을미사변(1895) 이후, 출동했던 일본군이 돌아가지 않고 궁 근처에 머무르며 감시하자, 고종은 신변의 위협을 크게 느꼈어요. 1896년 2월 11일, 고종과 왕세자는 새벽을 틈타 몰래 러시아 공사관으로 피신했어요.

- 아관 파천: '아관'은 러시아 공사관을 뜻하고, '파천'은 임금이 난리를 피해 도성을 떠나는 일을 뜻해요. 따라서 아관 파천이란 임금이 난리를 피해 러시아 공사관으로 피신했다는 뜻이에요.

#아관 파천 #러시아 공사관 #고종

고종은 일본군을 피해 러시아 공사관에 몸을 숨겼는데, 이를 아관 파천이라고 해요. 많은 곳 중에서 왜 하필 러시아 공사관으로 피했을까요?

일본의 간섭이 심해지자 고종과 명성 황후는 러시아 세력을 끌어들여 일본을 견제하려 했어요. 이를 눈엣가시로 여긴 일본은 명성 황후를 없애기로 마음먹고, 무단으로 궁에 침입하여 명성 황후를 시해하고 시신을 불태우는 만행을 저질렀어요. 이 사건으로 반일 감정이 고조되어 전국 각지에서 의병이 일어나는 등 나라가 크게 어지러워졌고, 일본을 견제하는 역할로 러시아가 떠올랐지요. 신변의 위협을 크게 느낀 고종은 안전을 보장해 주겠다는 러시아의 제안을 받아들여 아관 파천을 계획하게 되었어요.

아관 파천 이후, 친일 내각이 무너지고 일본 세력은 주춤한 상태를 보였어요. 그러나 러시아의 영향력이 커지면서 광산 채굴권, 삼림 채벌권 등 경제적 이권을 빼앗겼어요. 게다가 조선의 자주성이 크게 깎여 나가며 다른 열강들도 이권 쟁탈전에 뛰어들었어요. 그 결과 조선의 재정이 크게 어려워졌어요.

구 러시아 공사관 전망탑(문화재청 제공)

서울 중구 정동길에 있는 건물이야! 덕수궁 근처를 산책하다 보면 볼 수 있어.

지금 보이는 건 공사관 앞에 있던 전망탑이란다.

공사관은 6·25 전쟁 때 불탔다면서요?

정동에 가 보자!

개항 이후, 미국 공사관을 시작으로 서울 중구 정동 지역에 서양 각국의 공사관이 세워졌다. 영국, 러시아, 프랑스, 독일 등 여러 나라의 공사관들은 각국의 특징을 드러내는 서양식으로 건축되었다. 덕분에 정동은 세계 곳곳의 건축 양식을 한 눈에 볼 수 있는 특별한 장소가 되었다. 오늘날 정동 일대는 근대 문화유산을 살필 수 있는 살아 있는 박물관인 셈이다.

독립 협회 창립 1896 | 대한 제국 수립 1897 | 만민 공동회 1898 | 대한국 국제 반포 1899

고종은 왜 대한 제국을 선포했을까요?

30초 해결사

열강의 이권 침탈이 날이 갈수록 심해지고 조선의 자주성이 크게 위협받자 국왕의 칭호를 황제로 높여야 한다는 주장이 나오기 시작했어요. 이에 고종은 떨어진 국가의 위상을 높이고 개혁을 추진하기 위해 1897년 10월 12일 나라 이름을 대한 제국이라 선포하고, 황제로 즉위했어요.

• 열강: 국제적으로 영향력이 큰 강한 나라들을 뜻해요.

#대한 제국 선포 #환구단 #광무 #고종

환구단 황궁우(©RYU Cheol)

팔각형 모양 지붕이 신기해요! 이게 환구단이에요?

본래의 환구단은 일제에 의해 해체되었어. 이 자리에는 호텔이 들어서서 운영 중이지. 하지만 환구단의 일부인 황궁우는 고스란히 남아 있단다.

"대한 제국의 첫 시작을 온 세상에 알리노라."

1897년, 고종은 나라 이름을 바꾸고 황제 자리에 올랐어요. 러시아와 일본이 서로를 견제하며 팽팽하게 세력 균형을 이루는 동안 외세의 간섭이 상대적으로 약해지자 조선의 자주독립 의지를 전 세계에 알리고, 열강의 내정 간섭을 막아야 한다는 주장이 힘을 얻었어요. 이에 고종은 환구단에서 황제 즉위식을 열고, 대한 제국을 선포했어요.

고종 황제는 연호를 '광무'라 하고, 적극적인 개혁 정책을 실시해 나갔어요. 국방력을 강화하고, 상공업 진흥 정책을 실시해 근대적인 공장과 회사를 세웠어요. 토지를 측량하고, 전화와 철도를 들여왔지요. 또 교육의 중요성을 강조하며 새로운 학교를 세우고 유학을 지원하는 등 인재 양성에도 힘썼어요. 고종의 개혁은 대한 제국을 근대화의 방향으로 이끌었지만, 일본을 비롯한 외세의 방해와 간섭으로 한계가 있었어요.

개념연결 대한 제국 '황제국'의 상징, 환구단

환구단은 '천자가 하늘에 제사를 드리는 제단'이라는 뜻의 건축물이다. 원래 하늘에 제사를 지낼 수 있는 사람은 황제뿐이라 하여 중국의 베이징에는 천단이 있었지만 조선에는 이러한 제단이 없었다. 따라서 고종이 환구단을 건축해 대한 제국을 선포한 것에는 이제 대한 제국도 황제를 가진 제국의 지위임을 나타내고, 독립된 자주 국가라는 사실을 널리 알리기 위한 의도가 있었다.

1913년 일제에 의해 환구단이 철거되고, 이듬해 그 자리에 조선 호텔이 들어서면서 이제는 일부 건물만 남아 있다.

독립 협회 창립	대한 제국 수립	만민 공동회, 헌의 6조, 독립 협회 해산
1896	1897	1898

만민 공동회는 왜 열렸나요?

30초 해결사

아관 파천 이후 러시아의 정치 간섭이 심해지고, 일본을 비롯한 여러 나라의 경제적 이권 요구가 끊이지 않았어요. 이에 여론이 크게 나빠지자 독립 협회가 중심이 되어 1898년 서울 종로에서 만민 공동회를 열었어요.
만민 공동회에 모인 사람들은 러시아를 비롯한 서양 열강의 이권 침탈을 막고, 대한 제국의 자주독립권을 지키자고 주장했어요. 독립 협회에서는 정기적으로 만민 공동회를 열어 국민의 힘을 모았고 철도, 광산, 삼림 등 열강의 부당한 이권 요구에 대항할 것을 결의했어요.

• 만민 공동회: '만민'은 모든 백성을 뜻하고, '공동회'는 큰 모임을 의미해요.

#만민 공동회

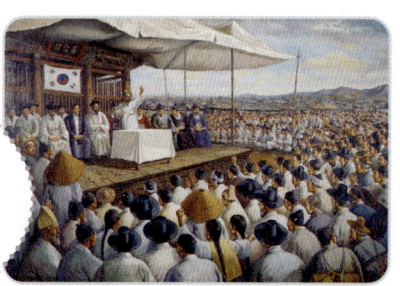

만민 공동회 민중 대회 기록화

 상인, 학생, 백정, 기생 등 직업과 나이를 가리지 않고 참석하여 자유롭게 의견을 발표할 수 있었다고 해.

"나는 대한의 가장 천한 사람이고 배운 것도 없습니다. 그러나 충군애국의 뜻은 대강 알고 있습니다. 이에 나라를 이롭게 하고 국민을 편안하게 하려면 관리와 백성이 합심해야 한다고 생각합니다."

1898년 10월 만민 공동회에서 백정 출신 박성춘이 한 연설이에요. 만민 공동회는 신분과 나이의 구별 없이 뜻있는 모든 국민이 참여할 수 있었어요. 천한 신분으로 여겨졌던 백정도, 나이 어린 어린이도 자유롭게 나가 발언할 수 있었지요. 독립 협회가 처음 개최한 만민 공동회에는 약 1만여 명의 시민이 자발적으로 모였어요. 단발령과 같은 주제를 놓고 토론을 하거나 서구 열강의 침탈을 경계하고 대한 제국의 자주권에 대한 목소리를 높이는 등 국민이 활발하게 정치에 참여하는 기회가 되었어요. 그 결과 절영도(지금의 부산 영도구를 이루는 섬)를 빌려 달라는 러시아의 요구를 저지하는 성과를 거두기도 했어요. 또한 독립 협회는 자유 민권 운동과 국민 참정권 운동, 언론·출판·집회·결사의 자유 등을 확보하기 위한 활동을 활발히 벌였어요.

개념연결 우리 역사 속 직접 민주주의, 만민 공동회

'직접 민주주의'는 대표자 없이 구성원 전체가 직접 정치에 참여하는 제도를 뜻한다. 만민 공동회는 직접 민주주의의 좋은 사례라고 할 수 있다. 평범한 사람들이 목소리를 내어 열성적으로 참여했다.

- 만민 공동회 운영을 위해 집을 팔고 거액의 기부금을 낸 부자
- 국밥 수백 그릇을 만민 공동회 참가자들에게 나누어 준 상인
- 밤에도 만민 공동회를 계속 진행할 수 있도록 장작을 기부한 나무꾼들
- 적은 돈이라도 기부금을 내려고 한 거지
- 정선태, 『1898, 문명의 전환: 대한민국 기원의 시공간』 중에서

대한 제국 칙령 제41호 공포	독도 의용 수비대 조직	독도의 날 지정
1900	1953	2000

왜 독도의 날이 10월 25일이에요?

30초 해결사

1900년 10월 25일 대한 제국은 '칙령 제41호'를 내려 독도를 울릉도에 속한 우리나라의 땅이라고 선포했어요. 이 무렵 일본인들이 울릉도와 독도에 무단으로 침입해 목재를 베어 가는 등 지속적으로 문제를 일으키자 울릉도를 울도군으로 승격시키고, 독도를 공식적으로 울릉도의 관할에 넣어 적극적으로 관리하겠다는 의지를 나타낸 것이었지요. 이날을 기념하기 위해 10월 25일을 독도의 날로 정했답니다.

• 칙령: 임금이 내린 명령을 뜻해요.

#독도 #칙령 제41호 #세종실록지리지

사회 5-2 | 2단원 2장 | 일제의 침략과 광복을 위한 노력

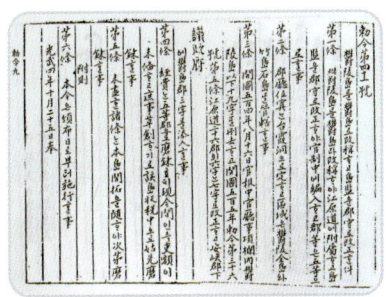

대한 제국 칙령 제41호
(규장각 한국학 연구원 소장)

독도는 대한민국 동쪽 끝을 아름답게 밝히는 섬이에요. 삼국 시대, 신라가 우산국을 지배한 후로 줄곧 우리의 영토랍니다. 『세종실록지리지』에도 독도가 우리나라 땅임이 명확하게 기록되어 있어요. 일본의 울릉도와 독도 침탈 시도는 뿌리가 깊어요. 조선 숙종 때 인물인 안용복은 울릉도와 독도로 일본 어선이 계속 넘어오자 이들을 쫓아내고 일본 정부로부터 독도가 조선의 영토임을 확인받았어요.

1905년 한반도를 둘러싸고 러시아와 일본 사이에 전쟁이 일어나자, 일본은 전쟁을 치러야 한다는 핑계로 독도를 일본 땅에 포함한 뒤 해군을 보내 점령했어요. 이는 국제법상 명백한 불법 침탈 행위였어요. 1945년 광복을 맞아 독도도 다시 우리 영토가 되었지만, 일본은 과거에 대한 반성과 사과는커녕 여전히 독도를 탐내고 있어요. 이에 1953년, 울릉도에 사는 홍순칠 대장을 비롯한 청년들은 '독도 의용 수비대'를 만들어 일본이 독도에 침입하지 못하게 막았답니다. 1954년부터는 독도 경비대가 우리 땅 독도를 지키고 있어요.

개념 연결 "독도는 우리 땅입니다." 대통령의 연설

"존경하는 국민 여러분, 독도는 우리 땅입니다. 그냥 우리 땅이 아니라 40년 통한의 역사가 뚜렷하게 새겨져 있는 역사의 땅입니다. 독도는 일본의 한반도 침탈 과정에서 가장 먼저 병탄되었던 우리 땅입니다. 일본이 러일 전쟁 중에 전쟁 수행을 목적으로 편입하고 점령했던 땅입니다. … 지금 일본이 독도에 대한 권리를 주장하는 것은 제국주의 침략 전쟁에 의한 점령지의 권리, 나아가서는 과거 식민지 영토권을 주장하는 것입니다. 이것은 한국의 완전한 해방과 독립을 부정하는 행위입니다. … 우리 국민에게 독도는 완전한 주권 회복의 상징입니다. 일본은 제국주의 침략사의 어두운 과거로부터 과감히 떨쳐 일어나야 합니다. 21세기 동북아시아의 평화와 번영, 나아가 세계 평화를 향한 일본의 결단을 기대합니다."

– 2006년 4월 25일 노무현 대통령 연설문 중에서

러일 전쟁　　　을사늑약 체결
1904　　　　　1905

러시아와 일본의 싸움이 우리와 무슨 상관이에요?

러시아랑 일본이랑 싸운 거잖아. 우리나라랑 무슨 상관이야?

글쎄?

 **30초 해결사**

러일 전쟁은 러시아와 일본 사이에 벌어진 전쟁이지만 우리나라에도 아주 큰 영향을 미쳤어요. 한반도와 대한 해협 등 우리나라 영토에서 일어난 전쟁이었을 뿐만 아니라, 러일 전쟁에서 승리한 일본은 이후 동아시아에서 강력한 영향력을 떨치며 우리나라를 압박해 왔어요.

#러일 전쟁

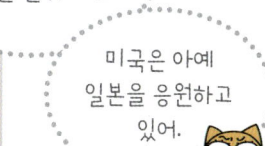

「공원의 각 나라 아이들」(메이지 시기부터 만주 사변까지 일제의 침략 전쟁을 다룬 화첩 『전역화첩어국지예(戰役畵帖御國之譽)』에 실려 있는 풍자화, 민족문제연구소 소장)

　러시아와 일본은 한반도의 주도권을 차지하기 위해 치열하게 대립했어요. 일본은 러시아와 대립하던 영국과 동맹을 맺고 본격적으로 러시아와의 전쟁을 준비했어요. 상황이 심상치 않자 대한 제국은 중립을 선언했지만 일본은 이를 무시하고 1904년, 한반도를 전쟁터 삼아 러일 전쟁을 일으켰어요. 대한 제국의 군사적 요충지는 일본에게 장악되고, 서울도 점령되었어요. 일본은 한일 의정서를 강제로 체결해 전쟁에 필요한 경우 대한 제국의 영토를 마음대로 이용할 수 있는 권리를 얻어 냈지요. 또한 외교와 재정 분야에 일본의 추천을 받은 고문을 두어, 대한 제국의 내정을 간섭할 수 있게 했어요.

　일본이 러일 전쟁에서 승기를 잡자 영국과 미국은 일본의 한반도 지배를 인정했고, 이로써 일본은 대한 제국 점령에 한 발자국 더 가까워졌어요.

개념연결 러일 전쟁이 일어나기 전 상황을 담은 그림

「가교과 난쟁이의 전쟁」(프랑스 신문에 게재된 만평, 1904)

큰 덩치의 러시아 선수와 작은 덩치의 일본 선수가 대치하고 있다. 그런데 두 선수가 딛고 있는 링 위에 동아시아 지도가 그려져 있다. 러시아 선수는 한반도 위쪽 만주 땅을 밟고 있고, 일본 선수는 한 발을 한반도 위에 내디뎠다. 링 밖으로 시선을 돌리면, 미국과 영국이 거만한 자세로 앉아 있고, 경기장 안으로 들어오지 못한 채 담 너머에서 지켜보는 중국이 보인다. 러일 전쟁이 일어나기 전 국제 상황을 묘사한 그림이다.
일본은 미국과 영국의 지원을 받아 러일 전쟁에서 승리했다. 이후에도 미국과 영국의 협조 속에서 순조롭게 대한 제국을 침략해 갔다.

		고종의 강제 퇴위,
을미사변,	을사늑약 체결	대한 제국 군대
단발령		해산
1895	**1905**	**1907**

왜 을사조약이 아니라 을사늑약이라고 하나요?

30초 해결사

'조약'이란 나라와 나라가 정당하게 합의하여 맺는 약속을 뜻해요. 그런데 1905년 일제와 대한 제국이 맺은 조약에는 대한 제국의 의지가 들어가 있지 않았어요. 일제는 대한 제국을 보호한다는 핑계로 외교권을 빼앗는 조약을 강제로 체결했어요. 고종은 여러 차례 반대했지만 일제의 압박과 이완용을 비롯한 친일파 세력에 못 이겨 강제로 조약을 맺었어요. 그래서 억지로 맺은 조약이라는 뜻으로 을사늑약이라고 부른답니다.

• **늑약**: 서로 합의하여 맺은 합법적인 조약이 아니라 억지로 맺은 조약이라는 뜻이에요.

#을사늑약 #을사오적 #이완용 #이토 히로부미 #장지연 #헤이그 특사

이 사람은 이완용이야! 일본에 협조해 을사늑약 체결에 찬성을 표한 대표적인 신하지.

일본의 정치가인 이토 히로부미야. 을사늑약 체결을 강요한 사람이야.

"슬프도다. 저 개돼지만도 못한 이른바 우리 정부의 대신이란 자들은 자기 일신의 영달과 이익이나 바라면서 위협에 겁먹어 머뭇대거나 벌벌 떨며 나라를 팔아먹는 도적이 되기를 감수하였던 것이다. 아, 4,000년 강토와 500년 사직을 다른 나라에 갖다 바치고, 2,000만 국민들을 타국의 노예가 되게 하였으니… 아! 원통하구나. 아! 분하구나."

을사늑약이 체결되자 전국적으로 거센 반향이 일어났어요. 장지연은 『황성신문』에 위와 같은 글을 실었고, 반대의 뜻을 밝히며 목숨을 끊은 사람도 있었어요. 고종 황제는 을사늑약이 무효임을 국제 사회에 알리기 위해 1907년 네덜란드 헤이그에 특사를 파견했지만 소득을 얻지 못하고 이 일을 이유로 황제 자리에서 물러났어요. 대한 제국의 군대도 해산되었지요.

을사늑약 체결을 위해 대한 제국에 온 이토 히로부미는 궁에 무장한 일본군을 배치하여 험악한 분위기를 조성하고 조약을 맺을 것을 강요했어요. 고종 황제와 정부 대신들이 계속 반대하자 정부 대신을 한 사람씩 불러 압박했지요. 고종 황제가 불참한 사이, 이토는 조약 체결에 찬성 의사를 밝힌 다섯 명의 대신에게 서명을 받아 조약을 체결해요. 박제순, 이지용, 이근택, 이완용, 권중현 이 다섯 명의 대신을 '을사오적'이라고 불러요.

을사늑약에는 보호를 구실로 대한 제국의 외교권을 박탈하겠다는 내용과 통감부를 설치하여 한국의 모든 외교는 물론 내정에도 간섭하겠다는 조항이 포함되어 있어요.

개념연결 을사늑약이 국제법으로 성립할 수 없는 이유

국가 간의 조약은 각국의 대표자가 동의하고, 최고 통치권자의 비준을 받아야 효력이 발생한다. 그러나 을사늑약은 조약의 정식 명칭이 없고, 최고 통치권자인 고종의 위임장을 받지 않은 외부대신 박제순의 도장만 찍혀 있다. 또한, 체결 과정에 군대를 동원한 공포 분위기가 조성되었다. 고종이 끝까지 비준을 거부한 것도 주요한 무효 사유다. 을사늑약은 국제법상 '법적 형식'이 없는 불법적인 조약이었다고 할 수 있다.

을미사변, 단발령	을사늑약 체결	고종의 강제 퇴위, 대한 제국 군대 해산	13도 창의군, 서울 진공 작전을 전개함
1895	1905	1907	1908

일제와 싸운 의병들은 어떤 사람들이었나요?

30초 해결사

1895년 명성 황후의 죽음(을미사변)에 반발해 일어난 '을미의병'을 시작으로, 나라가 위기에 빠질 때마다 전국 방방곡곡에서 의병이 일어났어요. 다양한 계층의 사람들이 일본의 침략에 맞서 항일 의병의 일원이 되었어요. 여성과 남성, 노비와 평민 그리고 양반까지 성별과 신분의 구분 없이 무수히 많은 사람이 모였지요. 나중에는 군인들도 의병에 합류하면서 일본에게 큰 위협이 되었어요.

• 의병義兵: 백성들이 의로운 일을 하기 위해 자발적으로 조직한 군대를 말해요.

#의병   #을미의병   #을사의병   #정미의병

일제의 침략과 광복을 위한 노력

영국의 기자인 매켄지가 1907년에 촬영한 의병들 사진이야.

사진 속 어린 의병을 봐! 우리와 나이 차이도 얼마 안 나 보이는데…

- 당신들은 언제 전투를 했습니까?

"오늘 아침에 저 아랫마을에서 전투가 있었습니다."

- 일본을 이길 수 있다고 생각합니까?

"이기기 힘들다는 것은 알고 있습니다. 우리는 어차피 싸우다 죽게 되겠지요. 그러나 좋습니다. 일본의 노예가 되어 사느니 자유민으로 죽는 것이 훨씬 낫습니다."

한국인은 비겁하지도 않고 자기 운명에 대해 무심하지도 않다. 한국인들은 애국심이 무엇인가를 몸으로 보여 주었다.

- 프레더릭 매켄지, 『한국의 독립운동』 중에서

항일 의병은 봉기 시기에 따라 크게 세 번으로 나뉘어요. 1895년 일본의 명성 황후 시해 사건(을미사변)에 이어 단발령이 공포되자 이에 크게 반발한 백성들이 '을미의병'을 일으켰어요. 1905년 을사늑약이 강제로 체결되자 '을사의병'이 봉기했지요. 1907년, 일본에 의해 고종이 강제로 퇴위되고 군대가 해산되자 '정미의병'이 일어났어요. 강제로 해산된 군인들이 대거 의병에 동참하며 전력이 크게 향상되고 근대식 무기가 확보되었어요. 이에 일제는 무자비한 탄압으로 의병 활동을 봉쇄하려 했지만, 의병들은 흩어진 뒤에도 투쟁을 계속하면서 독립군으로 성장해 갔어요.

개념연결 대한 제국의 의병을 널리 알린 영국의 기자, 매켄지

프레더릭 아서 매켄지는 영국의 종군 기자였다. 1907년 정미의병 때 무명의 의병들을 취재한 매켄지는 취재한 내용을 바탕으로 『대한 제국의 비극』이라는 책을 펴냈다. 1919년 3·1 운동 때는 『자유를 위해 싸우는 사람들』이라는 책을 펴내 일제의 만행을 규탄하고 우리나라의 독립 의지를 세계에 널리 알렸다. 매켄지가 남긴 사진과 기록들은 당시 항일 의병 투쟁사를 들여다볼 수 있는 소중한 연구 자료다.

함경도에 방곡령을 선포함	철시 운동	조선 은행 설립	황국 중앙 총상회 결성	국채 보상 운동	조선 물산 장려회 발족
1889	1890	1896	1898	1907	1923

나라가 진 빚을 왜 국민들이 대신 갚으려고 했나요?

30초 해결사

일본은 대한 제국을 식민지로 삼기 위해 여러 전략을 펼쳤는데, 그중 하나는 빚을 많이 내게 하여 경제적 주도권을 쥐는 것이었어요. 그 결과 대한 제국은 빠른 속도로 일본에 감당하기 어려운 빚을 지게 되었지요. 이 상황을 그냥 지켜만 보고 있을 수 없었던 국민들이 힘을 합쳐 나라의 빚을 갚자는 운동을 벌였는데, 이 운동이 국채 보상 운동이에요. 나라의 주권을 지키기 위해 국민이 단결한 것이지요.

- 국채國債: 한 나라의 정부가 진 빚을 말해요. 한 나라의 정부가 외국 정부나 공적 기관으로부터 돈을 빌려 오는 것은 차관借款이라고 해요.

#국채 보상 운동 #서상돈 #양기탁 #유네스코 세계 기록유산

1907년 대구에서 시작된 국채 보상 운동은 『대한매일신보』, 『황성신문』 등에 크게 보도되면서 전국으로 빠르게 퍼져 나갔어요. 처음 국채 보상 운동을 주도한 서상돈은 아래와 같이 운동의 목적을 밝혔어요.

> 국채 1,300만 원은 바로 우리 대한 제국의 존망에 직결되는 것으로, 갚지 못하면 나라가 망할 것인데, 국고로는 해결할 도리가 없으므로 2,000만 인민들이 3개월 동안 흡연을 폐지하고 그 대금으로 국고를 갚아 국가의 위기를 구하자.
> – 『대한매일신보』(1907. 2. 21.)

각계각층의 사람들이 국채 보상 운동에 참여했어요. 언론 기관과 수많은 단체가 모금 운동을 벌였고, 사람들은 담배 끊은 돈을 모으고 비녀와 가락지를 내놓았어요. 고종도 담배를 끊겠다는 뜻을 밝혔지요.

하지만 일본은 국채 보상 운동을 이끌던 주요 인물인 『대한매일신보』 사장 양기탁을 구속하는 등 갖은 방법으로 운동을 방해했어요. 결국 이듬해인 1908년에 중단되었지만, 자주독립을 향한 의지는 이후 전국적인 독립운동으로 이어졌지요. 국채 보상 운동은 그 역사적 가치를 인정받아 최근 유네스코 세계 기록유산으로 선정되었답니다.

개념연결 여성들의 참여로 열어 간 국채 보상 운동

국채 보상 운동에서는 여성들의 적극적인 참여가 특히 빛을 발했다. 『대한매일신보』에 국채 보상 운동 소식이 실리고 이틀 뒤, 대구 남일동의 부인들은 '패물폐지부인회'를 결성하고 다음과 같이 선언했다.

> "나라 위하는 마음과 백성의 도리에 어찌 남녀가 다르리오. 듣자 하니 국채를 갚으려고 2,000만 동포가 석 달 동안 담배를 아니 피우고, 금전을 모은다 하니 족히 사람으로 감동케 할지요, 앞날에 아름다움 있으리. … 우리는 여자인 까닭에 이 몸에 값진 것이 다만 패물뿐이다. … 적은 것으로 큰 것을 도우리오."
> – 『대한매일신보』(1907. 3. 8.)

각지에서 적극 동참하여 여성들의 국채 보상 운동은 전국적으로 퍼져 나갔다. 여성의 사회 활동이 큰 압박을 받던 사회 분위기 속에서 민족적 위기에 대처하고자 일어선 이들의 용기는 빛나는 것이었다. 국채 보상 운동은 여성의 사회 참여 운동으로도 기록되어 있다.

을사늑약 체결	고종의 강제 퇴위, 대한 제국 군대 해산	13도 창의군, 서울 진공 작전을 전개함	안중근 의거
1905	1907	1908	1909

안중근 의사는 왜 이토 히로부미를 심판했을까요?

검　사 범행 동기가 무엇인가?
안중근 나는 일본 재판소에서 재판받을 의무가 없다. 나는 의병의 참모장으로 우리나라의 독립과 동양 평화를 위해 독립 전쟁을 하는 중이고 그 일환으로 이토를 죽였다. 따라서 나는 살인범이 아니라 전쟁 포로다.
　　　　　　　　　　　　　　　　　－ 일본 검사에게 취조를 받던 안중근 의사의 답변 중에서

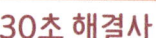 **30초 해결사**

1909년 안중근 의사는 중국 하얼빈역에서 조선을 침략하는 데 큰 역할을 한 일본의 정치가 이토 히로부미를 총으로 쏘았어요. 재판소에서 안중근 의사는 이토 히로부미가 대한 제국을 일본의 식민지로 만들려 한 원흉이며, 동양의 평화를 깨뜨린 책임을 물어 심판했다고 밝혔어요.

• 이토 히로부미(1841~1909): 일본의 정치가예요. 을사늑약(1905)을 강제로 맺게 하고 대한 제국을 일본의 식민지로 만드는 데 앞장선 인물이에요.

#안중근　#이토 히로부미

이토 히로부미 저격 후 뤼순 감옥에 갇혀 있던 중 가족과 면회하는 안중근 의사의 모습

법정에 선 안중근 의사는 재판장이 이토 히로부미를 저격한 이유를 묻자 명성 황후를 시해하고 고종 황제를 강제 퇴위시켰으며 을사늑약을 강제로 체결하고 의병 진압을 구실로 민간인을 학살했으며 동양 평화와 세계 질서를 교란한 점 등 이토 히로부미가 지은 죄 15가지를 나열해요. 그리고 자신은 '의병장'의 자격으로 이토 히로부미를 처벌한 것이지, 개인의 자격으로 죽인 것이 아니라고 당당하게 밝혔어요.

안중근 의사가 옥중에서 집필한 책 『동양평화론』에는 동아시아에 평화를 가져오고자 한 그의 굳은 의지가 담겨 있어요. 안중근 의사는 미처 이 책의 집필을 마치지 못한 채 1910년 3월 26일, 뤼순 감옥의 형장에서 순국했어요.

개념연결 일본의 평화주의자 고토쿠 슈스이와 안중근 의사

일본의 사상가 고토쿠 슈스이(1871~1911)는 아시아의 평화를 위해 각국의 평화주의자들이 힘을 합쳐야 한다고 주장했다. 일본의 대한 제국 침략을 반대하던 고토쿠 슈스이는 1911년 일본 천황을 암살하려는 계획을 세웠다는 이유로 처형당했다. 고토쿠 슈스이가 체포되며 압수당한 물건에서 안중근 의사의 사진이 발견되기도 했다. 그가 안중근 의사를 존경하는 마음을 담아 남긴 한시도 함께 발견되었다.

생을 버리고 의를 취하고
몸을 죽이고 인을 이루었네.
안중근이여, 그대의 일거에
천지가 모두 전율했소.

1945년 광복 직후 중국 충칭 임시정부 청사 앞에서 촬영한 임시정부 요인 단체 사진

조국의 독립을 꿈꾸다
일제 강점기

일본 제국주의에 맞서 나라의 독립을 위해 노력한 시대. 그 속에서 자유와 평등한 세상을 꿈꾸었던 사람들의 이야기. 일제 강점기의 가슴 뛰는 역사 속으로 함께 가 보자!

- 1910 국권 피탈 
- 1919 3·1운동, 대한민국 임시 정부 수립
- 1920 봉오동 전투, 청산리 대첩  
- 1922 어린이날 제정 
- 1927 신간회 창립 
- 1929 광주 학생 항일 운동 
- 1932 이봉창·윤봉길 의거
- 1933 한글 맞춤법 통일안 발표
- 1940 한국 광복군 창설
- 1942 조선어 학회 사건

국권 피탈,
이회영 일가 만주 이주 후 한인촌을 건설하고
신흥 강습소(신흥 무관 학교)를 설립함

1910

이회영과 그 형제들은 왜 만주로 떠났나요?

이회영 6형제

다들 표정이 심상치 않은데…

이회영 6형제? 이 사람들이 누군데?

30초 해결사

이회영 선생과 여섯 형제는 부유한 명문가 출신의 독립운동가로, 1910년 대한 제국이 일제의 식민지가 되자 전 재산을 처분하고 50여 명의 가족과 함께 추운 겨울 만주로 떠났어요. 만주를 기반으로 독립운동 기지를 건설하기 위해서였어요. 부유하고 높은 신분이었던 만큼, 잃어버린 나라를 되찾기 위해 그만큼 노력할 책임이 있다고 생각했던 것이에요.

• 만주: 중국과 한반도 사이에 위치한 지역을 말해요. 고조선과 고구려, 발해의 위치가 만주 지역이에요.

#이회영 #독립운동가 #신흥 무관 학교

오른쪽에 중절모를 쓰고 눈물을 훔치는 할아버지가 여섯 형제 중 막내인 이시영 선생님이셔. 우리나라 초대 부통령을 맡으셨지.

우리나라가 해방되어 귀국하실 때 찍은 사진이라던데, 왜 울고 계신 거예요?

이회영 선생과 그 형제들은 명문가 출신으로, 조선에서 손꼽히는 부자였어요. 1910년 강제 병합으로 일본에 나라를 빼앗기자 이회영 선생은 형제들을 불러 모았어요. 이들 형제는 회의 끝에 전 재산을 처분하고 만주로 떠나 독립운동에 몸을 바치기로 결정했지요. 이때 이들 형제가 처분한 재산은 지금으로 따지면 600억 원 정도 되는 큰돈이었어요. 온 가족을 이끌고 만주로 향한 이회영과 형제들은 일생을 독립운동에 헌신했어요. 형제가 만주에 세운 신흥 무관 학교는 이후 3,500여 명의 독립운동가를 배출하며 항일 투쟁의 기틀이 되었어요. 나석주, 김원봉, 지청천 등을 비롯한 수많은 독립운동가가 신흥 무관 학교 출신입니다. 이회영 일가의 이야기는 사회 지도층이 나라와 사회를 위해 헌신한 사례로 손꼽혀요.

여성 독립운동가 이은숙 선생의 『서간도 시종기』

독립운동가 이은숙 선생이 남긴 『서간도 시종기』를 통해 만주로 떠난 이회영 일가가 겪은 일을 자세히 살펴볼 수 있다. 『서간도 시종기』는 서간도(만주의 서남쪽 지역)에 독립운동 기지를 건설하는 과정을 잘 기록하고 있을 뿐만 아니라, 여성 독립운동가의 입장에서 바라본 당시 상황이 잘 드러난 기록이라는 점에서 의미가 있다. 이은숙 선생이 남긴 기록은 그가 이회영 선생의 아내로서 어떻게 독립운동의 역사를 함께 만들어 갔는지를 잘 보여 준다.

"1만여 석의 재산과 가옥을 모두 팔고 경술년(1910) 12월 30일에 큰집, 작은집이 함께 압록강을 건너 떠났다. … 몇 해 만에 그 많은 재산도 바닥이 드러났고 곤궁한 생활이 시작되었다. "농사는 강냉이와 좁쌀, 두태(콩팥)를 심어 짓고 쌀은 200~300리나 나가 사오는데 제사에나 진미를 짓는다. 어찌 쌀이 귀한지 아이들이 이름 짓기를 '좋다밥'이라고 하더라."

 – 이은숙, 『서간도 시종기』 중에서

안중근, 이토 히로부미 사살	이봉창, 일왕에게 폭탄 투척	윤봉길, 홍커우 공원 의거
1909	1932. 1	1932. 4

독립운동가들은 직업이 모두 의사였나요?

안중근 의사, 윤봉길 의사, 이봉창 의사… 독립운동가들은 모두 직업이 의사였어?

으이그! 의사 선생님이었다는 게 아니라 독립운동가 분들을 일컫는 말이야. 의사, 열사, 지사로 나뉜다구!

30초 해결사

우리는 흔히 의사라고 하면 병을 고쳐 주는 의사醫師를 생각하지만, 독립운동가 이름 뒤에 붙는 의사義士는 다른 뜻의 단어예요.

독립운동가에게 붙이는 호칭에는 크게 의사, 열사, 지사가 있어요.

의사義士: 나라와 민족을 위해 무력으로 저항하다 돌아가신 분

　　　예) 이토 히로부미를 저격한 안중근 의사

열사烈士: 나라와 민족을 위해 맨몸으로 저항하다 돌아가신 분

　　　예) 고문으로 돌아가신 유관순 열사

지사志士: 나라와 민족을 위해 헌신하고 저항하신 분

• '지사'는 '의사', '열사'와 달리 살아 계신 분에게도 쓸 수 있는 호칭이에요.

#의사　#열사　#지사　#독립운동가

'친일을 하면 3대가 흥하고 독립운동을 하면 3대가 망한다'는 말이 있어요. 친일파의 후손들은 잘 먹고 잘사는 반면, 독립운동가의 후손들은 어려운 형편을 이어 나가는 경우가 왕왕 있거든요.

이는 우리나라가 해방 후 친일 행위를 한 사람들을 제대로 처벌하지 못했기 때문이에요. 일제 강점기에는 독립을 위해 헌신한 사람들도 많았지만 같은 민족이면서도 일제의 편에 서서 우리 민족을 탄압하고, 부를 쌓은 사람들도 많았어요. 그래서 최근에는 국가와 사회가 그동안 제대로 돌보지 못했던 독립운동가 후손들을 찾아 그 뜻을 기리고 지원하려 노력하고 있답니다.

이에 정부에서는 일제로부터 나라를 빼앗기고 우리나라의 독립을 위해 힘쓰다가 순국한 이들의 독립 정신을 되새기고 그분들을 기리기 위해 매해 11월 17일을 '순국선열의 날'로 정했어요. 그분들의 소중한 뜻을 되새기며 자유롭고 정의로운 대한민국의 미래를 기원하는 날이지요.

대한 독립군 무명용사 위령탑은 만주, 연해주 등 국내외 지역에서 항일 독립운동을 펼치다가 이름 없이 사라져 간 수많은 독립군의 독립 정신을 기리고자 지난 2002년 5월 국립 현충원에 세워졌습니다.

대한 독립군 무명용사 위령탑

정의롭지 못한 일에 저항하며 당당히 후회 없이 살고자 노력했던 분들!

과거 청산에 앞장선 프랑스

제2차 세계 대전 이후 프랑스는 1950년부터 1953년까지 독일 나치 협력 혐의로 모두 35만여 명을 조사해 12만 명 이상을 법정에 세웠다. 1964년에는 전쟁 중 민간인에 저지른 반인도적 범죄에 대한 공소 시효도 없앴다. 그 결과 1994년 유대인 처형에 관여한 폴 투비에게 종신형을, 1998년 모리스 파퐁에게 10년 금고형을 선고할 수 있었다.

"어제의 범죄를 벌하지 않는 것, 그것은 내일의 범죄에 용기를 주는 것이다."
– 알베르 카뮈

역사에는 만약이 없다고 하지요. 하지만 상상의 날개를 펼쳐 다양한 역사를 생각해 본다면 더욱 깊이 있게 역사를 이해할 수 있을 거예요.

반민 특위가 친일파 청산에 성공했더라면?

해방 후 우리나라는 친일파 청산을 제대로 이루어 내지 못했어. 친일파 청산을 위해 세워진 기관인 반민족 행위 특별 조사 위원회(반민 특위)는 1년 만에 해산되었지. **만약에** 반민 특위가 친일파 청산에 성공했더라면 역사는 어떻게 되었을까?

일제 강점기 일본 제국주의에 협력했던 사람을 친일파라 하잖아. 이 사람들은 이후 어떻게 되었지? 다 처벌을 받았을까?

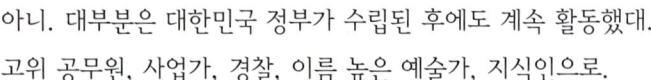

아니. 대부분은 대한민국 정부가 수립된 후에도 계속 활동했대. 고위 공무원, 사업가, 경찰, 이름 높은 예술가, 지식인으로.

뭐야, 일제에 협조해서 다른 사람들을 괴롭혔는데도 결국 아무런 책임을 지지 않았다는 거야?

광복을 맞은 후, 친일파를 처벌하고 일제 때의 잘못된 역사를 바로잡자는 열기가 뜨거웠다. 과거를 청산해야 새로운 나라를 세울 수 있다는 믿음이 있었기 때문이다. 일제가 강요한 이름 대신 본래 우리의 이름으로 되돌리고, 조선어 학회에서 새로이 펴낸 국어 교과서로 일제가 만든 교과서를 대체했다. 하지만 어수선한 사회 분위기와, 친일파 처벌에 미온적인 이승만 대통령, 미 군정청의 정책하에 친일파 처벌은 흐지부지되고 말았다.

이후 1948년 대한민국 정부가 수립된 후 제헌 국회에서는 1948년 9월 반민족 행위 처벌법을 만들고, 반민족 행위 특별 조사 위원회(반민 특위)를 만들었다. 반민 특위는 일제 강점기 반민족 행위를 일삼았던 사람들을 조사하고, 핵심 친일파인 박흥식, 최남선 등 220여 명을 기소했다.

선생님이 반민족 행위 특별 조사 위원회 이야기를 해 주셨잖아.
반민 특위는 1948년 정부가 수립되자마자 친일파들을 조사하고 처벌하려는 목적으로 만들어졌어. 하지만 한 명도 처벌하지 못하고 1년 만에 해산되었다고 들었어.

너무 안타까운 일이야!
죄가 명명백백한데, 왜 처벌하지 못했지?

나라를 새롭게 세우는 과정에 경험이 많았던 그들의 역할이 필요했을지도 몰라.
일제에 협력한 사람들이 얼마나 많았는데? 그들을 모두 처벌했다고 생각해 봐.

오히려 새롭게 나라가 들어서려면 그런 사람들이 책임을 지는 것이 더욱 중요하다고 생각해.
최소한 진심으로 과거를 반성하고, 용서를 빌어야 하지 않았을까?
독립운동을 열심히 해 온 분들에게 너무도 부끄러운 일이야.

| 2·8 독립 선언 | 3·1 운동 |
| 1919. 2 | 1919. 3 |

3·1 운동은 3월 1일 하루 동안 일어난 사건인가요?

30초 해결사

3·1 운동은 3월 1일 하루 동안 벌어진 사건이 아니라, 1919년 3월에 시작되어 몇 달간 전국적으로 일어난 독립 만세 운동을 뜻해요. 3월 1일에 처음 시작되었기 때문에 3·1 운동이라고 부르는 것이지요. 전국 각지에서 수많은 사람이 독립 만세를 외치며 나라의 독립을 요구했어요.

3·1 운동은 신분, 직업, 종교의 구별 없이 모든 계층이 참여한 우리 역사상 최대 규모의 독립운동이었어요. 만세 시위에 참여한 청년, 여성, 농민, 노동자 계층이 민족 운동의 새로운 주체로 주목받게 되었지요.

#3·1 운동 #유관순 #2·8 독립 선언 #대한민국 임시 정부

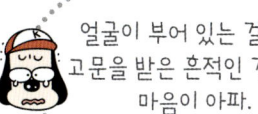
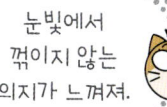

1919년은 독립을 외치는 우리나라 사람들의 목소리로 뜨거웠던 한 해였어요. 1919년 2월 8일 일본 도쿄에서 유학생들이 독립 선언문을 낭독했고(2·8 독립 선언), 여기에 영향을 받은 국내의 독립운동가들은 3월 1일 만세 시위를 계획해요. 3월 1일로 정한 이유는 1919년 2월에 고종 황제가 돌아가셨기 때문이에요. 고종 황제의 장례식이 3월 3일로 정해지자, 장례식에 참여하기 위해 많은 인파가 서울로 몰릴 것을 예상한 것이지요. 약속한 날, 서울 탑골 공원에 모인 학생과 국민 들은 독립 선언식을 거행하고 태극기를 흔들며 거리로 나섰어요. 그렇게 시작한 만세 시위는 일제의 무자비한 탄압에도 굴하지 않고 전국으로 퍼져 나가 3개월 넘게 이어졌어요.

3·1 운동은 신분, 직업, 종교, 성별과 관계없이 모든 계층이 참여한 우리 역사상 최대 규모의 독립운동이었어요. 이 소식을 들은 만주, 미국, 연해주 등의 해외 동포들도 만세 운동에 합류했고 전 세계에 우리 민족의 독립 의지를 알렸어요. 3·1 운동을 통해 독립운동을 체계적으로 조직할 지도부의 필요성을 느낀 독립운동가들은 대한민국 임시 정부를 수립해요. 우리나라 민주주의의 시작점이에요.

외세에 괴롭힘을 당하던 아시아 사람들의 함성

1919년은 제1차 세계 대전이 끝난 바로 다음 해로, 식민지였거나 다른 나라의 침략으로 고통받던 많은 아시아 국가가 독립을 꿈꾸던 시기이기도 했다. 이 시기에는 다른 국가에서도 3·1 운동처럼 대규모의 민족 운동이 일어났다.

- **사티아그라하 운동(인도)** 간디가 이끈 비폭력 무저항 민족 운동
- **5·4 운동(중국)** 국제 회의에서 일본이 중국의 일부 지역을 지배할 권리를 넘겨받게 되자 이에 반대하여 열린 시위

| 의열단 결성 | 한인 애국단 결성 |
| 1919 | 1931 |

의열단은 무슨 일을 했나요?

30초 해결사

의열단은 무력 투쟁을 통해 독립을 쟁취하고자 했던 단체예요. '의열'은 '정의로운 일을 맹렬하게 실행'한다는 뜻이에요. 1919년 11월에 독립운동가 김원봉의 주도로 조직되었으며, 일제 강점기 대표적인 의열 투쟁 단체로 이름을 떨쳤어요.

#의열단 #무력 투쟁 #김원봉

"의열단원들은 운동을 통해 항상 최상의 몸 상태를 유지했다. 매일같이 저격 연습을 했고, 독서도 했으며, 쾌활함을 유지하고 자기들의 특별한 임무에 알맞은 심리 상태를 유지하기 위해 오락도 즐겼다. 명랑함과 심각함이 묘하게 혼합된 그들은 언제나 죽음을 눈앞에 두고 살아가는 인생이기에 생명이 지속하는 한 마음껏 생활했다."
– 김산·님 웨일스, 『아리랑』 중에서

1919년 김원봉의 주도로 조직된 의열단은 조선 총독부의 고위 관리나 친일파 처단, 일제의 식민지 착취 기관 파괴를 목표로 했어요. 의열단원들은 일제에 대항하여 독립을 쟁취하기 위해서는 과격하고 적극적인 투쟁이 필요하다고 생각했어요. 이들의 투쟁은 일제에게 공포를 안겨 주는 동시에, 우리 동포들에게는 항일 의식과 독립에 대한 희망을 심어 주었어요.

의열단원들은 여러 곳에서 활동했어요.

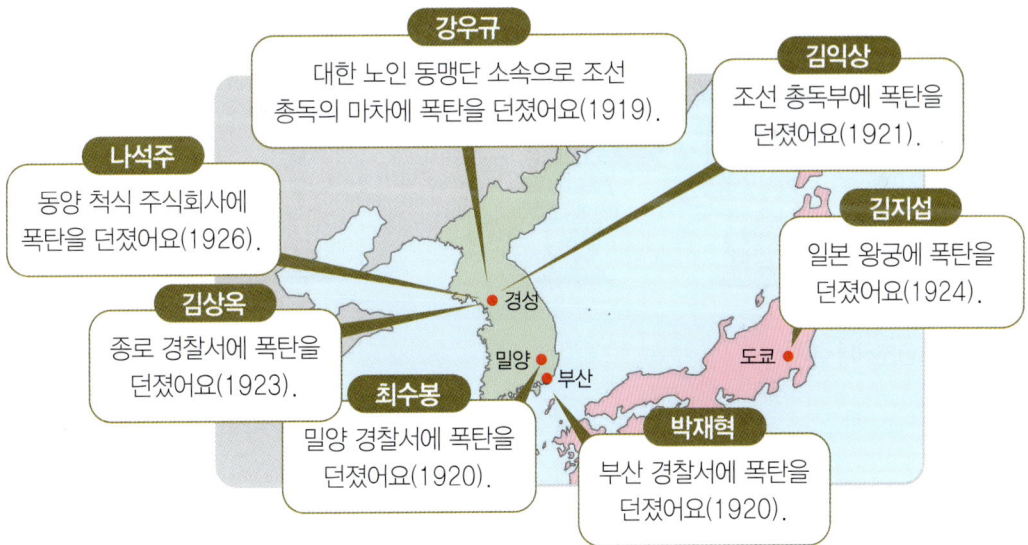

외국의 시민 저항 운동, 레지스탕스

레지스탕스란 점령군에 대한 시민들의 저항 행위를 일컫는 단어다. 프랑스어로 '저항'이라는 뜻이다. 흔히 레지스탕스라고 하면 제2차 세계 대전 당시 나치 독일에게 점령된 프랑스, 덴마크, 노르웨이, 네덜란드, 유고슬라비아, 그리스, 폴란드 등의 유럽 국가에서 일어난 비밀 결사 조직을 뜻한다. 이들 레지스탕스는 게릴라 전술 등의 방법으로 나치 독일에 맞서 독립운동을 펼쳤다.

1920	1931	1932
봉오동 전투·청산리 대첩, 간도 참변	한인 애국단 결성	이봉창·윤봉길 의거

독립군은 어떻게 청산리에서 일본군을 크게 이겼나요?

30초 해결사

청산리 대첩의 요인에는 독립군의 활약뿐만 아니라 만주 지역에 이주해 살고 있던 우리나라 사람들의 도움도 있었어요. 이들은 독립군이 무기를 구할 수 있도록 자금을 기부하고 식량과 옷을 마련하는 등 독립군을 헌신적으로 도왔어요. 전투 중에는 독립군들에게 밥을 지어 주거나 치료를 해 주기도 했어요.

- 대첩: 크게 이긴 전투라는 뜻이에요.

#청산리 대첩   #김좌진   #홍범도

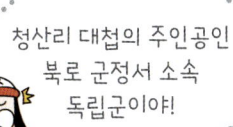

청산리 대첩의 주인공인 북로 군정서 소속 독립군이야!

북로 군정서 말고도 많은 독립군 부대들이 연합하여 전투를 벌였지.

김좌진 장군이야. 콧수염이 눈에 확 들어오네!

청산리 전투는 봉오동 전투에서 독립군에게 패한 일제가 대규모의 일본군을 보내면서 시작되었어요. 청산리는 두만강 상류에 위치한 작은 마을로, 주변에 깊은 계곡과 숲이 있어 천혜의 요새였어요. 1920년, 김좌진 장군이 이끄는 북로 군정서군과 홍범도 장군이 이끄는 대한 독립군 부대는 연합 작전을 펼치며 일본군에 맞섰어요. 독립군의 무기나 병력은 일본군에 비해 많이 부족했지만, 유리한 지형을 활용하고 동포들의 도움을 받아 만주 청산리 부근에서 수차례 전투를 벌인 끝에 일본군을 크게 물리쳤어요. 이때 상대한 일본군은 2만 5,000여 명이나 되는 대군이었으니, 얼마나 대단한 전투였는지 짐작이 가지요? 이 전투는 청산리 대첩으로 불리며 우리 독립 전쟁사에서 가장 빛나는 승리로 기록되어 있어요.

청산리 대첩 이후 승리의 주역인 서일(북로 군정서 총재)이 임시 정부에 보고한 내용

- 목숨을 걸고 싸우는 독립군의 군인 정신이 일본군의 사기를 압도했다.
- 유리한 진지를 미리 차지하고 완전히 준비하여 사격 성능을 극도로 발휘할 수 있었다.
- 임기응변의 전술과 신속한 활동이 모두 적의 허점을 찔렀다.

청산리 대첩 당시 상황은 어떠했을까?

다음은 서일 북로 군정서 총재가 임시 정부에 보고한 내용 중 일부로, 청산리 대첩 당시 상황이 어떠했는지 생생히 묘사되어 있다.

"오호라, 3일간 전투에 식량 길이 막혀 5~6개의 감자로 배고픔을 달래고, 하루 낮, 하룻밤에 능히 150여 리의 험한 밀림을 통행하거나 전투 후 수백 리의 긴 숲과 눈밭을 걸어 동상에 걸림이 적지 않으나 이를 조금도 탓함이 없었으니, 참으로 독립의 장래를 위하여 희망한 바이더라."

1919	1931	1932	1940	1941
3·1 운동, 대한민국 임시 정부 수립	한인 애국단 결성	이봉창·윤봉길 의거	한국 광복군 결성	대한민국 임시 정부 건국 강령 발표, 대한민국 임시 정부 대일 선전 포고

'대한민국'의 생일은 언제인가요?

30초 해결사

대한 제국大韓帝國과 대한민국大韓民國은 아주 큰 차이가 있어요. 대한 제국이 황제의 나라였다면, 대한민국은 국민이 주인인 나라이기 때문이에요. 1910년 대한 제국은 일제에 의해 멸망했습니다. 지금 우리가 살아가고 있는 대한민국의 출발은 1919년 4월 11일 출범한 대한민국 임시 정부예요. 같은 해 일어난 3·1 운동에 영향을 받아 세워진 대한민국 임시 정부는 나라의 주인이 황제 또는 임금이 아닌 백성임을 공포하며 민주주의 국가의 시작을 알렸어요.

#대한민국 임시 정부   #3·1 운동

일제의 침략과 광복을 위한 노력

"새로운 나라의 이름을 무엇으로 할까요?"

"대한민국은 어떻습니까?"

"대한이라는 이름으로 나라가 망했는데, 또 다시 대한을 쓸 필요가 있나요?"

"대한으로 망했으니, 대한으로 다시 흥해 봅시다."

1919년 4월 임시 정부 첫 의정원 회의에서 오간 대화예요. 이로써 우리나라의 이름은 대한민국이 되었어요.

대한민국 임시 정부 요인들이 1919년 09월 17일, 제6회 임시 의정원에 참석하고 기념 촬영을 했다.

일제 강점기 독립운동가들은 우리나라의 독립을 꿈꾸며 국민 누구나 자유를 누릴 수 있고 평등한 민주주의 국가를 소망했어요. 해방 후에는 대한민국 임시 정부의 이런 의지를 계승한 대한민국 정부가 수립되었습니다. 우리나라의 으뜸 법인 헌법을 살펴보면, 대한민국의 시작이 3·1 운동과 대한민국 임시 정부라는 점이 분명히 드러나 있어요.

대한민국 헌법 전문前文

유구한 역사와 전통에 빛나는 우리 대한국민은 3·1 운동으로 건립된 대한민국 임시 정부의 법통과 불의에 항거한 4·19 민주 이념을 계승하고, 조국의 민주 개혁과 평화적 통일의 사명에 입각하여 정의·인도와 동포애로써 민족의 단결을 공고히 하고, … 1948년 7월 12일에 제정되고 제8차에 걸쳐 개정된 헌법을 이제 국회의 의결을 거쳐 국민 투표에 의하여 개정한다.

대한민국 임시 정부를 도운 '이륭양행'과 '백산상회'

이륭양행은 1919년 아일랜드계 영국인 조지 루이스 쇼가 중국 단둥에 설립한 무역 회사였다. 이 회사는 비밀리에 대한민국 임시 정부의 교통국 역할을 수행했다. 독립운동가들의 해외 망명에 드는 비용과 독립운동 자금 모금을 돕기도 했다. 김구 선생 역시 3·1 운동 직후 이륭양행의 도움을 받아 중국 상하이로 망명했다. 백산상회는 1914년 독립운동가 안희제 선생이 부산에 설립한 회사로, 겉으로는 곡물과 해산물 등을 파는 회사였지만 실제로는 독립운동 자금을 지원하는 일을 했다. 백산상회는 대한민국 임시 정부가 연통제 조직과 연락을 주고받을 때 통로 역할을 하기도 했다.

3·1 운동	산미 증식 계획 실시	치안 유지법 공포
1919	1920	1925

쌀 생산은 늘었는데 왜 조선 사람들은 굶주렸을까요?

30초 해결사

산미 증식 계획은 1920년대에 일제가 자신들의 쌀 부족 문제를 해결하기 위해 우리나라의 쌀 생산량을 늘리려 한 사업이었어요. 이는 조선을 일제의 식량 공급 기지로 만들기 위함이었어요.

"일본 인구는 약 6,000만 명이다. 일본의 1년 쌀 소비량은 약 6,700만 석이고, 연평균 쌀 생산량은 약 5,700만 석이다. 따라서 부족량 1,000만 석은 조선에서 들여온 쌀 600만 석과 이 밖에 외국에서 수입한 쌀을 가지고 보충하고 있다."

— 조선총독부, 『시정 25년사』 중에서

• 산미: '생산할 산産', '쌀 미米'를 써요. 쌀을 생산한다는 뜻이지요.

#산미 증식 계획

"조선인은 살기 어려워 그날그날을 지내고 굶주림과 추위에 울부짖으며 만주나 오사카, 도쿄로 이주한다."

1920년대 우리나라 상황을 보여 주는 기사랍니다. 기사 내용과 달리 1920년대 우리나라의 쌀 생산량은 무척 많았어요. 하지만 일본의 식민 정책에 따라 생산된 쌀이었기 때문에 우리나라 농민들에게는 도움이 되지 않았지요. 일제는 산미 증식 계획을 통해 본국의 식량 문제를 해결할 수 있었지만, 그 영향으로 우리나라에는 쌀이 극도로 부족해졌어요. 많은 사람이 풀뿌리나 나무껍질을 벗겨 먹을 정도로 굶주림에 시달렸습니다.

제1차 세계 대전을 계기로 일본은 공업화가 빠르게 진행되며 도시 인구가 크게 늘었어요. 하지만 농업 생산력은 그에 미치지 못해 쌀값이 크게 올랐지요. 일본은 이를 해결하기 위해 품종을 개량하고 비료 공급을 확대하는 산미 증식 계획을 실시했어요. 1920년대부터 본격적으로 실시된 이 계획으로 일본의 쌀값은 안정되었고, 넓은 땅을 가진 지주들은 소작료로 거둔 쌀을 내다 팔아 큰 부자가 되었어요. 그러나 생산량을 늘리는 데 필요한 시설 설치 비용의 대부분을 소작농이 부담해야만 했기 때문에 우리나라 농민들의 생활은 더욱 힘들어졌어요.

일제의 식민 지배 덕분에 경제가 발전했다고?

'식민지 근대화론'은 일제의 식민 지배를 통해 우리나라가 근대화되고 경제가 발전했다는 주장이다. 일제 강점기에 일본이 우리나라에 자본과 기술을 투입하여 경제를 성장시키고, 기술 발전을 앞당겼다는 것이다. 하지만 산미 증식 계획에서 살펴본 것처럼, 일본의 투자와 개발은 조선의 식량과 자원 등을 효과적으로 수탈하기 위해 이루어진 것이 대부분이었다. 일제 강점기에 일어난 '발전'은 겉으로 보이는 것과 달리 우리나라 사람들을 무척 고통스럽게 만들었다.

대한민국 임시 정부 수립	봉오동 전투·청산리 대첩, 간도 참변	한인 애국단 결성
1919	1920	1931

조선 사람들은 봉오동 전투에서 이긴 사실을 어떻게 알았어요?

30초 해결사

3·1 운동 이후 만주 지역에는 무장 독립 투쟁을 위한 수많은 독립군 부대가 만들어졌어요. 독립군 부대들은 1920년부터 본격적으로 국내에 진입해 일본 군경과 전투를 벌이는 등 많은 성과를 올렸어요. 그러자 일본군이 독립군의 활동을 막기 위해 두만강을 건너 독립군의 근거리를 공격해 왔지요. 홍범도 장군을 중심으로 한 독립군 연합 부대는 일본군을 봉오동으로 유인하여 크게 승리했어요. 이 전투를 봉오동 전투라고 해요. 대한민국 임시 정부에서는 승리 소식을 호외로 발행해 국내외 동포들에게 널리 알렸답니다.

• 호외: 특별한 일이 있을 때 임시로 발행하는 신문이나 잡지를 말해요.

#봉오동 전투   #홍범도

홍범도 장군은 머슴살이와 평양 진위대 나팔수를 거쳐 1907년부터 의병 운동에 뛰어들었어요. 홍범도 장군이 이끄는 의병은 70여 명으로 시작했지만 광산 노동자, 해산 군인, 화전민 등이 합류하면서 1908년에는 1,000여 명이 넘었어요. 이들은 각지에서 일본군을 격파하고 친일파를 처단하며 함경도 지역의 의병 활동을 주도했습니다.

나라를 빼앗긴 후에는 무장 독립운동을 주도하며 봉오동 전투와 청산리 전투를 승리로 이끌었어요. 당시 이 소식을 들은 대한민국 임시 정부는 공보(정부의 소식을 전하는 신문)인 『독립신문』을 통해 다음과 같이 봉오동의 승리를 전했어요.

> 6월 7일 오전 7시에 북간도에 주둔한 독립군 700명이 북로 군정서 사령부가 있는 왕청현 봉오동을 향하여 행군할 때 불의에 같은 지점을 향하는 일본군 300명을 발견한지라, 독립군을 지휘하는 홍범도, 최명록 두 장군은 즉시 적을 공격하고 급사격으로 적에게 120여 명의 사상자를 내게 하고, 적이 싸움에 져서 달아남에 따라 즉시 추격전으로 옮겨 가 바로 지금 전투 중에 있다.
>
> – 『독립신문』(1920. 6. 22.)

개념연결 78년 만에 고국으로 모셔진 홍범도 장군

홍범도 장군은 1921년 일본군을 피해 당시 소련(지금의 러시아)의 땅이었던 연해주를 거처로 삼았으나, 1937년 소련의 스탈린이 시행한 강제 이주 정책에 따라 중앙아시아 카자흐스탄으로 이동했다. 국경 지역에 거주하는 고려인들이 일본의 간첩으로 활동하는 것을 막기 위한 조치였다. 홍범도 장군은 1943년 10월 25일 카자흐스탄에서 사망했고, 유해도 카자흐스탄에 남았다. 카자흐스탄 대통령의 방한을 계기로 홍범도 장군의 유해를 돌려받는 일에 관한 논의가 이루어졌고, 2021년 광복절에 마침내 홍범도 장군의 유해가 귀국할 수 있게 되었다.
홍범도 장군의 유해를 태운 특별기가 한국 방공 식별 구역(우리나라의 하늘 안보를 위해 설정한 구역)에 들어서자 우리나라 공군 전투기 6대가 최고의 예우를 갖춰 특별기를 엄호했고, 문재인 대통령도 공항을 찾아 홍 장군의 유해를 맞이했다.

일제 강점기에 한국인을 도운 일본인도 있었다면서요?

30초 해결사

일본인들 중에서도 전쟁을 반대하고 한국에 대한 식민 통치를 비판하는 사람들이 많이 있었어요. 후세 다쓰지 변호사는 일본에서 '비국민'이라 비난받았지만 끝까지 양심을 지키며 우리나라의 독립운동을 도왔어요.

- 비국민: 국민이 아니라는 뜻으로 과거 일본의 침략 전쟁 시기에 일본의 정책에 따르지 않았던 사람들을 가리켰던 말이에요. 이들을 사회에서 따돌리고 고립시키는 무서운 표현이었어요.

#후세 다쓰지 #박열 #가네코 후미코

사회 5-2 **2단원 2장** 일제의 침략과 광복을 위한 노력

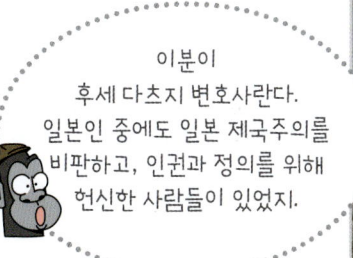

이분이 후세 다츠지 변호사란다. 일본인 중에도 일본 제국주의를 비판하고, 인권과 정의를 위해 헌신한 사람들이 있었지.

"조선의 독립을 축하한다! 이날은 나에게도 자유의 날이다."

1945년 8월 15일, 독립을 맞고 나서 일본인 변호사 후세 다츠지가 한 말이에요. 후세 다츠지는 일제 강점기 때 민주주의와 평화를 위해 우리나라의 독립을 돕고, 한국인의 인권을 위해 투쟁한 인권 변호사예요. 만세 운동을 하다 체포된 우리나라의 유학생들이나 일본 천황의 궁에 폭탄을 던진 독립운동가 등을 변호하고, 억울한 일을 당한 한국인들을 보호하려 노력했어요. 후세 다츠지는 일본에서 '비국민'이라고 지탄받으며 변호사 자격증을 박탈당하기도 했지만, 굴하지 않고 한국의 독립운동을 지지하며 소신을 지켰어요.

이처럼 일제 강점기에도 일본의 제국주의를 비판하고, 우리나라의 독립을 도운 일본인들이 있었어요. 미야케 시카노스케 교수는 우리나라 독립운동에 동참했다가 서대문 형무소에 수감된 사람으로, 경성제국대학(지금의 서울대학교)에서 학생들을 가르치며 비밀리에 독립운동을 지원했어요. 서대문 형무소 역사관에 가면 독립운동을 함께했던 미야케 교수나 후세 다츠지 변호사 같은 인물들의 활동이 전시되어 있어요.

개념 연결 국경을 넘어 독립운동으로 만난 사랑, 박열과 가네코 후미코

박열과 가네코 후미코는 한국과 일본이라는 국경을 넘어 우리나라의 독립을 위해 싸운 독립운동가 부부다. 두 사람은 일본 천황 암살을 준비하던 중 발각되었는데 재판 끝에 사형을 선고받았다.

부부의 변호를 맡은 후세 다츠지 변호사는 대역죄로 기소된 재일 한국인 박열을 변호하고, 대심원 특별 법정에서 무죄를 주장했다. 사형을 언도받고 수감된 후 가네코 후미코가 옥에서 사망하자 유골을 인수하여 박열의 고향인 문경에 함께 묻을 수 있도록 돕기도 했다.

1921	1927	1931	1942
조선어 연구회 조직	잡지『한글』창간	조선어 연구회, 조선어 학회로 확대 개편됨	조선어 학회 사건

훈민정음을 한글이라고 부른 것은 언제부터인가요?

30초 해결사

우리나라의 문자를 '한글'이라고 부른 것은 1910년대의 일이에요. 조선 시대까지만 해도 양반들은 훈민정음을 언문이라 부르며 천시하고, 한문을 주로 사용했어요. 그러나 표의 문자인 한문은 배우는 데 오래 걸릴 뿐만 아니라 우리말의 소리와 달라 비효율적이었어요. 주시경 선생을 비롯한 학자들은 훈민정음에 한글이라는 이름을 붙이고, 표기법과 문법을 체계적으로 정리했어요. 그리고 널리 보급하여 누구나 손쉽게 우리말을 쓰고 읽을 수 있도록 했어요.

- 표의 문자: 하나하나의 글자가 언어의 음과 상관없이 일정한 뜻을 가진 문자를 말해요.
- 표음 문자: 말소리를 그대로 기호로 나타낸 문자를 말해요.

#한글 #훈민정음 #주시경 #조선어 학회 사건

1927년에 발행된 잡지 『한글』의 표지야.

"나라를 빼앗는 자는 그 나라의 글과 말을 먼저 없애려 하고 자기 나라의 글과 말을 전파하며, 자기 나라를 흥성하게 하고자 하거나 나라를 보존하고자 하는 자는 자기 나라의 글과 말을 먼저 닦고 백성의 지혜로움을 발달하게 하고 힘을 모으게 한다."

주시경 선생은 '하나의 크고 바른 글'이라는 뜻으로 '한글'이라는 이름을 지었어요. 이 이름에는 우리 글을 가르치고 배우며 우리 민족의 얼을 보존하고 나누고자 하는 마음이 담겨 있어요.

일제 강점기에 한글을 연구한다는 것은 곧 독립운동을 하는 것과도 같았지.

한글을 연구하고 정리해 널리 배포하고자 애썼던 주시경 선생의 노력은 일제의 식민 지배에 맞서 우리 민족을 하나로 모으는 데 큰 영향을 미쳤어요. 서재필 선생과 함께 『독립신문』을 한글로 만들어 누구나 소식을 받아 볼 수 있게 도왔고, 국어 강습소와 조선어 강습원을 개설해 남녀노소 누구에게나 한글을 가르쳤어요. 한글 맞춤법의 체계를 정리한 사람도 주시경 선생이었어요.

주시경 선생이 사망한 뒤에는 제자들이 그의 뜻을 이었습니다. 조선어 학회를 세워 연구를 계속했지요. 일제에 발각되어 강제로 해산되기 전까지, 꿋꿋이 연구를 이어 간 이들이 있었기에 오늘날의 한글이 있는 것이랍니다.

조선어 학회 사건

일제는 조선어 학회를 단순한 연구 단체가 아니라 독립운동 단체로 여겼다. 조선어, 즉 한글을 연구하고 보급하는 일은 한국인의 정신을 지키는 일이기도 했기 때문이다. 이에 1942년, 조선어 학회에 속해 있던 학자들을 잡아들여 혹독한 고문을 가하고 옥에 가두었다. 그리고 이들이 작업하던 『조선말 큰 사전』 원고를 빼앗아 갔다. 이 사건을 조선어 학회 사건이라고 부른다.

이때 살아남은 조선어 학회 학자들은 해방 이후 『조선말 큰 사전』 작업을 재개하려 했다. 다행히 서울역에서 일제가 폐기한 줄만 알았던 원고가 발견되었고, 이를 토대로 1957년 마침내 『조선말 큰 사전』을 온전히 펴낼 수 있었다.

『조선말 큰 사전』 제1권과 제2권 (출처: 국가기록원)

6·10 만세 운동	신간회 창립	광주 학생 항일 운동
1926	1927	1929

11월 3일이 왜 학생의 날인가요?

30초 해결사

11월 3일은 1929년 11월 3일, 일제에 맞서 광주 학생 항일 운동이 일어났던 날이에요. 이 날을 '학생의 날'이라고 부르며 기념하지요. 정식 명칭은 '학생 독립운동 기념일'이에요. 광주 학생 항일 운동은 불공평한 대우와 교육에 불만을 품은 광주 지역의 학생들이 주도하여 일으킨 만세 운동으로, 곧 전국적으로 확산되었어요.

#광주 학생 항일 운동   #학생의 날

 **2단원 2장** 일제의 침략과 광복을 위한 노력

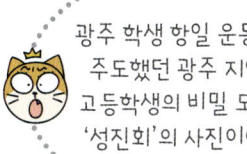
광주 학생 항일 운동을 주도했던 광주 지역 고등학생의 비밀 모임 '성진회'의 사진이야.

얼굴에서 결의가 느껴지는걸?

"식민지적 노예 교육을 폐지하라!"

"검거된 학생들을 즉시 풀어 주고, 경찰의 교내 침입을 절대 반대한다!"

광주에서 시작된 항일 독립운동은 위와 같은 구호를 외치며 전국으로 확산되었어요. 한국과 일본 학생 간의 충돌에서 경찰이 일방적으로 일본 학생의 편을 드는 일이 계속되었어요. 1929년 3월 광주 고등 보통학교에서는 학교의 규칙을 어지럽혔다는 이유로 학생 두 명이 퇴학당하기도 했지요. 1929년 10월 30일 기차를 타고 등교하던 우리나라 학생과 일본 학생 사이에 싸움이 일어났어요. 그런데 한국 학생들만 체포되었고, 『광주일보』 역시 일본 학생들의 편을 드는 기사를 실었어요. 이 사건을 계기로 11월 3일, 광주 비밀 독서 단체를 중심으로 학생들은 대규모 시위를 벌였어요.

광주 학생 항일 운동은 3·1 운동 이후 일어난 최대 규모의 독립운동이었어요. 해방이 된 1953년, 우리나라 정부는 이를 기념하여 11월 3일을 학생의 날로 제정했어요.

학생들, 세상을 향해 외치다

세상을 바꾸고자 한 학생들의 목소리, 학생 운동의 역사를 살펴보자.

2·8 독립 선언(1919) 일본 도쿄에서 우리나라 유학생들이 조선의 독립을 선언한 사건이다. 3·1 운동의 계기가 되었다.

6·10 만세 운동(1926) 조선의 마지막 왕인 순종의 장례일에 일어난 만세 시위다. 대규모로 조직된 전국적인 시위였으며 학생들이 주도했다.

4·19 혁명(1960) 이승만 정권의 3·15 부정 선거에 맞서 시민들이 들고 일어선 혁명으로, 경상남도 마산의 고등학생들이 벌인 시위가 시작이 되었다.

한일 협정 반대 시위(1964) 박정희 정권의 한일 국교 정상화 회담의 절차와 내용을 반대한 학생들이 대규모 시위를 벌였다.

1970~1980년대의 학생 운동 유신 헌법 개정, 신군부 권력 장악 등에 반발하는 학생들의 대규모 시위와 저항이 이어졌다. 당시 학생 운동은 하나의 사회 운동 세력으로 일컬어질 정도로 큰 의미가 있었다.

6·10 만세 운동	신간회 창립	신간회 해소
1926	1927	1931

독립운동가들은 신간회라는 단체를 왜 만들었나요?

30초 해결사

신간회는 1927년 일제와 타협하지 않았던 민족주의 독립운동가들과 사회주의 독립운동가들이 힘을 합쳐 만든 독립운동 단체였어요. 그동안 세워졌던 독립운동 단체 중 가장 큰 규모였지요. 신간회는 오래된 나무에서 새로운 가지(신간新幹)가 솟는다는 뜻의 이름이에요. 정체된 독립운동에서 새로운 희망을 찾고자 했지요.

#신간회 #근우회 #독립운동 단체

깃발에 '대동단결(大同團結)'이라고 쓰여 있어요!

신간회 결성 포스터란다. 가운데에는 깃발을 받치고 있는 깃대가 서 있구나. 신간(나무에 새롭게 자라난 가지)이라고 이름을 지은 이유를 나타낸 것이겠지?

"독립을 하겠다는 뜻은 같지만, 이를 이루고자 하는 방법과 생각의 털끝 같은 차이가 나중에는 엄청난 차이로 커지면서 우리끼리 싸우는 일이 생기는 상황이 안타깝도다! 우리 민족의 장래를 위해 풀어 갈 바를 함께 모색해 보자."

신간회는 국내에서 활동한 독립운동 단체 중 최대 규모였어요. 일제 강점기에 활동한 독립운동가들은 여러 갈래가 있었는데, 민족주의 독립운동가들과 사회주의 독립운동가들은 똑같이 독립을 꿈꾸었으나 운동의 방법과 방향은 사뭇 달랐어요. 신간회는 민족주의 독립운동가들과 사회주의 독립운동가들이 뜻을 합쳐 세운 독립운동 단체라는 점에서 중요해요. 추구하는 방향은 달라도, 일제에 맞서 나라를 되찾아야 한다는 생각에는 차이가 없었기 때문에 가능한 일이었지요.

신간회는 회원이 4만 명이나 되고, 국내는 물론 만주와 일본에까지 지회를 둔 큰 조직이었어요. 전국을 돌아다니며 토론회와 강연을 열었고, 노동 운동과 농민 운동을 지원했어요. 1929년 광주 학생 항일 운동 때는 투쟁을 전국적으로 확산시키는 데 많은 도움을 주었지요.

여성들도 함께 힘을 모아 만든 '근우회'

1927년에 신간회가 만들어지자 민족주의 계열과 사회주의 계열로 나뉘어 있던 여성 운동 진영도 통합 단체로서 근우회를 세웠다. 근우회라는 이름은 '무궁화 자매 모임'이라는 뜻이다. 이들은 여성 교양 강좌와 야학, 토론회 등을 열어 여성들을 대상으로 한 문맹 퇴치와 계몽 활동에 힘을 쏟았다.

근우회에서 만든 잡지 「근우」의 창간호

천도교 소년회 창립	어린이날 제정	조선 형평사 조직	근우회 결성
1921	1922	1923	1927

방정환 선생님은 왜 어린이날을 만들었어요?

 **30초 해결사**

방정환 선생은 어린이들이 마음껏 뛰놀고, 한 사람의 인간으로서 인권을 존중받기를 바랐어요. 식민지의 암울한 현실 속에서 어린이들이 밝고 건강하게 자라날 수 있도록 돕는 것이 희망을 살려 가는 길이라고 생각했지요.

- 어린이: 방정환 선생이 새롭게 쓴 단어로, 아이들 역시 하나의 인격으로 대우하기를 바라는 마음을 담았어요.

`#방정환` `#어린이날`

사회 5-2 | 2단원 2장 | 일제의 침략과 광복을 위한 노력

어린이날 기념 포스터에 새겨진 글은 100여 년이 지난 지금 봐도 맞는 말인 것 같아.

포스터 글자 사이에 어린이들이 있는 게 재미있어.

거북선고무신과 서울고무신 이름도 재밌어.

1919년 3·1 운동 이후 사회 여러 분야에서 큰 변화가 생겼어요. 어린이, 여성, 노동자, 청년 등 그동안 주목받지 못한 사회 구성원들이 바로 독립을 일구어 나가는 주인공들이라는 점을 일깨워 보게 되었지요. 이로 인해 다양한 분야에서 활발한 독립운동이 이어졌답니다. 방정환 선생은 소년 운동(어린이 운동)을 통해 그런 활동을 펼친 분이었어요. 아동 문학가로서 어려운 한자를 한글로 바꾸어 동화를 번역하거나 집필하고, 잡지 『어린이』를 창간했어요. 천도교 소년회나 색동회와 같은 단체를 조직하여 소년 운동을 펼쳐 나갔고 1922년에는 처음으로 '어린이의 날'을 제정했답니다. 어린이라는 명칭을 만든 것도 방정환 선생이었어요.

"어린이는 어른보다 더 새로운 사람입니다. 내 아들, 내 딸이라고 자기의 물건같이 여기지 말고, 자기보다 한결 더 새로운 시대를 살아갈 새 인물인 걸 알아야 합니다."
– 1923년에 배포된 '어린이날의 약속' 중에서

"내가 하는 일(어린이 운동)이 당장 큰 효과가 없겠지만 소파小波, 즉 잔물결처럼 쉼 없이 조선에 물결치게 될 날이 올 것이오."
– 아내 손용화 여사에게 전한 말 중에서

"어린이를 두고 가니 잘 부탁하오."
– 1931년 죽음을 앞두고 남긴 말 중에서

개념연결 세계 어린이 노동 반대의 날

6월 12일은 국제 노동 기구(ILO)가 지정한 세계 어린이 노동 반대의 날이다. 현재 전 세계 어린이 노동자 약 2억 4,600만 명이 제대로 교육받지 못하고 노동에 내몰리고 있다. 국제 노동 기구는 어린이들이 교육과 건강, 그리고 여가 등 어린이로서 누려야 할 권리를 위해 세계 어린이 노동 반대의 날을 정했다.

대한민국 임시 정부 수립	한인 애국단 결성	이봉창·윤봉길 의거
1919	1931	1932

윤봉길 의사는 중국인들에게도 존경받았다던데요?

30초 해결사

윤봉길 의사의 상하이 의거가 성공하자, 중화민국의 총통인 장제스는 이에 감탄하며 윤봉길 의사를 크게 칭찬했어요. 이는 중화민국 정부가 대한민국 임시 정부를 지원하는 데도 영향을 미쳤지요. 당시 일본은 중국 역시 침략하기 위해 호시탐탐 기회를 노리고 있었는데, 많은 중국인이 윤봉길 의사의 의거를 통해 용기를 얻었던 것이에요.

#윤봉길 #이봉창 #한인 애국단 #김구

1932년, 중국 상하이 훙커우 공원에서 일본 고위급 군인과 관리 들에게 폭탄이 날아들었어요. 그 결과 일본 육군 대장 사라카와 요시노리가 현장에서 사망하고, 조선 침략에 앞장섰던 고위층 인물들이 부상을 입었어요. 이 의거를 성공시킨 사람이 바로 윤봉길 의사였어요. 윤봉길 의사는 대한민국 임시 정부 소속 독립운동 단체인 한인 애국단에 속한 인물로, 윤봉길 의사의 성공은 대한민국 임시 정부의 존재감을 확인하는 계기가 되었지요.

죽음을 각오했던 윤봉길 의사는 의거 실행 전에 한인 애국단을 이끌던 김구 선생을 찾아가 시계를 교환했어요.

"선생님, 이 시계는 6원을 주고 산 것인데 선생님의 시계는 2원짜리이니 저와 바꾸시지요. 저는 이제 시계를 한 시간밖에 쓰지 못합니다."

윤봉길 의사는 거사 직후 붙잡혀 사형되었지만, 이 사건으로 일제는 큰 충격을 받았어요. 그리고 우리나라의 많은 사람은 용기와 희망을 얻었지요.

의거 전 기념 촬영을 하는 윤봉길 의사의 모습이야. 당당한 눈빛을 좀 봐!

이 시계가 윤봉길 의사가 김구 선생님에게 드렸다는 시계인가 봐!

한인 애국단원 이봉창 의사의 의거(1932)

한인 애국단원인 이봉창 의사는 윤봉길 의사의 의거가 있기 3개월 전, 일본 도쿄로 건너갔다. 그는 일본의 국왕 히로히토가 탄 마차에 폭탄을 던지고 대한 독립 만세를 외쳤으나, 히로히토를 죽이는 데는 실패했다. 비록 의거는 실패했으나 일제의 간담을 서늘하게 한 사건이었다.

1937	1938	1939	1941	1942	1943	1944
중일 전쟁	국가 총동원법 시행	국민 징용령 시행	조선 사상범 예방 구금령 시행	조선어 학회 사건	징병제, 학도 지원병제 시행	여자 정신 근로령 시행

일제는 왜 일본과 조선이 하나라고 말했어요?

내선일체? 일본과 조선은 하나니까 잘해 주겠다는 뜻이 아닐까?

좋은 뜻일 것 같지 않은데…

30초 해결사

'내선일체'는 일본과 조선은 하나라는 뜻이에요. 얼핏 들으면 식민지 조선인과 일본인이 평등하다는 뜻 같지만, 일제가 의도한 바는 따로 있었어요. 일본과 조선은 한 몸이니, 조선인 역시 일본이 벌이는 전쟁에 적극 협조하고 도우라는 의미였지요.

• 내선일체: 내선일체의 '내'는 내지, 즉 일본을 뜻해요. '선'은 조선의 선이에요.

#내선일체

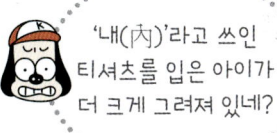

"내선일체는 반도 통치의 최고 지도 목표다. 조선인도 일본인과 똑같다고 하여 한민족의 민족의식을 없애고, 만주국을 형제국으로 하여 중국과 제휴하고 일본을 중심으로 새로운 동아시아를 만들 것이다."

 1939년 조선 총독 미나미 지로는 내선일체라는 표어의 진정한 목표에 대해 이렇게 말했어요. 1937년 일본은 중국을 상대로 전쟁을 일으키면서 제2차 세계 대전에 본격적으로 뛰어들었는데, 일본의 힘만으로는 전쟁을 치르기가 힘들었어요. 그래서 우리나라 사람들을 전쟁에 동원하기 위해 '일본과 한국은 하나'라는 뜻의 내선일체를 강조하며 전쟁에 참여할 것을 적극적으로 홍보했어요. 일본의 내선일체 정책이 시작된 이후 조선인들은 강제로 전쟁에 끌려가는 것은 물론 각종 물자를 전쟁 준비에 바쳐야 했어요. 이름을 일본식으로 바꾸도록 강요당한 것도 이 시기예요. 우리나라 사람들이 자신을 일본인으로 여기게끔 하려고 했지요.

일본의 역사 왜곡으로 만들어진 주사위 놀이판

오른쪽 사진은 일본의 한 신문사가 1911년 특별 부록으로 발간한 주사위 놀이판이다. '일출신문조선쌍육'이라는 놀이인데, 일본의 우월을 과시하는 내용들로 채워진 각 칸을 옮겨 다니다 보면 결국 '한일 합병'에 이르게 된다. 고대부터 국권 침탈까지 조선 침략과 관련된 주요 인물, 사건 들을 놀이의 소재로 삼았다.

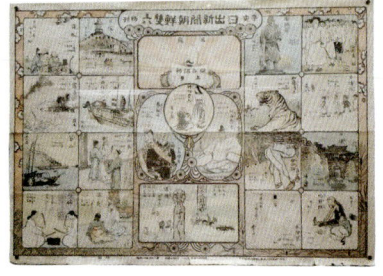

일출신문조선쌍육 놀이판
(민족문제연구소 식민지역사박물관 소장)

중일 전쟁	국가 총동원법 시행	국민 징용령 시행	조선 사상범 예방 구금령 시행	조선어 학회 사건	징병제, 학도 지원병제 시행	여자 정신 근로령 시행
1937	1938	1939	1941	1942	1943	1944

정말 학생들에게 매일 충성 맹세를 외우게 했어요?

30초 해결사

세계를 상대로 크게 침략 전쟁을 벌인 일제는 우리나라 사람들을 전쟁터로 내몰아야만 했어요. 이를 위해 일본과 조선은 하나의 나라임을 주장하며 우리 민족의 정체성을 없애기 위한 정책을 펼쳤어요. 그중 하나로 학교에서는 매일매일 어린 학생들에게 황국 신민 서사를 외우게 했지요.

- 황국 신민 서사: 일본 국왕에게 충성을 맹세하는 내용을 담은 문구예요.

#황국 신민 서사 #황국 신민화 정책

사회 5-2 2단원 2장 일제의 침략과 광복을 위한 노력

조선 신궁에 강제로 참배하는 학생들

일제는 중일 전쟁을 일으킨 뒤 우리나라의 민족의식을 없애고, 우리 국민을 전쟁에 효율적으로 동원하기 위해 각종 정책을 실시했어요. 이를 황국 신민화 정책이라고 합니다. 신사 참배를 강요하고, 일본 국왕에게 충성을 다짐하는 황국 신민 서사를 외우게 했지요. 또, 매일 일정한 시간이 되면 모든 국민이 일본 국왕이 사는 궁성을 향해 강제로 절을 해야만 했어요.

한편, 일제는 우리 민족의 뿌리를 말살하기 위해 학교에서 왜곡된 역사를 가르치고, 우리말과 우리글을 가르치는 것을 금지했어요. 학교와 관공서에서는 일본어만 사용할 수 있었고, 한글로 된 신문과 잡지도 모두 폐간되었어요.

- 일제 시대 당시 어린이들이 외워야 했던 황국 신민 서사 문구(아동용)

1. 우리들은 대일본 제국의 신민臣民입니다.
2. 우리들은 마음을 합하여 천황 폐하에게 충의를 다합니다.
3. 우리들은 인고단련忍苦鍛鍊하고 훌륭하고 강한 국민이 되겠습니다.

국민 교육 헌장을 강요했던 우리나라의 독재 정권

일제 강점기에 일제가 황국 신민 서사를 학생들에게 외우게 강요했다면, 1960~1970년대 대한민국의 군사 독재 정권은 '국민 교육 헌장(1968년 제작)'을 학생들에게 외우게 했다. 인권을 침해하는 국민 교육 헌장은 우리 사회가 민주화되고 독재 정권이 물러나면서 역사 속으로 사라졌다.

일제 강점기 349

1937	1938	1939	1941	1942	1943	1944
중일 전쟁	국가 총동원법 시행	국민 징용령 시행	조선 사상범 예방 구금령 시행	조선어 학회 사건	징병제, 학도 지원병제 시행	여자 정신 근로령 시행

일제는 왜 사람들의 이름까지 바꾸라고 했나요?

30초 해결사

성과 이름을 일본식으로 바꾸는 것을 '창씨개명'이라고 해요. 일제가 우리나라 사람들에게 창씨개명을 강요한 것은 한민족이라는 정체성을 없애고, 일본인으로서의 정체성을 심기 위해서였어요. 전쟁을 앞둔 일제는 다양한 정책을 통해 우리나라 사람들의 민족의식을 말살하려 했는데 이를 '민족 말살 정책'이라고 불러요. 민족 말살 정책을 시행한 이유는 우리나라 사람들을 일본이 벌인 전쟁에 더 쉽게 동원하기 위해서였지요.

#창씨개명 #민족 말살 정책

일본은 1930년대 어려워진 경제 상황을 전쟁을 통해 벗어나려 했어요. 다른 나라를 침략해 식민지로 삼으려 했던 것이지요. 일본은 1937년에는 중일 전쟁을, 1941년에는 태평양 전쟁을 일으켰어요. 일본은 이 전쟁에 우리 민족을 동원하기 위해 본격적으로 민족 말살 정책을 시행했어요. 우리글과 우리말을 쓰지 못하게 하고 일본어를 '국어'라고 부르게 하면서 이를 의무적으로 사용하게 했지요. 또 일본식으로 성과 이름을 새로 만들어 쓸 것을 강요했어요. 일본식 이름을 쓰지 않으면 학교에 입학할 수 없었고, 행정 기관에 취직할 수도 없었어요. 쌀 등 일상적인 배급에서도 제외되었어요. 일본은 이런 정책을 통해 민족의식을 없애고 저항을 줄여 효과적으로 통치하고자 했던 것이에요.

 우리나라 사람들에게 일본어 사용을 강요하는 정책을 알리는 포스터야.

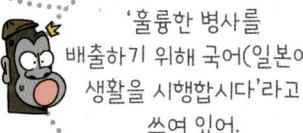 '훌륭한 병사를 배출하기 위해 국어(일본어) 생활을 시행합시다'라고 쓰여 있어.

 이름도 일본식, 말도 일본어. 정말 우리나라 사람들을 강제로 일본 사람으로 만들려고 했구나.

창씨개명을 강요받은 분노, 풍자와 해학으로 푼 조상들

창씨개명을 강요받는 상황에서도 우리나라 사람들은 해학을 잃지 않았다. 재미있는 이름 몇 가지를 살펴보자.

덴노 헤이카 발음상 '천황 폐하'라는 의미의 이름이 된다. 자신을 부를 때마다 '천황 폐하!'라고 부르게 되는 셈이다.

이누코 구마소 단군의 자손熊孫이 개의 자식犬子이 된다는 뜻의 비판적, 풍자적 의미를 담고 있다.

미나미 다로 창씨개명 당시 조선 총독을 지낸 미나미 지로와 비슷한 이름이면서 첫째 아들을 의미하는 '다로'를 붙여 총독의 형이라는 의미를 담았다.

윤동주
1917~1945

시인 윤동주도 독립운동가인가요?

- 별을 노래하는 마음으로 모든 죽어 가는 것을 사랑해야지. 그리고 나한테 주어진 길을 걸어가야겠다!
- 윤동주 시인의 「서시」구나!
- 너희들 윤동주 시인이 독립운동가인 걸 알고 있니?

30초 해결사

윤동주 선생은 일제 강점기라는 폭력적인 상황에 괴로워하던 시인인 동시에, 우리나라의 독립을 원하는 독립운동가였어요. 일본에서 유학하던 중 독립운동에 관여했다는 이유로 일제에 체포되었고, 감옥에서 순국했어요.

- 순국: 나라를 위해 목숨을 바쳤다는 뜻이에요.

#윤동주 #독립운동가 #노천명

죽는 날까지 하늘을 우러러
한 점 부끄럼이 없기를
잎새에 이는 바람에도
나는 괴로워했다
— 윤동주, 「서시」 중에서

윤동주(1917~1945) 선생은 일제 강점기를 살았던 인물이자 우리나라를 대표하는 시인이에요. 만주 지역에서 태어나 민족 학교를 다니며 일찍부터 독립운동에 뜻을 두었어요. 윤동주 선생의 시에서는 일제 강점기라는 폭력적인 시기를 살아 내야 했던 사람의 부끄러움을 찾아볼 수 있지요. 경성연희전문학교(지금의 연세대학교)를 졸업한 윤동주 선생은 일본 유학길에 올랐어요. 그곳에서 조선인 유학생들과 함께 독립의 길을 모색했는데, 이 활동이 일본 경찰에게 적발되어 후쿠오카 형무소에 수감되었지요. 그곳에서 안타깝게도 27세의 나이로 숨을 거두었어요.

이런 의지가 높게 평가받으면서 1990년 건국훈장 독립장이 수여되기도 했어요. 오늘 밤에는 부끄럽지 않은 삶을 실천하기 위해 애썼던 윤동주 시인의 시를 읽어 보면 어떨까요?

독립을 꿈꾼 시인, 친일을 한 시인

일제 강점기에는 독립을 위해 힘쓴 윤동주, 심훈, 이육사 선생과 같은 시인들이 많았지만 그 반대도 있었다. 노천명, 서정주와 같은 시인들은 일제에 협력하여 앞잡이 노릇을 했다. 창씨개명을 독려하고, 우리나라 청년들에게 전쟁 참여를 촉구하는 작품을 여럿 발표했다. 대표적인 친일 시인인 노천명의 시 한 편을 살펴보자.

남아면 군복에 총을 메고
나라 위해 전장에 나감이 소원이라니
이 영광의 날
나도 사나이였다면, 나도 사나이였다면
귀한 부르심을 입는 것을
…
이제 아시아의 큰 운명을 걸고
우리 숙원을 뿜으며
저 영미를 치는 마당에랴
— 노천명, 「님의 부르심을 받들고서」 중에서

소학교가
국민학교로
명칭이 바뀜
1941

국민학교가
초등학교로
명칭이 바뀜
1996

엄마, 아빠는 초등학교를 다니지 않았다면서요?

30초 해결사

지금의 초등학교가 초등학교로 불리게 된 것은 그렇게 오래전 이야기가 아니에요. 1996년 이전까지만 해도 초등학교는 '국민학교'로 불렸어요. 일제 강점기의 흔적이지요. 국민학교는 '황국 신민을 기르는 학교'의 약자로, 1941년에 정해진 명칭이거든요.

#국민학교 #초등학교 #민족 말살 정책 #황국 신민

오늘날 초등학교의 원래 이름은 '소학교'였어요. 하지만 일제는 1941년, 어린이들이 다니는 학교의 이름을 국민학교로 바꾸었어요. 일제와 천황에 충성하는 황국 신민을 기르는 학교라는 뜻이지요. 당시 일본은 민족 말살 정책을 실시해 우리 민족의 전통과 문화를 뿌리 뽑고, 일제에 충성하게 만들려고 했기 때문이에요.

일제 강점기 때의 어린이들은 일본의 어린이들과는 다른 교육을 받았어요. 국어(일본어)를 익히는 데 많은 시간을 써야 했으며, 국어 이외에는 간단한 산수 등 최소한의 실용적인 과목을 주로 공부했어요. 조선어는 선택 과목이 되었다가, 민족 말살 정책이 극심해지면서 아예 학교 내에서는 사용이 금지되었어요.

해방이 된 후에도 국민학교라는 이름은 계속 사용되었어요. 1996년이 되어서야 일제의 잔재를 걷어 내고 민족 정기를 회복하자는 의미에서 '초등학교'로 명칭을 바꾸었지요. 학교의 명칭까지 바꾸어 가면서 우리나라의 정신을 말살하고 지배하고자 했던 일제의 식민 지배 정책을 다시 살펴보면 좋겠습니다.

아이들이 이마에 일장기 끈을 두르고 있구나.

저렇게 세뇌 교육을 시키다니, 너무해요!

일제 잔재가 남아 있는 학교 이름은 싫어!

경기도 의정부시에 있는 '의정부서중학교'는 2018년 학교 이름을 '다온중학교'로 바꾸었다. '의정부 서쪽에 있는 학교'라는 뜻의 기존 이름은 학교 이름에 동, 서, 남, 북과 같은 방위를 넣는 일본식 이름 짓기의 잔재였기 때문이다. 학생뿐만 아니라 학부모들과 선생님들의 적극적인 노력으로 이름을 바꿀 수 있었다.

중일 전쟁	국가 총동원법 시행	국민 징용령 시행	징병제, 학도 지원병제 시행	여자 정신 근로령 시행
1937	1938	1939	1943	1944

일제는 왜 사람들을 전쟁터와 공장으로 끌고 갔나요?

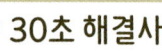 **30초 해결사**

일제 강점기, 제2차 세계 대전에 참전한 일제는 식민지였던 우리나라 사람들을 강제로 전쟁터로 내몰았어요. 징병, 징용 등 다양한 방법으로 우리나라 국민들을 전쟁에 강제로 동원했지요.

- 징병: 전쟁터에 병사로 끌려가는 것을 말해요.
- 징용: 전쟁 물자 등을 만들기 위해 공장으로 끌려가는 것을 말해요.

#징용　#징병　#태평양 전쟁　#강제 동원　#군함도

- 일본 나가사키 앞바다에 있는 하시마 섬이야. 멀리서 보면 군함같이 생겨서 '군함도'라고도 불린대.
- 섬 전체가 석탄을 채굴하기 위한 공장이었다고 하네.
- 많은 우리나라 사람들이 강제로 끌려가 공장에서 노동한 곳이기도 해. 식사도 제대로 못 하고 임금도 받지 못하며 큰 고통을 받았대.

1990년대 후반이 되자 일제는 아시아 태평양 전쟁을 일으켜 세계 열강들을 상대하게 되었어요. 사람과 물자가 절대적으로 부족할 수밖에 없는 상황에서 일제는 우리나라 사람들을 전쟁터로 내몰았지요. 징병, 징용, 일본군 '위안부' 등으로 전쟁터에 끌려간 우리나라 사람들만 해도 약 780만 명에 이릅니다.

우리나라 청년들은 돈을 벌 수 있다는 거짓말에 속거나 상황에 떠밀려 강제로 징용되었어요. 약속과 달리 노동 조건은 몹시 열악했고, 임금을 제대로 받을 수도 없었지요. '군함도(하시마 섬)'가 대표적인 사례예요. 일제는 징용된 청년들을 이 섬에 몰아넣고 석탄을 채굴하게 했어요. 우리나라 노동자들은 일본 노동자에 비해 턱없이 낮은 월급을 받았고, 식사도 제때 하지 못했으며 열악한 숙소에서 생활해야 했지요.

일본 정부는 2015년 하시마 섬을 일본 경제 발전을 상징하는 시설이라고 주장하며 세계 문화유산으로 등재하려고 시도했어요. 강제 동원에 관련된 역사를 언급조차 하지 않았기 때문에 우리나라를 비롯한 동아시아 여러 나라의 반발을 샀지요. 여전히 강제 동원 피해자들에 대한 합당한 사과와 배상이 이루어지지 않고 있어, 지금도 동아시아의 큰 문젯거리로 남아 있어요.

개념연결 70년 만의 귀향 프로젝트

일본의 가장 북쪽 지역인 삿포로(북해도)도 우리나라의 강제 동원 피해자들이 끌려간 지역 중 하나다. 이들의 유골을 발견한 일본인 스님 도노히라 요시히코는 유골을 잘 정리하여 위패를 모시고 추모하는 일을 해 왔다. 이 사실을 알게 된 우리나라의 고고학자 정병호 교수는 도노히라 스님과 함께 한일 양국의 청년들이 참여하는 동아시아 공동 워크숍을 개최했다. 이 행사를 통해 양국 청년들은 강제 동원 문제를 함께 공부하고 추모하는 시간을 가질 수 있었다. 2015년 도노히라 스님과 정병호 교수는 이 유골들을 고향으로 보내는 '70년 만의 귀향' 프로젝트를 진행했다. 한국과 일본의 양심적인 사람들이 힘을 모아 용서와 화해를 이룬 사례로 평가받는다.

일제 강점기

일본의 식민 지배 덕분에 우리나라가 발전했다고요?

30초 해결사

일제 시대에 일부 시설이나 경제적인 분야에서 발전이 일어났던 것은 사실이에요. 하지만 그 발전의 목적이 일본을 위한 것이었고 그 과정에서 희생되었던 우리나라 사람들의 고통을 기억해야 해요.

- 식민지 근대화론: 일제의 식민 지배 덕분에 우리나라가 더 발전했다는 주장을 말해요.

#식민지 근대화론

일제의 식민 지배 덕분에 우리나라가 더 발전했다는 이야기를 '식민지 근대화론'이라고 해요. 일제가 식민지 시대에 우리나라를 위해서 철도를 놓고, 도로와 배가 자유롭게 드나들 수 있는 항구 시설을 만들어 주었다는 주장이지요.

당시 일제는 우리나라에서 나온 식량과 물건들을 좀 더 빠르고, 좀 더 쉽게, 좀 더 많이 일본으로 가져가기 위해서 이런 시설을 만들었어요. 비슷한 사례를 몇 가지 살펴볼까요?

- 일제의 산미 증식 계획으로 쌀 생산량이 늘어났어요. 그러나 이렇게 생산된 쌀은 대부분 일본에서 소비되었고, 우리나라 사람들은 쌀이 부족해 만주에서 생산된 잡곡을 먹었어요.
- 식민지 공업화 정책 후 우리나라에는 많은 공장이 건설되었어요. 그러나 우리나라 노동자들은 저임금과 장시간 노동에 시달렸어요.
- 병원 등 의료 체계가 이전보다 발전했어요. 그러나 일제 강점기 동안 우리나라 사람들의 평균 키와 체격에는 거의 변화가 없었어요. 의료 체계가 발전했음에도 건강 상태는 나아지지 않은 것이지요.

원산 노동자들의 시위 현장이야. 일본인 감독이 한국인 노동자를 구타하자, 노동자들이 감독의 파면과 근무 조건 개선을 요구하며 파업을 벌였단다. 얼마나 상황이 열악했는지 짐작이 가니?

제국주의

19세기 유럽과 미국의 제국주의자들은 우월한 자신들이 열등한 지역을 지배하는 것이 전 세계를 문명화하는 길이라고 주장했다. 심지어 자신들의 식민지가 되는 것이 식민지인에게는 축복이라고 선전했다. 이들은 아시아와 아프리카 지역에 공장, 철도, 광산을 건설하는 사업에 투자했고, 식민지에서 확보한 원료와 노동력으로 상품을 만들어 엄청난 이득을 보았다. 그러나 식민 지배를 받는 나라의 사람들은 노예처럼 힘든 삶을 살아야 했다. 이처럼 원료 공급지, 상품 시장, 자본 투자처를 찾아 아시아와 아프리카 지역으로 진출하고 식민지 쟁탈전에 나선 유럽 국가들이나 미국 등의 대외 침략 정책을 제국주의라고 한다.

한국 광복군 창설	대한민국 임시 정부 건국 강령 발표, 대한민국 임시 정부 대일 선전 포고	한국 광복군, 미군 OSS 특수 훈련을 받음
1940	1941	1945

강제로 일본군이 된 후에 탈출한 사람도 있었나요?

30초 해결사

1944년, 우리나라 청년들은 일본군에 강제로 끌려가 중국과 일본이 전쟁을 벌이는 지역에 배치되었어요. 몇몇은 목숨을 걸고 탈출했는데 장준하, 김준엽 선생도 그중 하나였지요. 이들은 2,400킬로미터나 되는 거리를 걸어 충칭에 있는 한국 광복군에 합류했어요.

- 한국 광복군: 대한민국 임시 정부가 조직한 무장 독립군 부대로, 신흥 무관 학교 출신의 독립군과 중국 대륙에서 독립운동을 하던 애국 청년들이 중심이 되어 이끌었어요.

#장준하 #김준엽 #한국 광복군 #돌베개 #대한민국 임시 정부

"못난 조상이 또다시 되지 말아야 한다는 심정으로 『돌베개』를 썼다. 광활한 중국 대륙 수수밭을 달리면서, 눈 덩어리를 베개로 삼고 죽음의 기로에서 밤을 지새우며 한 없이 울부짖었다."

1944년 1월 일본군에 학도병으로 끌려간 장준하 선생은 그해 7월 일본군 부대를 탈출했어요. 2,400킬로미터를 걸어 1945년 1월 충칭의 대한민국 임시 정부에 합류하기까지의 여정을 기록으로 남긴 것이 바로 『돌베개』였어요.

일제 강점기에는 장준하 선생처럼 강제로 일본군에 끌려간 청년들이 많았어요. 이들은 일본군에 협력하기를 거부하며 목숨을 걸고 탈출했어요. 대한민국 임시 정부에 합류해 이후 독립운동을 이어 나갔지요. 임시 정부에 합류한 장준하 선생 역시 미국 전략 첩보대(OSS)에서 식민지 조선에 몰래 침투하기 위한 훈련을 받는 등 활동을 지속했어요.

해방 후 우리나라에 돌아온 그는 『사상계』라는 잡지를 만드는 언론인이자 정치인으로 활동했어요. 이후 박정희 정권의 유신 독재가 이어지자 유신 체제 반대 운동을 주도하기도 했지요. 독립운동가에서 언론인, 그리고 정치가에 이르기까지, 불의에 타협하지 않고 걸어간 그의 여정은 임시 정부를 향해 걷던 그 길에서 시작된 것이 아닐까요?

가장 오른쪽이 장준하 선생님이야. 임시 정부에 합류해 군사 훈련을 받던 때의 모습이지.

일본군 부대를 탈출하다니! 어떻게 그런 용기가 났을까요?

독립한 뒤에도 우리나라의 민주주의를 위해서 많은 일을 하셨대.

광복군이 될 것인가? 일본군이 될 것인가?

일제 강점기 때 죽음을 무릅쓰고 일본군 부대를 탈출해 조국의 독립에 몸을 바친 청년들이 있었던 반면, 일본군에 자진 입대해 성공을 꿈꾸던 이들도 있었다. 이들은 일본군에 들어가기 위해 일본에 충성을 맹세하고, 충실한 군인이 되어 독립운동가들을 탄압하고 처형하는 데 앞장섰다. 해방 이후에 이런 전적이 발각되자 시대가 강요했을 뿐 어쩔 수 없는 선택이었다고 항변했다.

같은 시대, 다른 선택을 한 사람들의 행동에 대해 어떤 생각이 드는지 이야기를 나누어 보자.

  초등 한국사 사전 찾아보기

ㄱ

가네코 후미코　335
가야　88
각저총　95
갈돌　77
갈판　77
갑신정변　284
강동 6주　138
강정일당　267
강제 동원　356
강홍립　231
강화 천도　159
강화도 조약　280
개화파　284
거란　138
거북선　222
거중기　241
건원릉　186
견훤　129
경극　108
경복궁　176
경복궁 중건　273
경연　184
경제 개발 5개년 계획　50
고구려 건국 설화　86
고구려 고분 벽화　95
고구려의 전성기　98
고려 건국　128
고려양　161
고려의 대외 관계　136
고려의 등용 제도　140

고려의 의복　166
고려청자　144
고인돌　78
고조선　82
고조선 건국 신화　84
고종　296, 298
고추　226
골품 제도　92
공납　264
공민왕　162
과거 제도　140, 198
곽재우　216
광개토 대왕　98
광개토 대왕릉비　99
광무　299
광복　30
광종　134
광주 학생 항일 운동　338
광해군　230
구석기　76
국민학교　354
국채 보상 운동　310
군정　256
군함도　357
궁예　129
권문세족　162
귀화　218
근대 문물　286
근우회　341
금강산 관광　67
금동 미륵보살 반가 사유상　90
금속 활자　164

기인 제도 131
김구 30, 286, 345
김대중 66, 69
김만덕 266
김부식 142
김옥균 284
김원봉 324
김유신 89, 103
김육 265
김정일 69
김정호 268
김종서 195
김좌진 327
김준엽 360
김춘추 110
김충선 219
김치 226
김홍도 247, 253

ㄴ

나당 동맹 110
나당 전쟁 115
나혜석 211
난중일기 223
남북 정상 회담 44, 67
남북국 시대 120
낭도 103
내선일체 346
노동 운동 52
노비안검법 134
노천명 353
농사직설 189

ㄷ

단군 신화 84, 154
단발령 294
단심가 168
담판 138
당백전 273

대동법 264
대동여지도 268
대조영 118
대통령 단임제 62
대통령 직선제 61, 63
대한 제국 선포 298
대한민국 관보 38
대한민국 임시 정부 323, 328, 360
대한민국 정부 수립 38
덕률풍 286
도요토미 히데요시 214
독도 302
독립 30
독립운동 단체 340
독립운동가 316, 318, 352
돈의문 178
돌베개 361
동인 209
동학 291
동학 농민 운동 290

ㄹ

러시아 공사관 296
러일 전쟁 304

ㅁ

만민 공동회 300
만부교 사건 132
만적의 난 152
만파식적 113
명나라 230
명성 황후 273, 292
목민심서 250
목조 미륵보살 반가 사유상 90
목화 166
몽골의 침입 156, 158
몽골풍 161
묘청 146
묘호 182

무덤　78, 94
무력 투쟁　324
무신 정변　150
무용총　95
문무 대왕릉　112
문무왕　112
문벌 귀족　146, 150
문익점　166
물레　167
민족 말살 정책　350, 355

ㅂ

박병선　274
박열　335
박영효　284
박정희　48, 56
박종철　61
박지원　244
반원 자주 정책　162
발해　118
발해의 전성기　120
방정환　342
벽란도　136
변승업　263
병인박해　276
병인양요　274, 277, 278
병자호란　234, 236
봉오동 전투　332
북진 정책　133
북한산 진흥왕 순수비　100
분단　30, 32
분로쿠·게이초노에키　212
불교　122, 156
불국사　123
붕당　208, 238
비무장 지대　44
비색　144

ㅅ

사고　197
사관　196
사도 세자　239, 240
사발통문　291
사상　263
사성 정책　131
사심관 제도　131
사직　180
산미 증식 계획　330
살수 대첩　105
삼강행실도　190
삼국 통일　114
삼국과 왜의 교류　90
삼국사기　142
삼국유사　142, 154
삼국의 전성기　96
삼별초　159
삼전도비　236
삼정의 문란　256
상감 기법　145
서경 천도　146
서당　246
서북 차별　258
서상돈　311
서얼　204
서원　248
서원 철폐　273
서인　209
서희　138
석굴암　122
선덕 여왕　106
성리학　177, 248
세도 정치　254, 260
세속 오계　103
세종 대왕　188, 192, 194
세종실록지리지　303
소손녕　138
수나라　104
수막새　119

수요 시위 64
수원 화성 240
숙정문 178
숭례문 178
식민지 근대화론 358
신간회 340
신돈 163
신라의 전성기 100
신미양요 277, 278
신분 해방 운동 152
신분제 92, 200
신사임당 202
신석기 76
신윤복 253
신진 사대부 168, 177
신흥 무관 학교 317
실학 244, 250
십자 외교 105
쌍성총관부 163

ㅇ

아관 파천 296
안시성 전투 109
안중근 312
앙부일구 193
양기탁 311
양반 198, 200
어린이날 342
여진 195
역관 262
연개소문 108
연맹 왕국 88
열사 318
열하일기 244
영조 238
왕건 129, 130, 132
왕도 정치 184
왕의 하루 184
우정총국 285
운요호 사건 281

원 간섭기 160
원나라 160
위화도 회군 175
유관순 323
유교 177, 179, 181, 184, 190, 294
유네스코 세계 기록유산 58, 197, 223, 311
유네스코 세계 문화유산 79, 123, 157, 181, 187, 241
유득공 120, 205
유성룡 224
유신 헌법 49, 56
윤동주 352
윤봉길 344
율곡 이이 202
을미사변 292, 294
을미의병 295, 308
을사늑약 306
을사오적 307
을사의병 309
을지문덕 105
음서 제도 140
의병 216, 308
의사 318
의열단 324
의정부 273
이방원 168
이봉창 345
이산가족 42
이성계 174, 186
이순신 220, 222
이승만 46
이완용 306
이우근 37
이토 히로부미 307, 312
이회영 316
일본군 '위안부' 64
일연 142, 154
임술 농민 봉기 260
임신서기석 103
임진왜란 212, 214, 216, 218, 220, 222, 224, 226

365

ㅈ

자격루 193
장보고 124
장수왕 99
장영실 192
장준하 360
장지연 307
적서 차별 204
전두환 59, 60
전봉준 291
전쟁고아 42
전정 256
전태일 52
절두산 276
정도전 176
정몽주 168
정미의병 309
정약용 241, 250, 255
정유재란 224
정조 240
정주영 45
제정일치 81
제헌절 40
조사 시찰단 229
조선 건국 174, 176
조선 왕릉 186
조선 왕조 의궤 274
조선경국전 177
조선어 학회 사건 337
조선왕조실록 196
조선 통신사 228
종묘 180
종묘 제례악 181
주먹 도끼 77
주몽 86
주시경 336
주전론 234
주화론 234
중립 외교 230
지사 318

직지심체요절 164, 275
진흥왕 100, 103
징병 356
징비록 224
징용 356

ㅊ

창씨개명 350
처인성 전투 158
척화비 278
천문 106
천주교 276
철도 287
첨성대 106
청동 거울 80
청동기 78, 80
청산리 대첩 326
청야 수성 전술 104
청일 전쟁 291
청해진 124
체육관 선거 63
초등학교 247, 354
초충도 202
촛불 집회 70
최윤덕 195
최제우 291
최충헌 151
최치원 93
치미 119
칙령 제41호 302

ㅋ

코리아 136

ㅌ

탕평책 238
태극기 282
태평양 전쟁 357

토끼전 110
통일 신라 114

ㅍ

판문점 44
팔만대장경 156
평안도 258
평화의 소녀상 65
풍속화 252

ㅎ

하여가 169
학도병 36
학생의 날 338
학익진 220
한강 유역 96
한강의 기적 50
한국 광복군 360
한글 336
한류 51
한산도 대첩 220
한인 애국단 345
항왜 218
항왜원조 212
해동성국 121
해인사 장경판전 156
햇볕 정책 66
향교 248
허난설헌 210
헤이그 특사 307
호족 견제 131, 134
호족 포용 정책 130
혼천의 193
홍경래 258
홍길동전 204
홍범도 327, 332
홍영식 284
홍의 장군 216
화랑 102

화폐 206
환구단 299
환웅 84
환정 256
황국 신민 354
황국 신민 서사 348
황국 신민화 정책 349
후금 230
후삼국 시대 128
후세 다츠지 334
훈민정음 188, 336
휴전 협정 44
흥선 대원군 272, 278
흥인지문 178

1, 2, 3

2·8 독립 선언 323
3·1 운동 322, 328
3·15 부정 선거 46
38도선 30, 32
4·13 호헌 조치 63
4·19 혁명 46
4군 6진 189, 194
5·10 선거 39
5·16 군사 정변 48
5·18 민주화 운동 58
6·15 남북 공동 선언 68
6·25 전쟁 32, 36, 42
6·29 선언 63
6월 민주 항쟁 60
8조법 82

초등 한국사 사전

글 | 배성호·문순창
그림 | 김영화

초판 1쇄 발행일 2022년 3월 25일
개정판 1쇄 발행일 2024년 12월 20일

발행인 | 한상준
편집 | 김민정·손지원·최정휴·김영범
디자인 | 김경희
마케팅 | 이상민·주영상
관리 | 양은진

발행처 | 비아북(ViaBook Publisher)
출판등록 | 제313-2007-218호(2007년 11월 2일)
주소 | 서울시 마포구 월드컵북로 6길 97(연남동 567-40)
전화 | 02-334-6123 전자우편 | crm@viabook.kr
홈페이지 | viabook.kr

ⓒ 배성호·문순창·김영화, 2022
ISBN 979-11-91019-65-0 73910

- 비아에듀는 비아북의 교육 전문 브랜드입니다.
- 이 책은 저작권법에 따라 보호받는 저작물이므로 무단 전재와 복제를 금합니다.
- 이 책의 전부 혹은 일부를 이용하려면 저작권자와 비아북의 동의를 받아야 합니다.
- 잘못된 책은 구입처에서 바꿔드립니다.
- KC 마크는 이 제품이 공통안전기준에 적합하였음을 의미합니다.(제조국: 대한민국)
- 이 책은 바이러스나 세균에 안전한 항균 필름으로 코팅되어 있습니다.
- 책 모서리에 찍히거나 책장에 베이지 않게 조심하세요.

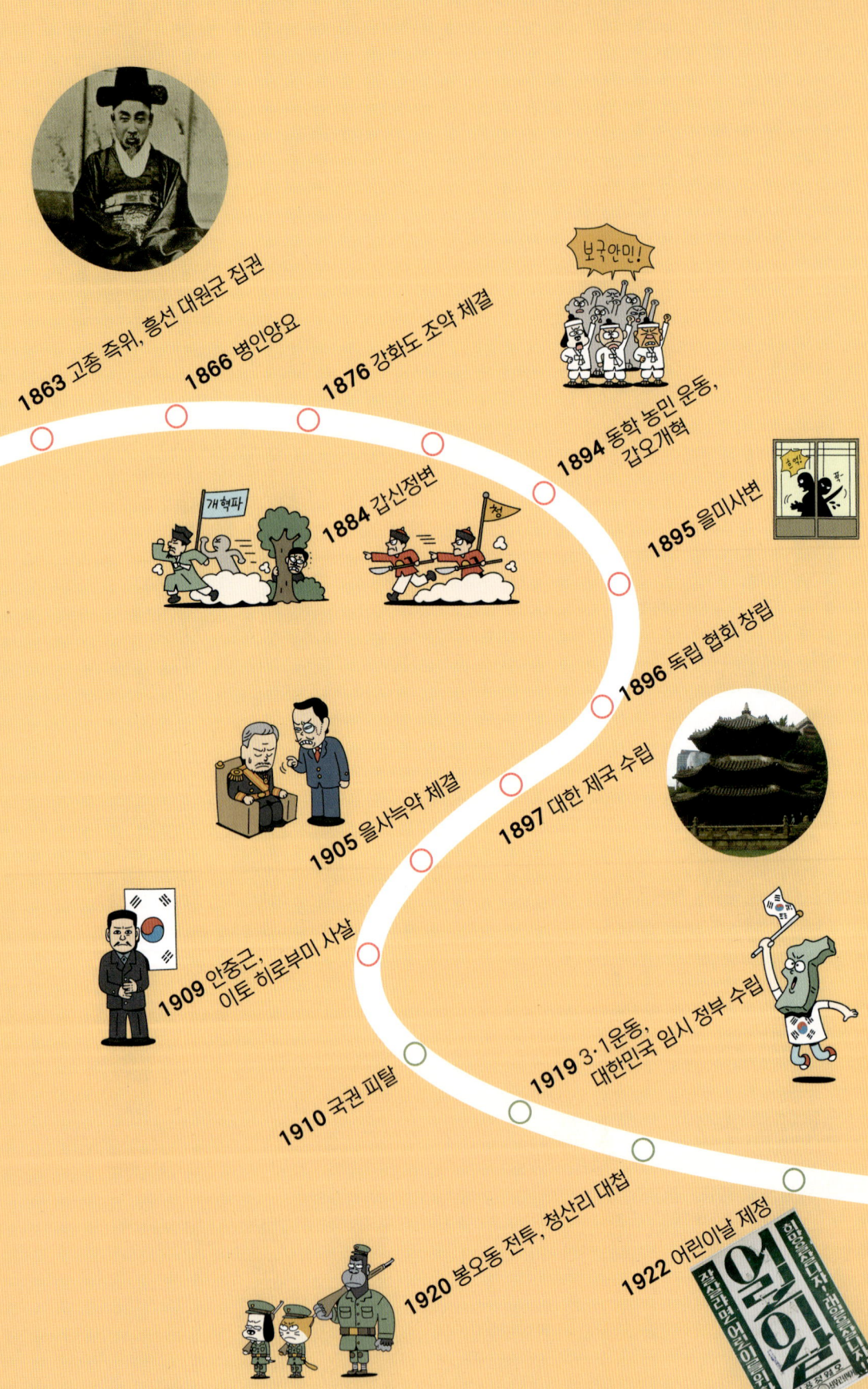

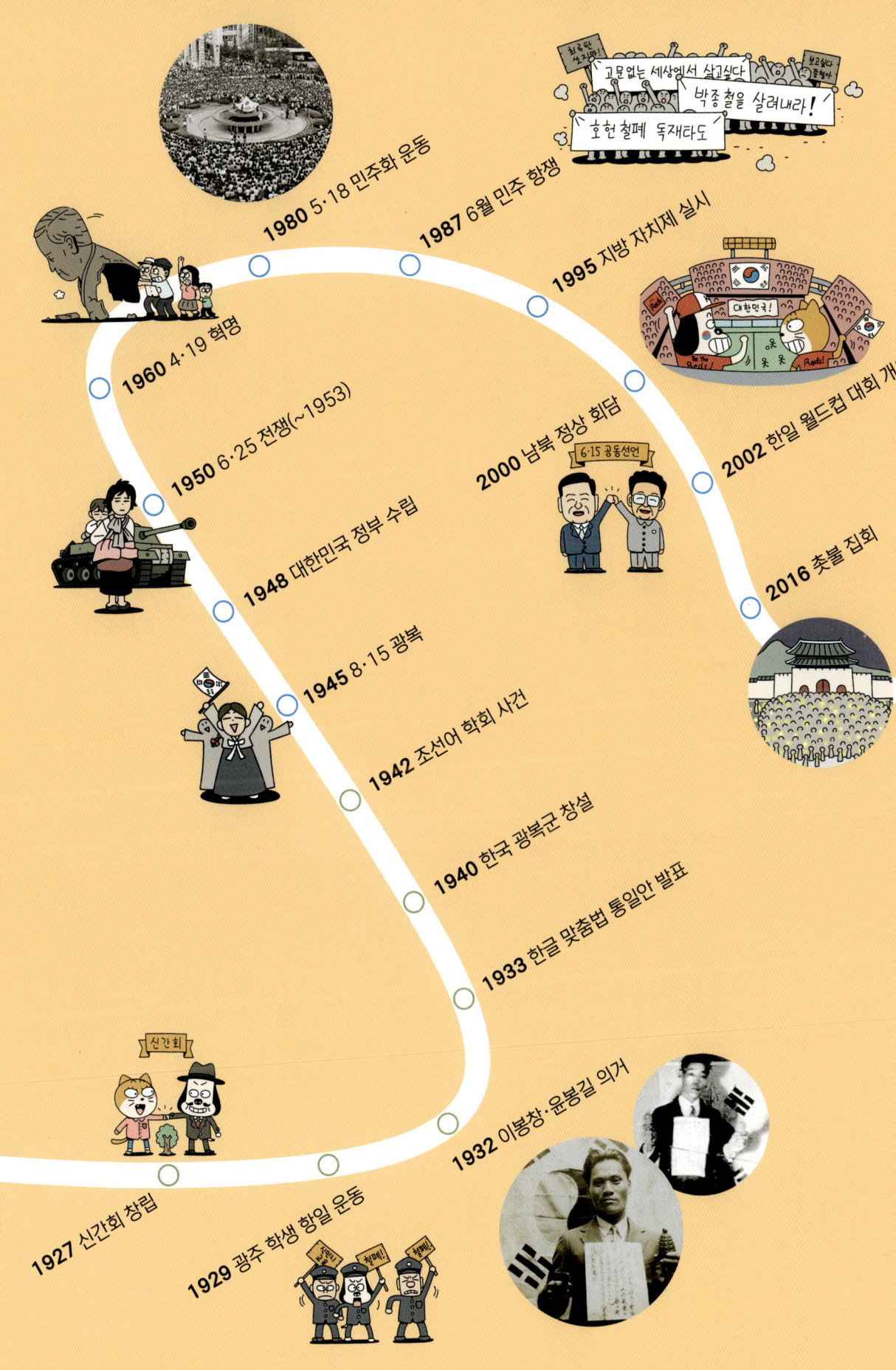